커피
트립티(Tripti)
공정무역

커피 · 트립티(Tripti) · 공정무역

2021년 5월 28일 처음 펴냄

지은이 | 최정의팔 외 12인
펴낸이 | 김영호
펴낸곳 | 도서출판 동연
편 집 | 김구 박연숙 정인영 김율 디자인 | 황경실
등 록 | 제1-1383호(1992년 6월 12일)
주 소 | 서울시 마포구 월드컵로 163-3
전 화 | (02) 335-2630
팩 스 | (02) 335-2640
이메일 | yh4321@gmail.com
블로그 | https://blog.naver.com/dong-yeon-press

ISBN 978-89-6447-664-2 03040

커피 /
트립티 Tripti /
공정무역

최정의팔 외 12인 지음

동연

세상을 변화시키는 한 잔의 커피
공정무역 운동에 힘을 싣다

코로나19로 인해 모두가 힘들어할 때, "세상을 변화시키는 한 잔의 커피"를 마시며, "원조가 아닌, 정당한 대가"를 추구하는 공정무역을 생각하며, 우리나라뿐만 아니라 전 지구가 행복하게 사는 새로운 세상을 그려봅니다. 트립티가 이런 구호로 공정무역에 몸을 담은 지 10여 년이 지났습니다. 그동안 이모저모로 함께해온 분들과 함께 우리의 경험과 삶을 책에 담고 싶었습니다.

공정무역 운동은 2차 대전이란 참혹한 폐허 속에서 이웃 나라와 더불어 사는 세계를 지향하기 위해 시작되었습니다. 공정무역 운동의 시초라고 하는, 미국 텐사우전드빌리지에서 푸에르토리코 주민들이 바느질한 자수제품을 구입하여 판매한 지도 75년이 지났습니다. 1950년대 영국 옥스팜 가게에서 중국 난민들의 수공예품을 판매하기 시작했고, 1973년 네덜란드에서 처음으로 과테말라 소규모농민협동조합의 커피를 수입한 이후, 공정무역 운동은 전 세계적으로 확대되어 수공예뿐만 아니라 농수산물 등 다양한 제품을 판매하고 있습니다.

우리나라에서는 20여 년 전 아름다운 가게에서 공정무역 물품을 판매하면서 공정무역 운동이 시작되었습니다. 다른 나라에 비해 비교적 짧은 역사임에도 민주화운동을 거친 우리나라에서 공정무역 운동은 현재 활발히 진행되고 있습니다. 공정무역 운동은 단순히 물건 구입이나 판매를 넘어 공정무역마을운동으로 확산되고 있습니다. 민주화 세력이 정치 주도 세력이 된 후 각 지자체가 공정무역마을(도시)을 선포하면서 공정무역 운동은 한국 사회 내에서 뿌리를 내리고 있습니다.

2020년에 불어 닥친 코로나19로 인한 팬데믹. 각 나라에서는 환경문제, 식량 안보 문제 등 여러 가지로 세계화에 대한 근본적인 질문을 하게 됩니다. 신자유주의에 기댄 현 국제질서가 얼마나 지속 가능할까. 유한한 지구는 무한대의 인간 욕망을 추구하는 현 자본주의 경제를 언제까지 감당할 수 있을까. 국경을 폐쇄한 경험, 환경파괴 대가를 치룬 경험, 세균에 무참히 생명을 잃어버린 공포 등, 이런 경험은 이전과는 다른 세계를 꿈꾸게 됩니다.

공정무역 운동을 함께 하면서 수많은 도전과 질문이 있었습니다. 이익을 추구하는 무역에서 과연 공정무역이란 것이 근본적으로 가능한가? 왜 국내에도 어려운 이웃들이 많은데, 제삼세계* 사람까지 관심을 두어야 하는지? 공정무역이 주장하는 공정무역 프리미엄도 정당한 대가가 아니라 제삼세계 생산지를 지원하는 원조의 일종이 아닌가? 공정무역 운동은 자본주의 모순을 해결하는 것이 아니라, 자본주의 폐해를 약화시켜 자본주의를 지속하도

---

* 국제기구에서는 '개발도상국'이라는 용어를 쓰는데 이해를 돕는 의미에서 '제삼세계'라는 말을 사용하였다.

록 하는 완충제 역할을 하는 것은 아닌지….

이런 질문과 도전은 늘 우리를 채찍질합니다. 트립티는 공정한 세상, 사람이 사람답게 사는 사회를 추구합니다. 트립티는 "국경을 넘어 행복한 이웃이 되자"라는 설립 비전을 갖고 있습니다. 이 비전에 함께하는 사람들이 질문과 도전을 함께 나누고 싶었습니다. 다양한 분야에서 공정무역과 관련하여 경험한 우리의 고백은 감동적인 이야기입니다. 우리 이웃 사람들의 이야기, 지구촌이 겪는 위기 이야기, 마을 이야기, 생태 위기를 극복하는 이야기 등 다양한 필진이 다양한 입장에서 이야기를 펴내고 있습니다.

1부 '커피·트립티·공정무역'에서는 직접적으로 트립티에서 일하는 분들의 이야기를 실었습니다. 오랫동안 이주 노동자 인권 활동을 펴온 최정의팔은 이주의 악순환 고리를 끊고 장애를 입은 이주 노동자에게 행복한 귀환을 도모하기 위해 트립티를 시작하여 각 나라에서 펼쳐지고 있는 트립티 사업을 소개하고 있고, 트립티 실무를 담당해온 박미성은 트립티가 만난 해외 외국인들과 소중한 인연을 뒤돌아봅니다. 이런 뒤돌아봄을 통해 트립티는 공정무역 운동에 적극 참여함으로 공평하고 정의로운 세상을 향해 가열차게 나아가고 싶었습니다.

2부 '삶 속에서 실천하는 공정무역'에서는 공정무역이 구체적인 삶에서 시작된다는 관점에서 이를 실천한 분들의 이야기를 게재합니다. 피해 여성들과 몸으로 부딪히며 이들이 자활하도록 함께한 김선관은 가슴을 뛰게 하는 공정무역을 위해 여수 및 전남도 조례를 제정하는 데 앞장서는 등 실제적인 활동을 보게 합니다. 목회 현장에서 구체적으로 공정무역 제품을 팔아본 김헌래는 공정무역 운동이 소비로부터 시작된다는 것을 웅변해주고 있습니다. 열대작물 재배를 통해 집 밖의 청소년들, 소외된 이웃들과 내일의 희망을 만들어가는 사회적 농장을 운영하는 정현석의 공정여행 이야기, 이런 활동들은 공정무역 운동이 구체적으로 삶 속에서 어떻게 펼쳐야 되는지를 잘 보여줍니다. 그리고 여성운동가로서 50년 동안 성평등사회를 만드는 일에 헌신해온 한국염은 공정무역 운동이 이러한 성평등사회에 도달하도록 지대한 역할을 할 수 있다고 강조합니다.

공정무역 운동은 어느 한 나라에서 진행될 수 있는 운동이 아닙니다. 전 세계가 연대해서 함께 해야 하는 운동입니다. 이런 점에서 국제적인 연대활동은 대단히 중요합니다. 3부에서는 '공정무역과 국제연대'라는 제목으로 국제적인 연대활동을 다루었습니다. 국제공정무역기구 한국 대표로서 공정무역 인증기업 육성과 상품저변 확대를 통해 사람·지구·공정무역이라는 가치를 위해 열정적으로 일하고 있는 지동훈, 한국인이지만 한국이 아니라 일본 대학교에서 대학교수로서 공정무역 운동을 전개하고 있는 신명직, 동티모르 로투투 마을을 방문했다가 공정무역 매력에 빠져 헤어나오지 못하고 사회적기업 카페티모르를 세계공정무역기구에 가입하게 만든 조여호의 글이 있습니다. 세계화를 전공한 김영철은 공정무역과 신자유주의 연관을 깊이 있게 분석하면서 이에 대한 근본적인 대안으로 아래로부터 '세방화'를 주장합니다.

4부 '내일을 향한 공정무역'은 공정무역 미래를 여는 장입니다. 거리의 청소년들을 만나 (사)들꽃청소년세상을 만들어 청소년이 시혜의 대상이 아니라 세상을 변화시키는 주인공이라고 믿고 세계적으로 활동무대를 넓히고 있는 김현수의 "크로스오버하라 ─ 공정한 국제협력을 추구하며"에 이어 팬데믹을 통해 지구 위기를 경험하고 있는 현 상황에서 성북구에서 공정무역마을운동을 펴고 있는 최헌규는 '죽임의 마을'이 아니라 '살림의 마을'을 꿈꾸며 그 대안으로 마을운동을 주장합니다. 30대의 나이지만 청년의 삶을 온전히 공정무역 운동에 몸을 담고 있는 김영규가 사회적 경제 전공자로서 환경파괴로 인해 지구 위기에 대안을 제시합니다. 그것은 공정무역 철학, 즉 소비자를 비롯한 가치사슬 내 모든 사람의 지속 가능성, 인류 공동체의 지속 가능성에 대해 고민하고, 기술과 구조의 혁신을 통해 더 효율적으로 지속 가능한 세계에 이바지하는 기업이 다가오는 위기의 시대, 우리에게 필요한 기업이라는 주장입니다. 이러한 기업들이 더 성공하고 더 많이 만들어질 수 있는 사회를 만드는 것에 우리와 우리 후대의 미래가 달려 있습니다. 이런 대안들은 그 실효성을 따지기 전에 새로운 시도로서 우리에게 새로운 눈을 뜨게 하기에 충분한 의미가 있습니다.

4부 마지막 글로 한국에서 초등학교로서는 최초로 공정무역 학교로 인증을 받은 서울길원초등학교 교장 김희영과 대담은 직접 공정무역 운동을 표방하지 않으면서도 공정무역이 추구하는 공평하고 정의로운 세상을 향한 몸짓으로 우리의 시야를 넓혀줍니다. "아이들이 변하면 세상이 바뀐다"는 김희영의 소신은 공정무역의 미래를 밝게 해줍니다.

부록으로 다룬 "세계공정무역기구 화상 총회"는 최한솔이 번역한 것으로 제3부 '공정무역과 국제연대' 처음 부분에 넣어야 하나, 저작이 아닌 회의자료를 번역한 글이라 부록에 넣었습니다. 이 자료를 통해 우리 모두 지구에서 펼쳐지는 다양한 공정무역 운동에 관심을 갖도록 할 것입니다.

평범한 시민에게, 청소년에게, 학생에게, 이런 감동을 재미있게 들려준다면 얼마나 신나는 일일까요? 감동적이고 재미있고 흥미로운 정보를 제공할 수 있기를 바라는 마음에서 에세이처럼 우리의 경험을 저술하려고 노력했습니다.

어려운 여건에서도 기꺼이 글을 써주신 필진 여러분과 이 책을 펴준 동연출판사에게 두 손을 모아 감사 인사를 드립니다.

차 례

1부
커피 · 트립티 · 공정무역

이주의 악순환 고리를 끊자
― 커피·이주민·트립티

최정의팔

(사회적기업 트립티 대표)

1. 커피 축제

네팔에 심은 커피나무에 열매가 풍성하게 달려 있다. 커피나무는 심하게 경사진 다랑이 논둑과 쓸모없게 보이는 산비탈에 심어져 있지만, 커피나무를 정성껏 심은 네팔 농부들은 희망에 차 있다. 커피 열매에서 체리를 벗기는 기계를 구비하여 이전보다 높은 가격으로 생두를 팔게 되었기 때문이다. 이를 기뻐하고 농민을 격려하는 커피 축제다.

2018년 12월 1일 바글룽시 버쿤데 중산마을 초등학교에서 커피 축제를 여는 날, 어른, 아이할 것 없이 울긋불긋한 옷을 입고, 온 마을 사람들이 모였다. 산 중턱에 위치한 학교 운동장에 한국에서 간 18명과 동네 사람 2백여 명이 자리를 함께하니 가뜩이나 좁은 곳이라 빈틈이 없다. 커피 묘목 재배를 주도한 네팔 컨선 협동 조합 임원들과 바글룽 시장 등이 강단 앞에 자리를 잡은 후 조촐한 의식이 시작되었다.

사회자가 한국에서 간 일행을 소개한 후, 초등학교 학생들이 손님을 환영하는 학예회를 했다. 각 학년별로 몇 팀이 노래에 맞추어 신나게 춤을 추면서 분위기는 고조되었다. 네팔 사람들은 밝고 순수하다. 모이면 노래하고 춤추기를 즐긴다. 아침에 민박집에서 동네 사람들이 모여와 춤추고 노래했는데, 학교에서도 어른, 아이 모두 어울려 춤춘다. 자연스럽게 방문한 한국인들도 신명 나는 노래에 맞추어 흥겹게 어울려 춤을 즐겼다.

바글룽 시장을 위시한 지역유지들이 여러 차례 연설하였다. 네팔어로 말하고 통역을 하지 않아 그 내용을 알 수 없지만 대략 축하하고 격려하는 것이리라. 바글룽 시장은 트립티를 대표하여 필자에게 바글룽시 명예시민증을 수여했다.

필자도 답사로 바글룽에 대한 꿈을 전했다. 지금 춤을 추던 초

커피 축제에서 네팔 학생들이 신나게 춤추고 있다.

바글룽 명예시민증을 수여 받는 필자

등학생들이 이곳을 떠나지 않으려면 일터가 있어야 하는데, 이를
위해서 로스팅 공장, 원두 제품 및 가공 제품까지 만드는 커피 단
지 조성이 필요하다. 이곳에 커피 단지가 잘 조성되어 젊은이들이
이주 노동을 하러 떠나지 않고 마을에서 살 수 있기를!

　트립티에서는 네팔 대지진 참사 이후 2016년부터 이곳에 커피
묘목을 심었다. 홀리차일드스쿨 K. B. 샤히 교장이 주도하여 네팔
컨선(Nepal Concern)이란 협동조합을 만들었다. 네팔 컨선에서 몇
차례 커피 교육을 하고 묘목 관리를 주도했다. 하지만 가난한 농민
이 커피 묘목 재배에 지속적인 관심을 쏟고 관리하기는 쉽지 않은
상황. 3년이 지나야 열매를 거두어 수확하는 커피나무는 아무리
해도 금방 현금으로 전환되는 다른 작물에 비해 관심이 가지 않는
것 같다. 더군다나 남자들은 우기에 매일 농사를 짓느라 바쁘고,
건기에 도시로 일하러 가서 대부분 커피나무는 그냥 심어놓고 관
리되지 않고 있었다. 여자들이 커피 재배에 관심있는 집은 커피나
무가 제법 잘 관리되고 있었다. 지도받은 대로 무공해 비료를 잘

주고 있고, 배수로도 잘 만들어 커피나무가 잘 자라고 있었다.

이런 상황에서 농민들에게 비전을 제시하고 격려하기 위해 작년에 필자가 방문했을 때, 커피 농사를 가장 잘 지은 농부 셋을 선발하여 상을 주고 커피 열매에서 체리를 벗기는 펄핑기도 제공하기로 약속했다. 한국에서 커피 묘목을 재배하고 있는 정현석 씨(고양커피농장 뜨렘비팜 대표)가 동네를 돌며 커피 재배 상황을 살펴보고 잘 기른 농가 셋을 골랐다. 일등상은 바티칸 전 대사 성염 씨가, 이등상은 김중식 이사(사단법인 와이드플라워글로벌유스)가, 3등상은 정현석 대표가 각각 수여했다. 경동교회 후원으로 마련한 펄핑기로 커피체리를 시범적으로 분쇄한다. 체리가 벗겨지면서 생두가 나오자 마을 사람들은 큰 박수로 환호했다.

우리나라 음식 중 아이들이 좋아할만한 떡볶이, 김밥, 어묵 재료를 한국에서부터 준비해 갔다. 점심 식사는 여행에 참가한 여성 일곱 명이 교회에서 갈고 닦은 실력으로 잘 준비했다. 생전 처음 먹어보는 낯선 음식에 대한 호기심 반, 우리가 나누는 정성 반으로 마을 주민은 즐겁게 식사했다. 어묵은 잘 먹는데, 떡볶이는 매운 모양이다. 즐거움을 선사한 학생들에게 감사한 마음으로, 100명 가까운 초등학생 어린이 모두에게 준비해 간 학용품을 선물했다.

커피농장이 어느 정도 규모가 있을 것이리라 예상했던 한 참가자는 논둑과 산비탈에 심어진 커피나무를 보고 실망감을 표하기도 했다. 제대로 된 다랑이논에는 농사를 지어야 하는 농민현실에서 이런 곳에나마 커피나무를 재배하는 것이 더 의미 있지 않을까! 함께 간 정현석 대표는 커피 재배 현장을 둘러본 후 오히려 희망을 갖는다. "3년 전 심은 나무, 2년 전 심은 나무, 금년에 심은 나무에 대한 관리가 전혀 달라요. 특히 금년에 심은 농가는 몇 번 커피 재배에 대한 교육을 받은 결과, 커피나무와 나무 사이 간격, 배수 처리, 퇴비 처리 등 아주 훌륭하게 관리하고 있어요."

커피 축제 이후 버쿤데뿐만 아니라 바글룽시 여러 곳에서 커피 재배에 대한 요구가 많이 늘어났다. 농민들은 아직은 소량이지만 판매를 시작하면서 현금으로 전환되는 기쁨을 맛보고 있다. 처음에는 한국에서 커피 묘목 대금을 지원했지만, 지금은 자체적으로 커피 묘목을 만들어 원하는 농민들에게 나누어주고, 네팔 카트만두에 있는 트립티 카페에서 이곳에서 생산한 생두를 전량 수매하고 있다. 앞으로 커피 단지가 확대되면 자체적으로 로스팅하여 가까운 이웃 도시인 포카라에서 판매하고 외국으로도 커피를 수출할 꿈을 꾸며….

커피 재배를 주도하고 있는 K. B. 샤히 교장은 버쿤데가 고향이다. 그는 "학교에도 커피 재배 시범 농장을 만들어 학생들에게 커피 교육을 본격적으로 시행하고 싶어요. 커피 재배를 통해 아이들이 마음 놓고 학교에 다닐 수 있는 날이 조속히 오기를 희망해요"라고 축제 소감을 피력하면서, "앞으로 이곳에서 원두 제조 공장, 커피 제품 제조공장 등이 설립되어 마을에서 청년들이 외지로 떠나지 않고 어린아이 웃음소리가 들리기"를 간절히 소망했다.

2. 트립티는 "참 좋다"

필자는 1996년도부터 이주 노동자 인권 향상을 위해 노력해왔다. 현대판 노예 제도라고 불리는 산업연수생 제도를 폐지하고 노동 3권을 보장하는 제도를 입법화하는 노력을 기울여서 이주 노동자 인권 향상에 일조하였다. 이주 노동자에게 노동 3권이 보장되면서 이주 노동자들이 행복하게 귀환하는 것도 대단히 중요하게 생각하게 되었다. 이주 노동자들이 본국에 돌아가서 일자리가 없어서 실직 상태에 놓이며 수년 동안 벌어놓은 돈을 가족과 친지를 돕느라고 소진하기도 한다. 본국에서 취업할 수 없고 돈도 떨어지면 이들은 본국에 정착하지 못하고 또다시 외국으로 이주 노동을 떠나야 하는, 소위 '이주의 악순환'이 계속되고 있다.

일하다가 다치거나 질병으로 장애인이 되기라도 하면 더욱 막막한 상황이 된다. 일을 하던 중 불의의 사고로 인해 장애인이 된 네팔인이 모여 사는 곳을 방문한 적이 있었다. 비바람을 막지 못하는 루핑 집에 거주하는 이들을 보고 마음이 아팠다. 우선 이들이 마음 놓고 치료받으며 쉴 수 있도록 창신동에 네팔 장애인 쉼터를 만들어 지원하기 시작했다. 이들은 산재나 질병으로 장애인이 되어 네팔로 돌아가기가 어렵고 그렇다고 한국에서 일자리를 구할 수도 없어서 참으로 난처한 처지였다. 한벗협동조합에서 이분들을 격려하기 위해 한국 장애인들과 함께 강원랜드로 여행을 다녀왔다. 평소 외부로 많이 나가지 못하는 네팔 장애인들은 그들의 고향과 비슷한 고산지대, 네팔처럼 높은 산이 눈으로 뒤덮인 태백을 여행하면서 고향에 다녀오는 기분을 느꼈다며 무척 고마워했다. 이후 성균관대학교 경영대학원에 위탁하여 이주민경영교실을 열고 이주 노동자들의 자립과 자활을 위한 창업을 모색했다. 이들이 본국에 돌아가서 자립할 수 있는 방안을 고민하다가 떠오른 아이템이 '커피'다. 네팔에서 커피와 차를 수입하여 판매하기로 하였다.

3. 공정한 세상, 사람답게 사는 사회

다국적 기업이 자행하는 횡포로 제1 세계 사람들이 제삼세계 사람들을 착취하고 신자유주의가 극대화되어 지구 환경을 파괴하고 있다. 이러한 생태적 위기를 극복하고 제삼세계 사람들이 이주하지 않고 본국에서도 행복하게 살 수 있도록, "원조가 아닌, 정당한 대가"를 지불하도록 하는 몸부림이 공정무역이다. 우리는 산재를 당한 이주 노동자들과 함께 그들이 행복하게 귀환할 수 있도록 트립티를 시작했다 트립티는 네팔 이주 노동자들이 지어준 산스크리트어. 식사한 후 기똥차게 맛이 있어서 표현하는 감탄사. "맛있는 이 음식을 먹어서 정말 행복합니다" 트립티는 커피를 통해 "공정한 세상, 사람이 사람답게 사는 사회"를 추구한다. 본국으로 귀환을 준비하는 이주 노동자들에게 바리스타 기술, 로스팅 기술 등을 전수하여 본국에 귀국하여서 커피를 통해서 자립할 수 있도록 하는, 일종의 직업 훈련을 시도하려고 한 것이다.

4. 공정무역 사업 위해 현지답사

네팔 장애인공동체를 지원하기 위해 2009년 2월 필자는 네팔에서 커피와 차를 공정무역으로 수입, 가공해서 판매하는 사업을 모색하기 위해 네팔로 현지답사를 떠났다. 서울외국인노동자센터에서 필자와 이관희 이사, 박미성 이사, 임창헌 감사, 자원활동가 최꽃솜, 이 사업을 함께 하기로 한 한벗조합에서 최헌규 부이사장, 현민철 이사 등 총 7명이 열흘 동안 커피 산지 등을 돌아본 후 귀국했다. 아름다운 가게에서 하는 공정무역처럼 중간상인을 배제하고 현지 농민에게 정당한 가격을 지불하고 커피를 직수입해서 판매하는 방식으로, 그 수익은 한국에 있는 네팔 장애인과 네팔 현지 농민들에게 되돌려주는 방안을 모색했다.

2월 17일 우리는 네팔 공항에 도착. 이주 노동자였던 타파 씨 부탁으로 돼지농장에 사용할 물건을 많이 갖고 갔기에 공항 통과 시에 문제가 발생하지 않을까, 필자는 많이 걱정했는데 무사히 공항을 통과했다. 공항에는 시릴 씨와 타파 씨 등 네팔 이주 노동자들이 마중 나와서 꽃다발을 일행에게 걸어주었다. 우선 타파 씨 가게로 향하였다. 이곳에서는 주로 한국에서 수입한 물건들을 판매하고 있었다. 가게 간판에 쓰인 '코리안 섭'은 가게를 뜻하는 '숍'을 잘못 표기한 것이어서 웃음을 자아냈다. 후에 안 것이지만 네팔 사람들은 그렇게 발음한다고 한다. 그곳에서 갖고 간 선물과 물건들을 전달하고 9인승 승합차로 포카라로 향했다.

2월 19일 드디어 커피 산지인 팔파를 향해 출발했다. 차가 산을 오르내리는 동안 볼 수 있는 계단식 논은 멀리서 보기에 무척 아름다웠다. 일행 중에 한 명이 "필리핀에 있는 계단식 논은 세계 8대 불가사의 중에 속한다고 하는데, 왜 이곳 계단식 논은 그런 8대 불가사의에 속하지 않느냐?"고 이의를 제기했다. 해가 진 후 어둑어둑할 때 팔파에 있는 커피 농장에 도착했다.

목적지인 굴미(Goolmi)는 워낙 도로가 험한 곳이라 이제까지 타고 왔던 봉고를 두고 사륜구륜이 달린 지프차로 갈아탔다. 만약을 대비해서 다음 날 새벽 5시에 호텔을 출발해서 굴미로 향했다. 중도에 있는 리디(lidi)에서 간단히 아침 식사를 한 후 건더기 강을 끼고 계속 안으로 들어갔다. 건더기 강 주변에 놓인 도로는 차가 겨우 한 대씩 통행할 수 있는 비포장도로였다. 차들은 적당한 곳에서 멈추었다가 서로 교대로 통과해야 하고 길옆은 2백여 미터가 넘을 정도로 깊은 낭떠러지다. 창가에 앉아있던 일행 중 한 분은 계속해서 운전수에게 "안전 운전", "안전 운전"을 외쳤다. 이곳에서는 차가 고장 나면 그 차를 고칠 때까지 다른 차들도 며칠씩 기다려야 할 경우도 있다. 다행히 목적지에 거의 가까이 와서 고장 난 차를 만나서 걸어서 갔다.

시릴 씨 소개로 찾아간 곳은 커피 개발 센터, 정부가 운영하며 커피 묘목을 재배하고 농민들에게 커피 묘목을 보급하는 곳이었다. 센터 입구에는 작은 화분에 담긴 커피 묘목들이 잘 자라고 있었다. 이곳에서도 커피를 생산하고 있었는데, 커피를 판매하려면 허가를 받아야만 했다. 운영책임자 말로는 앞으로 네팔에서는 커피 재배를 적극적으로 추진하고 있는데 판매가 어렵다고 한다. 우리가 원두를 구입하고 싶다고 하니 다른 곳을 소개하는데, 중간에 검문받던 곳이다. 다시 차를 돌려서 돌아 나오는데, 펑크 난 차는 이미 고쳐져서 없었다. 소개받은 곳을 가보니 커피 껍질을 벗기는 곳이었다. 안타깝게 이곳에서도 생두를 구입할 수 없었다.

네팔 커피와 차는 유럽에서 큰 인기를 끌고 있다, 특히 공정무역을 통해 판매되는 커피는 생산자와 소비자, 모두를 만족시키고 있다. 한국에서는 몇 년 전부터 아름다운 가게에서 네팔 커피를 수입하여 판매하면서 많은 사람으로부터 호평을 받고 있다. 우리가 네팔에서 구해온 생두는 모두 로스팅을 위한 시험재료로 사용하였다. 다행히 몇몇 곳에서 로스팅해준 원두커피는 맛이 좋았다. 네팔 장애인들과 함께 구체적인 사업계획을 논의하고, 우리는 카페 가베나루의 김현일 대표에게서 커피 볶는 로스팅 기술을 배웠다.

5. 필리핀에서 생두를 수입했으나…

아시아 이주민 포럼(Migrant Forum in Asia) 실행위원인 필자가 필리핀 마닐라에서 열리는 실행위원회에 참가하게 되어, 트립티 직원들도 함께 필리핀 공정무역단체 방문 및 커피 단지를 살피러 동행하였다. 필자가 회의에 참가하는 동안 일행은 필리핀 공정무역협회(APFTI:Advocacy of Philippines Fair Trade, Inc.)라는 비영리단체를 방문하였다. 이 단체는 공정무역을 하고자 하는 사람을 교육하고 조직해서 신생사업단을 만들어 지원하고 있었다. 이 단체에서는 재활용품들을 수공업으로 공정무역 제품을 만들어 영국으로 수출하고 있었다.

아시아 각국의 활동가들이 모인 실행위원회에서 필자는 트립티 커피를 한 봉지씩 선물하고 공정무역 사업의 중요성에 대해 설명했다. 필자가 "이주 노동의 악순환 고리를 끊기 위해서는 본국 경제개발이 중요하고 또한 이러한 활동을 통해 귀환이주 노동자들이 정착할 수 있도록 하자"라고 제안하자 실행위원들은 공감하며 많은 관심을 보였다. 아시아이주민포럼은 신자유주의에 대응하는 새로운 대안으로 공정무역을 적극적으로 회원단체에 홍보하고 앞으로 함께할 수 있는 방안을 타진하자고 의견을 모았다.

실행위원회가 끝나자마자 필자는 아시아이주민포럼 태스크포스인 이주민저축과 대안투자분과모임(MSAI: Migrant Savings and Alternative Investment)에 참석해서, 분과 책임자인 메이얀 대표와 함께 공정무역 커피 사업에 대한 이야기를 나누며 향후 협력방안을 모색했다. 메이얀 대표는 이주 노동자 귀환사업을 핵심 사업으로 추진하고 있는 필리핀 운라드카바얀(Unrad Kavayan: 필리핀 말로 '민중의 힘')에서 한국으로 실무진을 파견하기로 하였다고 밝히면서 필자에게 적극적인 협력을 요청했다. 두 기관 사이에 연대가 잘 맺어지면 앞으로 필리핀에서 공정무역을 통해 좋은 상품을 수입할 수도 있고, 한국에 있는 필리핀 이주 노동자들에게 많은 도움이 되리라!

다음 날 아침 일행은 바기오로 떠났다. 바기오는 마닐라에서 북쪽으로 버스로 6시간 정도 걸리는 고산지대다. 12월에는 날씨가 상당히 추워서 난로와 털 신발, 목도리 등을 볼 수 있는 지역이지만 여름이면 시원해서, 마닐라 무더위를 피해 정부 업무를 이 지역으로 옮겨 '여름의 수도'라고 불리기도 한다. 이곳에서 사역 중인 성공회 이종민 신부를 만나 커피 생산지를 둘러보았다. 근처에 있는 뱅켓(Benguet) 커피생산조합장을 만났다. 조합원 3백 명으로 이뤄진 이 조합은 현재 일 년 생산량이 8톤에 불과해서 수출하지 못하고 내수로만 판매하고 있었다. 커피 수입을 위해 A급이라는 생두를 살펴보니 품질이 현저히 떨어졌다. 일단 필리핀 생두를 테스트하기 위해 샘플로 5kg만 사 왔다.

한국으로 돌아온 후 이종민 신부로부터 성공회와 관련되어 생산된 생두 구입에 대해 연락이 왔다. 생두 1톤을 수입하기로 하고 생두 대금을 선불로 모두 지불했다. 생두가 부산항에 도착했는데, 찾아가라는 연락이 없다. 필리핀에서 생두를 검역하지 않아 부산항에서 하역할 수 없다고 하니, 한국에서 검역하면 되지 않느냐고 해도 세관에 말이 통하지 않았다. 필리핀으로 검역하러 생두를 돌려보냈으나 수수료와 커미션을 요구하는 등 절차가 복잡하였다. 결국 필리핀 원두 수입은 포기, 5백여만 원을 바다에 던져 넣은 셈이다. 무역 초보자가 겪는 수업료라고나 할까.

6. 동티모르 대통령으로부터 세 가지 부탁받아

2009년 10월에 필자와 서울외국인노동자센터 활동가가 아시아 이주민포럼이 후원하는 외교훈련프로그램에 참여하게 되었다. 프로그램 진행 중에 동티모르 대통령과 면담이 잡혔다. 우리가 만난 오르타(Jose Ramos-Horta) 대통령은 1996년 벨로 주교와 공동으로 동티모르 사태의 평화적 해결을 위해 노력한 공로로 노벨 평화상을 수상한 분이다. 오르타 대통령은 구스마오 초대 대통령 시절에 외무장관으로 대통령과 함께 한국에 왔고, 한국 정부와 인력 도입에 관한 국가 간 쌍무협정(MOU)을 체결하는 등 이러저러한 이유로 한국에 많이 다녀간 지한파이다. 오르타 대통령은 특히 김대중 대통령과 깊은 유대를 갖고 있어서 김대중 대통령 장례식에 참여하지 못한 것에 대해 심심한 유감을 표하였다.

동티모르 대통령에게 커피를 선물하는 필자

동티모르는 수출품에서 70%가 커피, 커피를 수출해야 국민들이 살 수 있다. 동티모르 물가는 한국과 비슷하지만 월급은 턱없이 적어 국민이 살기 힘들다. 한국에서 볶은 동티모르 커피를 전달하자, 모임이 끝난 후 대통령 비서실장이 개별적으로 필자를 만나자고 했다. 그는 필자에게 대통령 부탁이라면서 세 가지를 이야기했다. 첫째, 동티모르에서 나오는 생두를 많이 사줬으면 한다. 둘째, 커피 로스팅 기술을 전수해주었으면 좋겠다. 생두가 아니라 볶아서 포장한 원두를 수출하도록 기술을 배우고 싶다. 셋째, 한국과 동티모르가 좀 더 우호적인 관계를 맺어 노동자를 더 많이 한국에 보내 훈련시키고 싶다.

세 가지 중에 필자가 쉽게 할 수 있는 것은 없었다. 오르타 대통령으로부터 이렇게 도와달라는 부탁을 받아서가 아니지만, 트립티는 처음부터 동티모르 커피를 주 품목으로 하였다. 동티모르 커피는 묵직하면서 맛이 좋아서 오늘날까지 가장 많이 동티모르 커피를 구매하고 있다. 처음에는 피스커피를 통해 생두를 구입했지만, 지금은 피스커피와 함께 직접 동티모르 현지에 미리 구매량을 전해 대금을 선불하는 식의 선구매를 하고 있다.

7. 참 좋은 세상을 만드는 바리스타 교육

트립티는 처음에 서울외국인노동자센터가 있던 창신동 23-597에서 서울외국인노동자센터 공정무역사업단으로 출범했다. 한벗조합과 공동으로 2009년 하반기에 직원 4명을 두고 의욕적으로 시작했지만, 불과 6개월 만에 직원을 모두 그만두게 하였다. 공정무역 커피를 판매해서 인건비를 마련하기가 그렇게 만만하지 않았기 때문에, 필자와 박미성 상임이사를 중심으로 자원 봉사 체제로 변경하였다. 1년이 지난 2010년 4월 지인이 운영하던 신촌 서강대 정문 앞에 있는 로뎀 카페를 인수하면서 개인사업체로 등록하였다.

그 당시에는 커피 창업 바람이 불어서 커피를 판매하는 지점도 생겼다. 공정무역 취지에 동감하여 서로 협력하기 위해 트립티란 이름으로 인천사랑병원, 서울 삼성역 근처 기독교서회점, 서울대 역점, 여수 트립티가 각각 문을 열었다. 서울대점의 경우 김재구 대표는 아는 사람이 아니고 기독교서회점에서 트립티 커피를 맛보고 맛에 반해 찾아왔다. 여수 트립티는 가배나루 김현일 대표 소개로 찾아왔다. 그들에게 기술을 가르쳐 카페를 열게 했는데 김재구 대표는 매년 하루 동안 기부의 날을 정해 판매한 금액을 전부 서울외국인노동자센터에 기부하고, 여수 트립티는 판매액 2%를 공정무역 커피 산지를 위해 기부했다. 처음에는 이주 장애인이 이곳에서 기술을 익히고 본국에 돌아가 카페를 열어서 행복하게 살게 하는 것이 목적이어서 이주장애인에게 커피 교육을 시도했다. 몸이 불편한 이주 장애인이 커피 기술을 배우는 것은 만만한 일이 아니었다. 무엇보다 이들에게 체류 허가가 없어서 교육을 더 이상 진행할 수가 없었다.

트립티에서 로스팅한 원두가 맛이 있어서 프랜차이즈를 만들라는 유혹을 많이 받았지만, 각기 독립적으로 공정무역을 함께하는 카페를 만드는 커피 교육을 실시하였다. 커피를 배우는 과정을 창업반과 취미반으로 구분, 취미반은 일주일에 한 번, 창업만은 매일 교육을 받게 했다. 이주민이나 저소득층, 취·창업을 원하는 분들에게까지 바리스타 교실을 확대해서 운영하고 있다. 트립티에서 진행한 바리스타 교육으로 외국에 병원을 지으려는 카페, 이주 여성이 운영하는 카페, 성매매 여성 지원을 위한 카페, 청소년을 위한 카페, 가난한 지역 주민을 위한 카페, 새터민과 함께하는 카페 등, 이 땅에서 소외된 이들과 함께하는 20여 개의 카페가 만들어졌다.

8. 태국 그레이스홈 카페 개설에 동참

트립티는 국경을 넘어 이주노동자들이 오는 아시아에 그 첫발을 딛기 위해 태국 치앙마이에 있는 그레이스 홈 기술학교의 첫 번째 주자로 바리스타 교육을 하고 카페를 열기로 했다. 태국 치앙마이 그레이스 홈에서 돌보고 있는 어린이들의 부모는 태국 종족이 아니라 대부분 이웃 나라에서 이주해온 산족이다. 한국에서 오랫동안 이주민을 돌보았던 필자는 그레이스 홈 식구들이 이주민 자녀로 부모와 헤어져 고아로 생활하고 있는 것을 보고 이들과 함께하고 싶어졌다. 이들이 가장 어려워하는 문제는 성년이 되어 그레이스 홈을 떠나야 하는데 취업이 되지 않는다는 점이다. 일반 태국사람들도 취업이 어려운데, 하물며 태국에 아무런 연고가 없고 학력이 낮은 이들에게는 취업 문턱이 더 높을 수밖에 없다.

그레이스 홈에서 카페를 열기 위해서는 4천만 원이란 재원이 필요했다. 로스터기, 에스프레스 머신, 그라인더, 제빙기 등 카페에 필요한 여러 기구를 구입할 수 있도록 많은 분이 후원을 해주셨고 또 부족한 금액을 빌려준 분들도 있다. 카페 인테리어를 할 자원봉사자(인테리어 설계자, 목수, 전기 및 음향기술자 등)들이 비행기 표를 자비로 구입해서 내부 인테리어를 하고 카페 기계 관련자도 함께 자비량으로 가서 카페에 필요한 기계들을 설치했다. 카페를 개설하도록 직접 태국까지 가서 몸으로 참여한 분들에게 이 자리를 빌려 두 손 모아 고마운 마음을 표하고 싶다. 그레이스 홈에 설립된 트립티 카페가 규모는 크진 않지만, 전문 직업 훈련을 거친 아이들이 자신과 가정을 돌보는 건강한 사회인으로 살아가게 되는 못자리판이 되리라.

9. 트립티에서 바리스타로 근무했으나 미얀마에서는…

16년 동안 한국에서 일했던 아웅나윈 윈 씨(40)가 2013년 봄에 결혼하면서 필자 등 트립티 관계자를 초대하였다. 미얀마 양곤에 도착한 우리는 밤 버스를 타고 곧바로 윈 씨의 고향인 먼더레이로 떠났다. 먼더레이는 경주와 비슷한 미얀마 고도로 많은 고궁이 있었다. 아름답고 멋이 있는 도시지만 시간이 넉넉하지 못한 우리는 잠깐 이곳을 둘러보고 곧바로 커피 산지인 핑우린으로 향하였다. 먼더레이에서 차로 두 시간 정도 걸리는 핑우린은 해발고도가 900m로 비교적 선선한 고산지. 영국 식민지 시절에 서양인 휴양지로서 사용되었기 때문에 시내 건물과 거리가 서구식으로 잘 정리되어 있다.

우리가 방문한 커피 산지에는 토지를 소유한 부자들이 투자하여 커피를 재배하는 곳이 많았다. 군사정권이 들어선 후 국유화한 토지를 돈을 받고 분배하는 정책 때문에 그렇게 되었다고 한다. 한 농장에서는 자메이카에서 생산되는 불루마운틴 커피종을 재배하고 있는데, 관리만 제대로 할 경우 최상급 품질을 수확할 것 같다. 해발 900m란 위치로 인해 화학비료가 아닌, 계란 껍질과 소똥 등을 비료로 사용하는 유기농 커피를 생산하고 있었다. 이런 유기농 커피산업은 계속 성장 추세라고 한다. 이곳에 있는 카페 몇 곳을 방문하였다. 가장 인상 깊은 곳은 커피농장을 겸하고 있는 판타

원(빤또잉) 카페. 드넓은 정원에 꽃이 가득하고 직접 로스팅하여 손님 앞에서 핸드 드립하여 제공하는 등 수준 높은 카페였다. 커피 가격도 한국에 버금가는 높은 편이었다. 이 집 주인은 우리를 직접 커피농장으로 안내하여 관람하게 하는 등 서비스도 훌륭하였다.

원 씨는 먼더레이를 떠난 지 16년이 지났다. 그가 당장 공정무역으로 인증될 수 있는 커피를 생산하고 공정무역 카페를 차리는 것은 쉽지 않게 보였다. 카페 개업을 준비하는 동안 버마 바리스타 챔피언십 등에 출연하여 원 씨의 바리스타 실력을 미얀마에서 인정받게 되고 원 씨가 판토윈에 있는 작은 아버지 땅에 커피를 재배하게 된다면 카페 개설하는 데 금상첨화가 될 것이다. 결혼하여 두 자녀를 둔 원 씨가 카페를 여는 날에 달려갈 것을 고대한다.

10. 베트남 하이즈엉에 트립티 카페를 차린 황반 씨

현재 베트남은 세계 커피 수출국 2위로 곧 1위인 브라질을 추월할 것이라는 신문보도가 있었다. 베트남 산골 외지에 있는 커피 산지 농민들은 여전히 어려운 삶을 살고 있다. 필자는 미국의 종용으로 우리나라가 월남 파병을 한 죄과를 사죄하고 싶었던 마음이 있었던 터라 베트남에서 공정무역으로 커피를 수입할 계획을 세우게 되었다.

필자는 황반 씨 초대로 미얀마에서 귀국하는 길에 잠깐 베트남으로 향했다. 하노이로 마중 나온 황반 씨의 안내로 하이퐁에 있는 베트남 트립티 카페에 들른 필자는 훌륭한 시설과 규모에 놀랐다.

이곳이 유명한 관광지인 하롱베이로 가는 길목이라 한국 관광객에 거는 기대도 적지 않았다. 그래선지 한글로 쓰인 "트립티"란 간판이 유독 크게 보였다. 3층에 있는 로스팅 실에서 꽃향기 나는 생두를 보고 그것을 수입하면 한국에서 인기가 있겠다는 생각이 들었다. 필자는 다시 베트남에 커피농장을 보러 방문하기로 약속하고 한국에 돌아왔다.

그해 10월 27일 박미성 상임이사, 최헌규 감사, 김헌래 목사, 정현석 대표 등 5명은 베트남으로 향했다. 베트남에서 주로 생산하는 로부스타종이 아니라 맛 좋은 아라비카종을 수입하고 트립티 베트남점에서 한국어 교실을 운영하는 등 양국 우호 증진을 위한 방안도 함께 추진하기 위해서다. 봉고를 빌려 우리는 당국 허가도 받지 않고 베트남 산지를 둘러보며 민박을 하였다. 특히 이안 교장 선생의 농장을 방문하여 커피 재배에 관한 다양한 의견을 나누었다. 이곳 커피농장을 공정무역제품으로 인정받아 우리가 수입할 수 있도록 협력하기로 했다.

항불 전쟁 격전지로 유명한 디엔비엔푸에서 베트남이 전개한 전투는 감동적이었다. 나중에 들으니 이렇게 허가 없이 민박할 수 없다고 하는데, 우리는 겁도 없이 사회주의 국가를 누비고 다녔던 것. 후에 필자는 베트남 공정무역단체에 이곳을 공정무역생산지로 만들 수 있는지에 대해 문의했지만, 긍정적인 응답은 아직 받지 못하고 있다. 베트남에서 꽃향기 나는 생두를 언제나 공정무역으로 수입할 수 있을지….

커피 산지, 디엔비엔푸 등을 돌아본 후 우리는 하노이에 있는 공정무역 단체 '홀드더휴처'를 방문하였다. 이 단체 대표는 휠체어

장애인 히엔 씨인데 필자는 그녀를 한국에서 열린 아시아공정무역대회에서 만났었다. 홀드더휴처는 널찍한 시 소유지에 지어진 3층 건물을 사용하고 있었다. 센터에는 작업장, 교육장, 전시장, 식당 등 필요한 부서들이 잘 배치되어 있었다. 또한 물건을 판매하는 홈페이지도 베트남 말과 영어로 운영하고 있다. 히엔 대표 안내로 우리는 장애인들이 물건을 만드는 곳, 식사하는 곳을 둘러보았고 중증 장애인과 노래를 함께 부르기도 하였다. 장애를 갖고 있으면서 명랑하게 지내는 모습이 보기에 좋다. 그곳에서는 다양한 장애인들이 직업교육을 받고 물건을 만들어 공정무역으로 판매하고 있다. 물건을 만드는 곳에는 공정무역 원칙 10개 항이 베트남말로 크게 적혀 있다. 히엔 대표는 우리가 원하는 제품을 선정, 디자인을 해주면 그대로 만들 수 있다고 강조했다. 선물로 준 소품을 손에 쥐고 떠나면서 앞으로 이 단체와 어떻게 연결할 수 있을지 마음이 무겁다.

11. 카트만두에 네팔 트립티 설립

2015년 4월 25일, 대지진으로 8천여 명 이상 사망, 1만6천여 명이 부상을 당하고 카트만두 계곡의 더르바르 광장과 같은 여러 유네스코 세계유산이 파괴되는 등 네팔은 극심한 절망 상태에 빠지게 되었다. 수많은 한국 구호단체가 네팔에 가서 지진 복구사업을 활발히 전개하였기 때문에 어느 정도 극심한 절망 상태는 극복되었으리라. 필자는 근본적인 대책으로 네팔에 커피나무심기 모

금을 했다. 네팔에 커피 묘목을 심는 크라우드 펀딩에 예상을 훨씬 넘는 5백여 명이 참여했다. 네팔에 지진

이 일어나서 사람들의 마음을 움직인 것 같다. 참여한 분들에게 정말 고마운 마음이 든다. 그분들의 기대에 어긋나지 않도록 커피 묘목을 잘 자라도록 최선을 다하리라.

네팔에 희망을 심어주는 사회적기업을 만들기 위해 (사)들꽃청소년세상 김현수 대표, 네팔 선교사 윤종수 목사, 네팔 컨선 K. B. 샤히 등의 협력으로 (재)함께일하는재단에 Smile Together-Partnership 프로젝트를 신청했다. (재)함께일하는재단에서 네팔에 사회적기업을 세우도록 3년 동안 3천만 원씩을 지원하기로 약속하였고 우리도 첫해에 3천만 원을 부담하고 이 사업을 시작하였다. 처음 해보는 해외사업이라 적지 않은 우여곡절 끝에 스가워티 대표인 목탄 미노드를 현지 대표로 선정하였다. 목탄 미노드는 그가 한국에 체류할 때부터 필자가 잘 아는 사이라 사업 취지를 충분히 공감하고 의사소통에도 전혀 문제가 없었다.

한국에서 로스터기를 공수하고 네팔에서 에스프레소 기계를 구입하여 네팔 수도 카트만두에 바리스타 교육장을 개설했다. 2016년 첫해에 바리스타 교육센터에서는 6기 36명을 교육시켜 전원 취업시켰고 2017년에는 청소년을 교육시키고 생두를 볶아 원두를 납품하는 것에서 한걸음 나아가 교육생들에게 현장 교육을 시킬 수 있도록 카트만두 랄리푸르에 트립티 카페를 열었다. 제2 도시 포카라에도 카페 장소를 확정했으나 코로나19로 아직 문을 열지 못하고 있다

청소년 쉼터인 코빌라홈에 재봉틀을 구입하여 손재주가 좋은

여성들에게 기술훈련을 시키고 그룹 '아브라홈'과 함께 옥수수 줄기와 잎을 이용해서 전통 네팔 인형 제작을 가르쳤다. 전통 인형 제작 기능자의 재능기부로 옥수수 껍질을 활용해서 친환경적으로 전통 인형을 만들었다. 셰르파, 농부, 노인 등 전통의상을 입은 인형은 외형도 멋있어 관광객들에게 인기가 높았다. 2017년 5월 1일부터 5일까지 동대문 디자인플라자에서 열리는 서울국제핸드메이드페어에 네팔 트립티 미노드 대표와 직원 얼빈 구룽이 직접 인형을 갖고 입국해서 판매하도록 초대했다. 18년 동안 한국에서 살다가 강제 출국되어 8년 만에 재입국하는 미노드 대표는 안타깝게도 공항에서 되돌아가야 했다. 그가 네팔 한국대사관에서 비자는 받았지만, 출입국관리 특수 대상이라는 이유이다. 얼빈 구룽만 인형을 갖고 입국하여 인형 제품을 판매할 수밖에 없었다. 2018년에는 비루 타파와 아식 슈레스타가 수공예품을 갖고 와서 완판했다.

네팔 트립티는 'Smile Together Partnership' 3년 지원이 끝난 후 완전 자립을 하였다. 미노드 대표가 본인이 하고 싶었던 사업이라 의욕적으로 사업을 추진한 결과였다. 그러나 그렇게 열심히 사업을 하던 미노드 대표는 안타깝고 허망하게 2018년 심장마비로 급사하면서 네팔 트립티도 많은 어려움에 처하게 되었다. 이후 함께했던 분들이 (사)미놋기념재단을 만들어 현재 모든 사업을 진행하고 있다. 포카라 광대촌에 음악 교실을 열어 진행하고 있고 코로나19로 주춤한 상태에 있던 카페도 다시 문을 열었다. 미노드 대표가 한국에서 이주 노동 운동을 하면서 스톱크렉다운 밴드 리드싱어로 불렀던 "We Love Koea"가 아직도 귀에 들린다. 미노드에 대한 이야기는 〈안녕, 미누〉란 영화에 잘 그려져 있다.

아름다운 세상 만들어가자.

우리 모두의 미래를 위해,

밟히고 또 밟혀도 다시 일어난

누가 뭐래도 우리는 노동자,

작업복에도 아름다운 일꾼

피땀 흘리며 당당하게 살아간

세상을 바꾸는, 한국을 만드는 노동자

We make Korea, We love Korea, We make Korea.

We love Korea, Korea.

세월이 말해주잖아, 이 땅에 우린 함께해왔잖아.

우리 모두 모여서 함께 만들어가자.

아름다운 세상, 아름다운 Korea, Korea

We make Korea, We make Korea, We make Korea

We love Korea, Korea

(스톱크랙다운이 부른 We Love Korea 가사)

12. 한국 공정무역 운동에 적극 참여

트립티는 처음부터 공정무역 운동에 참여했다. 2009년 트립티
를 창립한 그해 5월 9일에 덕수궁 돌담길에서 열린 세계공정무역
의 날 한국 축제가 열렸다. 우리는 네팔에서 갖고 온 차를 핸드드

립으로 제공하고, 이주장애인사업에 대한 홍보를 펼쳤다. 6월에는 신세계백화점에서 열린 공정무역 특별기획전에 참가해서 트립티 커피에 대한 호평을 듣고 8월에는 서울YWCA 공정무역기독인모임에 참여, 필리핀 공정무역단체 방문 등 공정무역 운동에 적극 참여하였고 현재까지 트립티는 매년 공정무역의 날에는 빠지지 않고 계속 참여하고 있다.

트립티에서는 처음에 네팔에서 생두를 수입하려고 했으나 그 것이 쉽지 않아 한국 공정무역기업들이 수입한 생두를 구입하여 로스팅하고 있다. 처음 한국YMCA에서 수입한 동티모르 생두를 구매하여 주원료로 사용하고 거기에 한국국제기아대책기구에서 수입한 멕시코 커피, 아름다운 커피에서 수입한 네팔 커피, 아시아 공정무역네트워크에서 수입한 코스타리카 커피, 얼굴 있는 거래에서 수입한 르완다 커피 등을 로스팅하여 나라별 단품 혹은 블랜딩하여 판매하고 있다. 2012년 5월 개인사업자에서 주식회사로 회사형태를 바꾸었고, 2014년 5월 서울시 예비 사회적기업으로 인증 받은 후 공정무역기업들과 조금 더 긴밀한 연대를 맺고자 한국공정무역단체협의회(이하 한공협, 후에 한국공정무역협의회로 명칭 변경)에 가입신청서를 제출했다. 한국에서 주도적으로 공정무역 운동을 펼치는 한공협 가입조건이 "공정무역을 주 사업으로 하면서 사회적기업" 인준이 필요조건이었다. 모든 조건을 다 갖추었음에도 불구하고 한공협에 가입하는데 1년이 넘게 걸렸다. 지금도 왜 그렇게 오래 걸렸는지 그 이유를 정확히 알지는 못한다. 단지 그 업무를 담당했던 트립티 직원이 회사를 퇴사하면서, "한공협 가입에 너무 진이 빠졌다"라고 언급할 정도였다. 여하간 지금은

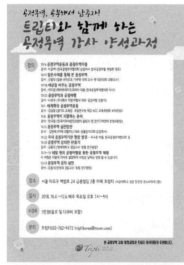

공정무역 포스터

한공협 이사 단체로 한공협 활동에 적극 참여하고 있다.

2018년에 공정무역 운동에 더 적극적으로 참여하고자 공정무역 강사 양성과정을 하였다. 현장에서 열심히 공정무역 운동을 하는 분들을 강사로 하여 3개월 동안 한국 공정무역 운동 전반에 걸쳐 강의를 진행했고 여기에 30여 명이 참여하였다. 이 수업이 계기가 되어 트립티 내에 공정무역연구소를 설치하자는 제안을

한국개신교 대표인 한국기독교교회협의회(NCCK)와 가진 공정무역협약식

하게 되었고 김영철 박사가 초대 소장으로 근무하게 되었다. 2019
년에는 공정무역 강사진을 현장에 파견할 수 있도록 공정무역기
획단 과정을 신설해서 기존에 공정무역 교육을 받았던 이수자들
을 중심으로 공정무역 심화 과정을 갖고 실제로 현장에 파견해서
공정무역 교육을 실시하였다. 교육 이수자들은 학교, 교회, 복지기
관, 아파트 단지 주민 모임 등에 가서 공정무역을 강의하였다.

2019년 하반기에 성북구 공정무역센터를 위탁받았다. 전국 자
치구에서 유일하게 운영되는 성북구 공정무역센터는 공정무역 운
동에 대한 이해가 열악한 상황에서도 많은 성과를 거둔 곳이었다.
트립티에서 새롭게 위탁받으면서 많은 도움을 받았다. 무엇보다
도 전국 여러 자치구에서 공정무역조례제정에 관심을 갖고 있어
서 트립티도 이런 흐름에 함께 참여할 수 있게 되었다. 여수, 광양,
광명 등 자자체가 조례를 제정하는데 적지 않은 조언을 하였다.

13. 국경을 넘어 행복한 이웃이 되자

트립티는 비전을 "국경을 넘어 행복한 이웃이 되자"로 정하고 사업 목표로 다음 세 가지를 잡고 있다. ① 이주민이 행복한 삶을 누리도록 지원한다. ② 제삼세계에 원조가 아닌 공정한 무역으로 거래한다. ③ 소외계층에게 행복한 일자리를 제공한다. 이러한 사업목표를 달성하기 위해 구체적으로 하는 트립티 사업은 다음과 같다.

첫째, 공정무역 생두를 로스팅해서 카페에 납품하고 소비자에게 원두, 커피믹스, 더치커피, 원두 티백 등을 제조해서 쇼핑몰 등을 통해 판매하고 케이터링 서비스를 하고 있다.

둘째, 카페를 직접 운영하여 이주민이나 노약자에게 일터를 제공하고 있다. 현재 수도권에 10여 개 카페를 운영하고 있으며, 사회적 약자들에게 바리스타 교육을 하고 직업 훈련 기회도 제공하고 있다.

셋째, 공정무역캠페인을 하고 공정무역에 대한 홍보, 교육을 하고 있다. 한국공정무역협의회 회원단체로 공정무역상품을 수입하여 판매하고 서울 성북구에서 공정무역센터를 위탁받아 운영하고 있다.

넷째, 제삼세계와 함께하기 위해 네팔에 커피 묘목을 심어주고, 네팔, 태국, 베트남에 트립티 카페를 설립, 지원하고 있다. 이곳에서 청소년들에게 바리스타 교육 등을 통해 청소년자립 프로그램을 지원한다.

다섯째, 공정여행을 통해 제삼세계에 대한 이해를 높이고 있다. 오락 위주의 관광이 아닌, 여행을 통해 제삼세계 문화를 체험하고 제삼세계 사람들과 교제한다.

트립티는 흔히 기업이 가진 이윤추구란 물질적 목적을 넘어서 트립티 설립목적을 달성하고자 노력하고 있다. 트립티가 추구하는 미션은 온 세상 사람들이 행복하게 서로 돕고 사는 세상을 만드는 것이다. 이를 위해 세계화 시대에 가장 심각한 피해자인 떠돌이, 즉 이주민에게 관심을 갖고 이주의 악순환 고리를 끊기 위해 공정무역에 비전을 두고 있다. 구체적으로 생산자들이 최소한도 인간적인 삶을 누릴 수 있는 임금을 받고 생산하고, 소비자는 친환경적인 건강한 먹거리를 정당하게 소비하고, 중간에 있는 트립티 같은 기업들이 공정무역을 홍보하고 공정무역마을을 조성하는데 중점을 둔, 공정무역 10대 가치를 실현하고자 한다.

트립티! 트립티와 함께해서 행복하다.

트립티에서 만난 다른 나라 사람들
─ 이주민·해외 트립티 카페·공정무역

박미성
(사회적기업 트립티 상임이사)

한국 땅에 와서 일하거나 살고 있는 이주 노동자와 이주 여성, 중국 동포와 새터민 그리고 해외에서 공정무역을 하면서 만나는 외국인이 적지 않다. 이들과 공평한 관계를 맺고 "한 잔의 커피로 세상을 정의롭게 변화시키고자" 트립티는 10여 년을 걸어왔다. 트립티에서 공정무역과 관련지어 만난 분들은 언제나 나를 설레게 한다. 함께 꿈을 꾸는 자로서 도반의 길을 걷기 때문이다.

1. 미얀마에서 공정무역 카페를 꿈꾸는 윈 씨

군부 세력이 총선 결과에 불복해 쿠데타로 정권을 잡은 미얀마는 거의 준전시 상황이다. 미얀마는 2015년 이후 부분적으로 민주화가 진행되어 자유 선거를 했다. 수치 고문은 로힝야족 학살에

아들, 부인과 함께 미얀마 민주화 시위에 참여하고 있는 윈 씨

소극적인 입장을 보였고 군부 지명 국회의원 수의 축소를 주장해서 군부와 갈등상태였다. 총선 결과 아웅산 수치가 속한 정당은 83.2%의 의석을 쓸어갔다. 이러한 총선 결과에 위협을 느낀 군부 세력들은 쿠데타를 일으켰고 미얀마 민중들이 이에 항거하면서 한국 광주 민중 항쟁과 같은 상황이 벌어졌다.

한국에서 '버마액션'이란 단체와 함께하면서, 미얀마 민주화에 힘을 보탰던 사람들은 어떻게 지내고 있을까? 이들은 미얀마에서도 위험을 무릅쓰고 앞에서 시위를 주도하고 있다. 페이스북을 통해 지지와 도움을 요청하는 이들의 목소리, 아무런 무기도 없이 놋그릇을 두드리는 이들의 함성, 수없이 살해되면서도 민주화를 위해 거침없이 하는 행동. 한국 미얀마 대사관 앞에서 "프리 버마(Free Burma)"를 외치고 이주 노동자 인권을 위해 거리를 누볐던 이들이 무사하기만을 바랄 뿐이다.

아웅라이 윈 씨는 여러 미얀마 이주 노동자 중에서도 트립티와 특별한 인연을 맺은 분이다. 그는 2011년부터 트립티에서 바리스타 훈련을 받고 바리스타로 근무했다. 미얀마에 귀국하면 카페를 열기 위해 커피 로스팅도 배웠다. 윈 씨는 카페 운영에 대한 모든 것을 익혔고 핸드드립 솜씨가 뛰어나 맛있는 커피를 내려줄 수 있게 되었다. 미얀마에 귀국 후 가족이 없는 윈 씨는 우리를 결혼식에 초대해 미얀마 친구들에게 우리를 가족으로 소개했다. 우리는 가족이었다. 결혼식이 끝난 후 미얀마의 생두 수입 및 카페 개설을 알아보며 윈 씨의 미래를 함께 고민하는 시간을 가졌다.

아웅 나윈 윈 씨는 미얀마에서 민주화운동을 하다가, 1998년도에 한국으로 왔다. 그는 당시 대학생으로 시위에 참가했다. 미얀마 정부가 휴교령을 내리고 학생들을 탄압하자 그는 한국행 비행기에 몸을 실었다. 윈 씨는 공장에 다니면서 미얀마 민주화를 위한 운동도 열심히 참여했다. 2010년 혀에 난 상처를 치료하러 병원에 갔다가 설(혀)암 2기 선고받게 되었다. 혀의 3분의 2가량을 절제하는 큰 수술을 두 번 받고 나니 그는 수술 후유증으로 발음을 정확하게 할 수 없게 됐다. 이때 을지로 국립의료원으로 병문안을 가서 필자는 그를 처음 만나게 되었다. 윈 씨는 "투병 과정에서 먹는 것이 얼마나 소중한지 알았다"라고 회상했다. 그는 혀 절제 수술로 세 달 동안 아무것도 먹지 못했었다.

수술 후 윈 씨는 더 이상 공장을 다닐 수 없게 됐다. 일할 수 없게 된 윈 씨는 트립티에서 바리스타 기술을 배웠다. 윈 씨는 바리스타 일을 아주 잘했다. 사람들에게 따뜻하고 친절하게 대해서 인기가 높았다. 비록 발음은 정확하지 않아도 그가 풍기는 인상이 사람들에게 푸근한 느낌을 갖게 했다. 커피를 볶고 바리스타로 일하면서 그에게 꿈이 생겼다. 그는 "사람들이 쉽게 나눌 수 있는 것이 음식"이라며 "나중에 미얀마로 돌아가 음식점이나 카페를 열고 싶다"고 했다.

2013년 3월 원 씨가 귀국 후 결혼하면서 우리를 결혼식에 초대했다. 40살이라는 늦은 나이에 결혼하는 원 씨 초대에 우리는 기쁜 마음으로 2013년 6월 2일 미얀마로 떠났다. 최정의팔 대표, 이소영 간사, 나와 임창헌 변호사 등이었다. 임 변호사는 서울외국인노동자센터 이사로서 원 씨에 많은 애정을 갖고 있었다. 원 씨가 미얀마에서 카페를 차릴 경우 예상되는 인테리어비 4천만 원을 투자해줄 계획을 추진하였는데, 임 변호사는 그 중 상당 부분을 담당하기로 약속했다.

먼더레이와 산지를 둘러보면서 원 씨와 우리는 16년이 지난 미얀마 상황이 많이 변하였다는 것을 실감하게 되었다. 실제 미얀마에서 카페를 차릴 경우에는 그 시설과 규모가 어마어마해서 병원비로 돈을 다 사용한 원 씨는 당장 자금을 마련하는 것도 쉽지 않았다. 원 씨가 미얀마에 충분히 적응한 후 카페를 차리는 것이 더 좋다고 의견을 모았고, 원 씨도 기꺼이 그렇게 하기로 하였다.

원 씨 결혼식에 참석해보니 신부가 젊고 예뻤다. 신부 묘탄다 아웅 씨는 현직 변호사로 재원이었다. 신부가 한국에 잠시 방문했을 때 서로 사귀게 되었다고 한다. 참 인연이란 알 수 없다는 생각이 든다. 원 씨는 우리가 설암 후유증을 걱정했던 것과 달리 건강하게 이미 두 아들을 두고 있으며 행복하게 살고 있다. 부인도

"Myo Thandar Aung"란 이름으로 "New Skiin"이란 미용 회사를 운영하고. 현재 윈 씨는 한국에서 귀국한 이주 노동자와 함께 여행회사를 설립해 관광객을 안내하고 있다. 한국인을 주 대상으로 해서 안내하고 있는데, 이런 인연으로 2019년에는 미얀마를 다녀간 사장 초청으로 한국에 통역하러 잠시 다녀가기도 했다.

6년 만에 한국에서 만난 윈 씨는 여전히 공정무역을 통한 카페 꿈을 그리고 있다. 미얀마가 놀라울 정도로 경제성장을 하고 있어서 본인도 이에 대한 준비하고 있다고 했다. 그런데 다시 군부 쿠데타로 모든 꿈을 접어야 하니… 현재 미얀마는 제트(z)세대가 죽음을 무릅쓰고 항거 투쟁을 벌이고 있다. 지난 2월 이후 현재까지 6백여 명이 숨졌으며 그 가운데 대부분은 20대이고 46명은 어린이다. 미얀마에서 군부 쿠데타가 평화롭게 종식되고 윈 씨가 언젠가는 소원대로 공정무역 커피농장을 운영하고 카페를 열도록 두 손 모아본다.

2. 베트남 이주 노동자 황 반 씨의 트립티 카페

베트남에는 늘 빚진 마음이 있다. 70년대 소위 '월남전'에 우리 군대가 파송되어 양민을 학살했다는 것을 알고 있기 때문이다. 남의 나라 통일전쟁에 가서 미국 용병으로 수많은 베트남인을 무고하게 학살했으니 어떻게 그 핏값을 갚을지 항상 죄송한 마음뿐이다. 노무현 대통령이 공식적으로 베트남 파병에 대해 사과하였고, 베트남 사람들도 더 이상 이것을 문제 삼지 않는다. 현재 베트남

로스팅실에서 커피를 볶고 있는 황반 씨

사람들은 과거를 잊고 한국과 밀접한 관계를 맺고 있다. 중국 다음
으로 많은 베트남인이 이주민으로 한국에 와있다. 필자는 베트남
을 좀 더 알기 위해, 트립티 식구들과 함께 베트남으로 향했다.

황반 씨는 서울 창신동에서 일할 때 그곳에서 훼 씨와 사귀었
다. 둘은 2012년에 귀국하여 결혼하였고 예쁜 두 딸을 두고 있
다. 2013년 6월 미얀마에서 귀국하면서 베트남 하이즈엉에 소재
한 트립티 카페에 들른 적이 있다. 베트남 트립티 카페는 한국에서
노동자로 일하다가 트립티에서 커피 교육을 받은 황반 씨가 5월에
개설한 곳이다. 개업을 축하하고 상호 협력과 지원을 논의하기 위
해서였다. 황반 씨는 한국에서 힘들게 번 돈을 모두 투자해서 3층
건물을 짓고 그곳에 트립티 카페를 열었다. 개업한 지 아직 한 달
이 지나지 않아 자리를 잡지 못했지만, 직접 커피를 로스팅하는
등 나름대로 최선을 다해 일하고 있었다. 우리는 해외 트립티 카페

1호인 태국 치앙마이점 개소식에서 받은 감사헌금을 이곳 2호점에 전달하였다. 카페 운영 전반에 대해 지도를 하면서 디엔비엔푸에서 생산되는 아라비카종의 커피가 뛰어난 향미가 있다는 사실을 알게 되었다.

베트남은 브라질에 이어 세계 2위 커피 생산국으로, 아시아에서 커피 문화가 가장 발달된 나라 중 한 곳이다. 베트남 사람은 아침 식사 전후에 커피를 마시며 갈증을 해소한다. 커피에 연유를 넣어 차갑게 마시는 카페스어농(Ca Phe Sua Nong)을 즐겨 마신다. 대표적 원두 브랜드는 충응우엔(Trung Nguyen)과 하이랜드(Highlands)다. 한국에서 마시는 인스턴트커피는 대부분 베트남에서 수입한 로부스타를 사용한다. 베트남 커피가 우리나라 전체 커피 수입 물량의 40%를 차지한다. 베트남은 인스턴트커피에 주로 쓰이는 로부스타 커피의 세계 최대 생산국으로, 세계 1위 커피 생산국으로 도약하기 위하여 국가적으로 총력을 기울이고 있다. 베트남에서는 로부스타 종뿐만 아니라 훌륭한 아라비카종 커피도 생산되고 있다. 베트남에서 생산되는 다람쥐커피, 사향고양이커피는 잘 알려진 값비싼 최고급 원두이다.

베트남 트립티 카페는 1층 카페, 2층 숙소, 3층 로스팅 룸과 숙소로 되어있다. 황반 씨 형제가 한국에서 15년 가까이 일하고 모은 돈으로 지은 건물이다. 황반 씨 가족은 부모와 누나 2명과 형 2명 등 5남매이다. 황반 씨가 막내. 큰누나는 매형과 함께 이곳에서 한국 텔레비전의 대리점을 운영하고 있고 둘째 매형은 농사를 짓고 있다. 남자 형제들은 모두 외국에서 이주 노동자 생활을 하였다. 큰형은 러시아에서 돌아와 실직자 상태고, 작은형은 형수와 함께 한국에서 이주 노동자생활을 하고 귀국하였다. 현재 작은 형은 생수 장사를 하면서 트립티 카페를 돕고 있고 형수는 직장에 나가면서 틈틈이 카페를 돕고 있다.

베트남 트립티는 새벽 6시에 문을 연다. 7시부터 손님이 오기 시작하여 오전 11시까지 바쁘다. 아침에 가게에서 배달된 쌀국수를 먹고 나서 매장에서 방문하는 손님들과 인사를 나누었다. 한국에서 온 우리가 손님들에게 트립티 카페의 전문성을 홍보하는 좋은 매개가 되는 것 같다. 매장에는 한국인들도 적지 않게 드나들고 있다. 황반 씨는 한국 트립티에서 커피를 배우고 또 직접 서빙도 하였기 때문에 바리스타로서 손색이 없다. 그러나 황반 씨로부터 배운 작은 형은 때때로 실수를 한다. 이날도 한국 사람이 아메리카 커피를 주문하였는데, 베트남 사람에게 하듯이 물어보지도 않고 설탕을 넣은 모양이다. 아메리카 커피를 마시던 한국 사람이 못마땅한 표정을 짓는 것을 보고 그 사정을 짐작하였다. 재빨리 다시 커피를 내려서 설탕을 넣지 않고 주자 그 한국 사람이 대단히 만족하였다.

바쁜 시간이 끝나자 형에게 카페를 맡기고 우리 일행은 시골에 있는 황반 씨 집으로 택시를 타고 갔다. 집에는 황반 씨 부모님과 아기를 안은 부인 훼 씨가 우리를 반갑게 맞았다. 아기는 겨우 백일이 넘었지만, 낯을 가리지 않아 편안하게 안아줄 수 있었다. 필자가 집에서 갖고 간 다양한 아기용 선물을 전하자 부인 훼 씨는 진심으로 기뻐했다. 우리는 훼 씨가 정성으로 준비해 놓은 점심상에 깜짝 놀랐다. 방바닥에 널따랗게 자리 잡아 오리고기, 돼지고기 등 다양한 요리와 밥과 쌀국수, 정성을 다해서 준비해 놓은 점심상이라 숟가락을 놓을 수가 없다. 황반 씨 아버님에게 한국에서 갖고 간 대병 소주를 선물로 드리니 무척 기뻐하셨다. 군인 출신이라 평소 말이 없이 근엄하기만 한 아버님이 우리에게 많은 말을 하고 또한 손수 술을 권하기도 하셨다. 그뿐 아니라 식사가 끝난 후에는 직접 만든 나뭇잎 부채를 몇 개나 우리에게 주셨다.

2013년 10월 27일 재차 하노이로 출발하였다. 일전에 맡아본 향기 나는 커피 생산지를 직접 돌아보기 위해서다. 일행은 모두 5명. 필자와 최정의팔 대표, 최헌규 이사, 김헌래 목사와 정현석 대표 등. 황반 씨 안내로 디엔비엔푸 근처 산지를 둘러보았다. 오랜 시간 동안 차를 타야 하고 민가에 숙박하는 등 쉽지 않은 여행 코스였다. 황반 씨가 워낙 차분하고 세심하게 안내해서 여행하는 동안 전혀 불편하지 않았다. 커피 산지에서 식사하고 초등학교와 디엔비엔푸 전적지를 방문하고 베트남 사람들을 만나면서 많은 생각을 하게 되었다.

베트남 트립티 카페를 위해 할 수 있는 일이 무엇일까? 디엔비엔푸에서 생두를 공정무역으로 수입할 수 있을까? 커피 맛이 좋다고 하더라도 디엔비엔푸 현지 커피 농가를 공정무역을 할 수 있도록 조직하는 것이 만만한 일이 아닐 것 같다. 생산자 자립 기반을 조성하고 친환경적인 생산방식을 취하고 아동노동을 금지하는 것 등 공정무역에는 세심한 노력을 많이 기울여야 한다. 베트남어로 된 공정무역 10대 원칙을 보내주고 또 베트남 공정무역단체와 연결시켜 본인들이 그런 결의를 다지도록 해야 할 것 같다. 베트남을 더 잘 이해하기 위해 디엔비엔푸까지 순회하는 공정여행은 과연 가능할까 등등. 어느 것 하나 쉬운 것이 아니라 오히려 이들에게 기대감만 주고 신세만 지고 가는 돌아가는 것이 아닌가 하는 미안한 마음이 들었다.

3. 재교육을 한국에서 받은 태국 트립티 카페 청년

"이 이얏" 짧고 단호한 기합 소리와 함께 목검은 힘차고 날카롭게 상대편을 향했다. 얼굴이 보이지 않는 투구 안에 깊은 눈동자를 통해 다양한 표정을 보았다. 부모와 함께 살지 못하고 홀로 된 외로움, 돌봄을 보장받을 수 없는 두려움, 호적이 없어서 한국행 여행을 하지 못할 것 같아 빠졌던 절망, 같은 처지에 있으면서 함께 살며 의지했던 그레이스 홈 식구들의 배려, 무엇보다 오랫동안 보살펴준 선교사 내외분의 사랑에 감사하는 마음을 보았다.

이들이 거주하고 있는 태국 치앙마이 그레이스 홈은 부모들이 태국 종족이 아니다. 이웃 나라에서 이주해온 산족으로 부모가 에이즈나 질병으로 죽었거나, 마약 관련 사범으로 종신형을 받고 감옥에 있거나, 아이를 버리고 재혼하는 등 다양한 이유로 고아가 된 아이들이다. 그레이스홈은 이렇게 부모가 돌볼 수 없는 아이들을 섬기기 위해 설립된 사회복지기관이다. 권삼승, 서양숙 선교사 부부가 2002년에 고아원 운영을 시작하여 그동안 많은 아이가 이곳을 통해 돌봄과 배움의 기회를 얻었다. 10여 년이 지나면서 아이들이 중학교 혹은 고등학교를 졸업하고 전문적인 직업교육을 통해 (바리스타, 한식, 컴퓨터 조립·수리, 빵집, 한국어, 미용 등) 건강한 사회구성원으로 자라도록 기술을 익히도록 하는 것이 중요하게 되었다.

고아, 과부, 나그네…. 성서에는 이들을 돌보라고 했다. 치앙마이 그레이스 홈 아이들은 성년이 되어 그레이스 홈을 떠나야 하는데 취업을 하지 못해 어려워하고 있다. 태국 치앙마이는 태국의 북부 지역에 위치한 태국 제2의 도시로 안전한 사회 환경과 여러 이웃 나라와 인접하고 있다. 태국 전통문화가 잘 보전되어 있어 태국의 전통문화와 다양한 소수 민족의 삶을 경험하려는 관광객들이 많이 모인다. 19세기와 21세기가 공존하는 매력이 있는 곳이지만 성(Sex)이나 마약을 쉽게 접하게 되는 위험도 함께 공유하고 있는 곳이다.

트립티 그레이스 홈 카페!

이주의 악순환 고리를 끊기 위해 공정무역을 해온 트립티는 태국 치앙마이에 그레이스 홈 기술학교에서 바리스타교육을 하고 카페를 열었다. 청년들 대부분이 취직을 위해서 치앙마이를 떠나 수도인 방콕으로 떠나는데 잘 훈련받을 수 있는 전문성을 가진 직업학교가 시작되어 이들에게 전문성을 가진 직업인이 되도록 돕는 것이 이 기술학교의 목적이다. 많은 분의 도움으로 인테리어를 마친 후 2010년 5월 이들에게 로스팅 및 바리스타 교육을 하게 되었다. 기쁨으로 함께하는 분들이 있어 행복하다.

트립티 치앙마이 카페에서 우리에게 커피 수업을 받고 바리스타로 일하는 태국 청년들이 2014년 5월 초 한국을 방문했다. 가족이 해체되어 그레이스 홈에서 살면서 태국 치앙마이에 소재한 대학교에 재학 중인 이들은 방학을 맞아 3개월간 한국에 체류하였다. 첫 달에는 대전에 소재한 국제학교에서 영어를 배우고 그 후 두 달 동안 낮에는 주로 트립티에서 커피 수업을 받고 밤에는 대한 검도협회 주선으로 각 대학을 돌면서 검도 연습을 하였다. 이들은 체류 중에 4개국 초청 검도 시합에도 출전했는데, 태국 국가 청소년 대표 선수들인 이들이지만 우승권에 들지 못해 많이 아쉬워했다.

기막힌 가족 사정에도 불구하고 이들은 당당하게 보였다. 한국에서 체류 기간에 열심히 커피를 배우고 검도 연습에 참가하였다. 치앙마이 트립티 카페에서 바리스타로 일하고 있기에 수업보다는 카페에서 실전연습을 주로 하고 남은 시간에는 등록금을 벌기를 원했다. 일산 토마토 농장에서 일당으로 잠깐 일을 하였지만, 푹푹 찌는 무더위와 휴가철에 이들이 단기간으로 일할 수 있는 곳을 찾는 것이 쉽지 않았다. 이런 사정을 들은 하늘품교회와 유광주 님이 이들을 위해 등록금을 마련해주어 등록금 걱정하지 않고 한국에서 다양한 체험을 할 수 있었다.

이들에게 가장 재밌고

까페외할머니 커피 트럭에서 노점상 경험을 한 태국 청년들

신나는 체험은 커피 트럭에서 장사하는 것이었다. 까페외할머니의 커피 트럭으로 서울 서대문구 구청 뒤에 있는 안산에서 커피 판매를 몇 번 하였다. 서툰 한국어로 커피를 파는 이들을 보고 등산객들이 격려와 지지를 하였다. 이런 과정을 통해 이들은 치앙마이에서 이동 카페를 운영할 사업구상을 갖게 되었다. 구체적으로 내년에 졸업하는 두 명(위치앙과 캐티삭)은 치앙마이에서 노점 카페를 하기로 결심하였다. 대학을 졸업하여도 쉽게 취업할 수 없는 태국에서 이들에게 이런 사업구상은 새로운 삶의 활력소가 될 것이다.

한국어학과 3학년인 위치앙(23세)은 가장 맏형답게 모든 일을 현명하게 처리하는 청년이고 같은 학년인 캐티삭(22세)은 한국어를 알아듣지 못하는 동생들을 위해 항상 통역하며 기도 생활을 열심히 하였고, 그의 동생 찰락(20세)은 행동은 느리지만 한국 음식을 잘 먹어서 기특했다. 또한 예술 재능이 뛰어난 존(20세)은 트립티 이야기를 만화로 그려준다고 약속하였으니 어떤 만화그림을 선물할지 기대가 된다.

네 청년 모두 아버지가 없고 가족이 해체되어 그레이스 홈에서 살고 있어서 가족의 사랑이 무척 그리운 것 같다. 이들은 조금만 마음을 열고 친절하게 대하면 너무나 고마워하면서 "작은 엄마, 작은 아빠를 만난 것 같다"고 감격해서 말하곤 한다. 캐티삭과 그의 동생 찰락은 원래 중국에서 미얀마를 거쳐 태국에 정착한 몽족의 자손이다. 어렸을 때 아버지가 병사하고 어머니는 트라이앵글에서 마약 중개를 했다는 혐의로 교도소에 수감되어 온 가족이 흩어져 지내야 했다. 다행히 어머니가 최근 출감했지만 가족이 함께 지내지는 못하고 있다. 위치앙은 라오스에서 이주해왔는데, 새어머니와 살던 아버지가 돌아가시면서 그레이스 홈에 와서 살게 되었다. 학업을 마치면 그레이스 홈에서 나가서 자기 동생들을 돌보겠다고 한다.

3개월의 한국 여행 기간, 트립티는 치앙마이 청소년 4명에게 어떤 영향을 주었을까.

2016년 2월 다시 태국을 방문해서 한국에 석 달간 머물렀던 학생들을 만났다. 찰랏은 레스토랑에, 위치앙은 커피숍에 근무하고, 존은 아직 학생이다. 오랜만에 얼굴을 대하니 반갑다. 위치앙은 자기 나이 또래보다 훨씬 많은 월급을 받는다. 그레이스 홈에서 실시한 커피 교육과 경험이 도움이 되어 좋은 곳에 스카우트되어 일하고 있으니 다행이다. 앞으로 더 기술을 쌓아 모두가 자기 역할을 잘했으면 좋겠다. 이때 안타깝게도 캐티삭은 학생 신분으로 아르바이트를 하고 있어서 만나지 못했다.

4. 네팔 커피산지 바글룽에서 온 편지

케이비 샤히(K. B. Shahi) 교장이 얼마나 답답하고 힘들면 학교 소식과 함께 도와달라고 메일을 보냈을까. 학생을 교육시키려고 어렵게 학교를 새로 건축해놓았는데, 코로나 팬데믹으로 학교에서 아이들을 볼 수도 없으니…. 네팔 바글룽 지역의 학생들 대부분 집에는 컴퓨터가 없고 아이들은 핸드폰도 없으니 말이다. 샤히 교장은 답답한 마음에 트립티에 안 쓰는 핸드폰이라도 모아서 보내달라고 부탁했다.

안녕하세요? 네팔 바글룽 홀리차일드 학교 샤히 교장입니다.
네팔에서는 코로나19 팬데믹이 날마다 빠르게 증가하고 있습니다.
카트만두와 바글룽 등 일부 도시는 여전히 폐쇄 상태입니다. 학교도
폐쇄되어 온라인으로 수업을 듣고 있습니다. 그러나 우리 학교 학생
들은 휴대 전화기가 없기 때문에 모든 학생이 온라인 수업을 듣는 것
은 불가능합니다. 우리는 학생들을 위해 간격 유지를 하며 오전 7시부
터 오전 10시까지 수업을 진행했습니다. 휴대 전화와 노트북이 없는
학생들은 온라인 수업에 참여할 수 없어서 마을에서 일주일에 한 번
학교에 와서 대안 학습 수업을 받고 2-3시간 동안 걸어서 집으로 돌아
갔습니다. 그러나 오늘부터 바글룽에서 급격히 코로나 바이러스에
감염된 사람들이 증가하여 간격 유지한 수업도 폐쇄되었습니다. 코
비드-19 팬데믹 대유행은 2-3년 동안 계속될 것입니다. 학생들이 학
교에 출석해서 수업에 참석하기가 어려울 것입니다.

내가 샤히 교장선생님을 처음 만난 것은 네팔에 커피나무를 심
기 위해 2015년 현지답사를 갔을 때이다. 당시 네팔은 엄청난 지
진으로 8천 4백 명 이상이 사망하고 2만여 명이 부상당하는 등
피해가 극심했다. 많은 단체가 구호 활동을 펼 때 네팔 가난에 대
한 근본적인 대안으로 트립티에서는 커피묘목심기운동을 시작했
다. 커피나무를 심기 위해 사전 조사로 네팔 현지를 방문했다. 바
글룽에 도착하여 본 홀리차일드스쿨은 시설이 열악하였다. 학교
라기보다는 심하게 과장해서 이야기하면, 외양간 같은 곳에 책상

과 걸상이 놓여 있었다. 샤히 교장선생님은 학교를 안내하고 또 커피를 심을 버쿤데 마을을 안내했다.

샤히 교장은 바글룽 산골지역인 버쿤데 출신으로 세 살 때 인도 첸나이로 유학을 떠났다. 아버지가 배움에 한이 맺혀 가족들을 네팔에 남겨 두고 샤히만 데리고 인도로 향하였다. 아버지는 첸나이에서 경비 등을 하며 아들을 교육시켰다. 샤히는 기독교 학교인 '홀리차일드스쿨'에 다니며 기독교 믿음을 갖게 되었고, 첸나이 마드라스대학교에서 과학을 전공하여 졸업한 후 취업하였다. 1989년 한 달 동안 휴가를 받아 고향인 바글룽의 공립학교에서 자원교사를 하게 되었다. 그는 인도 직장을 포기하고 1년 동안 계속 임시교사로 재직하게 되었다. 이때 동료 교사들이 술만 먹고 교육에 열의가 없는 것을 보면서 마음이 무척 힘들었다. 이런 분위기에 좌절하여 샤히는 다시 인도로 일하러 갔다가 바글룽 학부모들의 부탁으로 다시 네팔로 돌아가기로 결단하였다.

아버지로부터 1만 루피(당시 백만 원)를 지원받아 1991년 당시 허허벌판이던 바글룽에 땅을 임대하여 학교 교사를 짓고 유치원생 80명으로 첫 학교를 시작하였다. 인도 기독교 학교의 설립이념을 본받아 '홀리차일드스쿨'로 교명을 짓고 헌신적인 교사들을 채용하여 학교를 운영하였다. 유치원 아이들이 자라면서 1993년 초등학교를 시작했다. 1996년 세계보이스카우트대회가 한국에서 열릴 때 아이들과 함께 초청받았다. 한국에 온 샤히 교장은 네팔로 돌아가지 않고 미등록으로 한국에 체류하면서 이주 노동자로 일하였다. 2년 동안 의정부 섬유공장과 인천 전자회사에 다니며 월급과 아르바이트 비용을 전액 저축하여(대략 2천만 원) 기숙사를 짓게 되었다.

샤히 교장은 초등학교에 이어 중학교, 고등학교를 운영하게 되었다. 처음 땅을 월세로 빌려 건축했던 학교 건물은 점차 너무 낡고 주위 환경도 나빠졌다, 땅 주인도 땅을 돌려달라고 하고. 새로운 학교 건물을 마련해야만 되었다. 이를 위해 땅 구입비와 건축비가 필요한데, 가난한 학생들에게 무료로, 혹은 저렴하게 학비를 받아 운영하는 학교법인 네팔 컨선에서 이 비용을 마련할 수 없었다. 기독교 이념을 바탕으로 학교를 운영하는 샤히 교장은 새로운 학교 건물 마련을 위해 40일간 아침 금식하며 간절히 기도하였다.

부족한 운영비용은 모금하거나 영어 학원, 한국어 학원을 운영하면서 보충하였다. 샤히 교장의 개인적 노력만으로는 한계가 있어 2008년부터 학교 후원을 위해 법인 '네팔 컨선'(Nepal Concern)을 만들어 가난한 학생들에게 장학금을 지급하고 있다. 네팔 컨선에서는 장학금을 지원하는 사업 외에도 가난한 마을 주민들을 돕기 위해 신용협동조합, 소비자협동조합(채소, 쌀 등 판매), 셀프 헬프 그룹(재봉틀 교육, 일거리 창출) 등을 운영하고 있다. 또한 장애아동을 위해 두 곳에서 무료로 데이케어센터를 운영하여 장애아 35명을 돌보며, 가난한 어린이와 장애 아동과 함께하는 그룹홈을 운영하고 있다. 놀랍게도 샤히 교장은 자신의 두 딸(7, 12살)도 장애아동과 함께하는 그룹홈에서 키우고 있다.

버쿤데에 들려서 커피마을을 돌아볼 때 샤히 교장은 새마을지도자 같은 인상을 받았다. 동네 이 집, 저 집을 돌면서 인사를 나누고 커피 재배를 설득하고 다녔다. 이곳 농부들을 중심으로 커피협동조합을 구성하고 각 가정에 커피 묘목을 10그루에서 50그루를 신청받았다. 사전에 몇 차례 교육을 통해 공정무역 원칙에 입각하여 철저히 친환경적으로 커피나무를 기르게 했다. 또한 커피수익을 통해 자녀들을 학교에 보내도록 공정무역 프리미엄을 사용하게 했다.

바글룽 지역에 커피 산지를 만들어 나가던 샤히 교장은 2018년 12월 한국을 방문해 커피 묘목 후원자들에게 커피 산지에 대해 보고했다. 이 자리에서 그는 홀리차일드 학교 건축에 대한 모금도 호소했다. 그뿐 아니라 여러 곳에 돌아다니며 호소해 홀리차일드 스쿨 건축비로 1억 원을 모금할 수 있었다. 지진 발생 이후로 지진에 대비하도록 건축법이 강화되었다. 학교 건물을 튼튼하게 지어야하기 때문에 아직도 내부공사는 완전히 마무리되지 않았다. 이렇게 애써 지은 학교에서 학생들에게 교육을 시킬 수 없으니 얼마나 답답할까.

샤히 교장은 새로 지은 학교에 독립된 커피 재배 공간을 만들

커피 축제에서 한국 음식을 대접하고 있는 필자

고 카페를 열 계획이다. 이곳에서 커피 묘목을 발아시키고, 커피에 대해 교육하고, 로스팅까지 할 계획이다. 더 나아가 바글룽 시장과 협력하여 바글룽시에 커피 단지를 조성할 꿈을 꾸고 있다. 내가 만난 바글룽 시장도 이에 많은 관심이 있었다. 믿음의 힘으로 모든 것을 진행하는 샤히 교장을 통해 그 꿈은 반드시 이루어질 것으로 기대한다.

5. "트립티 사업은 목탄 미누의 꿈"

월급날

오늘은 나의 월급날 / 가슴이 두근두근합니다 / 한참 동안 받지 못했던 월급을 돌려준대요 / 나의 소중한 가족들 사랑하는 부모님 / 이제는 나의 손으로 행복하게 해 줄게요 / 오 사장님 안녕하세요 / 오 사모님 내 월급을 주세요/ 나의 꿈과 희망이 담긴 조그맣고 소중한 내 월급 / 얼마 전 하얀 봉투 들고 퇴근했던 동료들 / 내 어깨를 두드리며 걱정 말라고 말하지 / 자정 시간이 넘어야 나의 일이 끝나네 / 봉투 없는 내 월급 오늘도 보이지 않네 / (나에겐 좋은 날이 언제 올는지…) / 오 사장님 이러지 마세요 / 그동안 밀린 내 월급을 주세요 / 날 욕한 건 참을 수 있어요 / 내 월급만은 돌려주세요 / 오 사장님 이러지 마세요 / 그동안 밀린 내 월급을 주세요 / 날 욕한 건 참을 수 있어요 / 내 월급만은 돌려주세요 / 돌려줘!

보고 싶은 목탄 미누. 내 핸드폰의 벨소리는 미누의 '월급날'이다. 미누(네팔 이름 Moktan Minod) 씨는 이미 고인이 되었지만 지금도 그가 보고 싶다. 미누 씨는 힘든 일이 있거나 속상할 때, 신나고 기쁜 일이 있을 때 누구보다 먼저 연락해주던 좋은 친구였다.

2016년 트립티는 (재)함께일하는재단에서 진행하는 STP(Smile Together Partnership) 프로젝트에 선정되어, 네팔에 사회적기업을 세우게 되었다. 그 프로젝트의 현지 책임자로 우여곡절 끝에 미누 씨를 선임하게 되었다. 2009년 한국에서 18년의 이주 노동을 강제 추방된 미누 씨는 네팔에서도 다양한 재능과 뛰어난 친화력으로 많은 한국인으로부터 사업을 함께 하자는 제안을 받았지만 모두 거절한 상황이었다. 지진 피해 복구가 어느 정도 마무리되었다고는 하지만, 미누 씨는 여러 가지로 바쁜 나날을 보내고 있었다. 이미 "네팔에서 이주 노동을 떠나지 않게 네팔 청소년들에게 취업 기회와 희망을 주어야 한다"고 생각하고 있었던 미누 씨는 우리 제안에 망설이지 않고 수락했다.

미누 씨가 내건 조건은 그가 네팔에서 진행하고 있는 일들을 자유롭게 하는 것이었다. 우리는 미누 씨가 하는 일들이 넓은 의미에서 네팔 트립티가 하고자 하는 일과 같다고 생각해 기꺼이 그의 조건을 수락했다. 당시 미누 씨는 한국어학원 다이내믹드림(Dynamic Dream)을 직접 운영하고 있었고, 네팔 NGO 스가워티 대표, 귀환이주 노동자 조직인 앙클의 부대표, 네팔 아름다운 커피에서 이사직을 맡고 있었다. 다이내믹드림에서 본인이 직접 한국어를 강의해서 나온 수입 외에는 모두 무보수 자원봉사로 일을 맡고 있어서 네팔 트립티 대표직을 유급으로 맡는데 전혀 지장이 없었다.

네팔 청년 바리스타교육 수료식

　현재 네팔은 전체 가구 10가구 중 6가구는 이주 노동자와 관련
이 있다. 이주 노동을 하고 오면 배우자 문제, 자녀 문제, 재취업문
제 등 여러 문제가 발생한다. 더군다나 경제적 이유로 다시 이주
노동을 떠나야 하는 경우가 많다. 이런 네팔 상황으로 미누 대표는
네팔 청소년들이 이주 노동을 떠나지 않고 네팔에서 일자리를 만
들어 살도록 하고 싶었다. 미누 대표의 활약으로 네팔 트립티에서
는 바리스타, 로스타, 봉제, 전통 인형 제작 등 기술을 가르쳐 취업
시키고 있다. 바글룽에 커피 묘목을 심는 것도 샤히 교장과 협력하
여 적극 추진하였다.

　노래를 사랑한 미누 대표는 그의 고향 포카라에 있는 본인 집
을 게스트하우스로 수리하고 집 근처에 있는 건더르바 마을에도
많은 애정을 표시하였다. 네팔에서 건더르바는 음악을 하는 집단
으로 광대와 비슷한 천민 집단이다. 이들은 과거에는 한국 광대처

럼 집집마다 돌아다니며 네팔 전통악기인 '사랑기' 등을 연주하고 음식을 얻어먹었는데, 최근에는 전통식당에서 음악을 연주하거나 길거리에서 음악을 연주하며 살고 있다. 미누 대표는 이곳을 네팔 전통음악 전수지로 만들기 위해 많은 관심을 쏟았다.

지혜원 감독이 촬영·제작한 다큐멘터리 영화 '안녕, 미누'에는 미누 씨와 트립티에 대한 내용이 많이 나온다. 물론 필자와 최정의 팔 대표도 이곳에 여러 번 나온다. 가장 안타까운 장면은 2017년 5월 네팔 트립티 대표로서 한국에서 열리는 서울국제핸드메이드 페어에 미누 대표가 초청되었을 때이다. 미누 대표는 서울국제핸드메이드페어에 참가하기 위해 옥수수 껍질로 친환경 네팔 전통 인형을 제작했다. '함께일하는재단' 초청으로 네팔 한국대사관에서 비자까지 나왔다. 들뜬 마음으로 인천국제공항에 내렸지만, 그는 법무부 출입국관리사무소에 의해 입국을 거부당했다. 법에는 강제 출국 이후 5년간 입국이 금지된다고 명시돼 있지만 출입국관리사무소 쪽은 10년이 넘어야 입국할 수 있다고 입국을 거부했다. 미누 대표는 마음에 큰 상처를 안고 네팔로 돌아갔다. 두어 달 동안 집안에서 꼼짝하지 않고 보낸 그는 "그래도 인천공항에서라도 한국 땅 냄새를 맡아서 좋았다"고 오히려 필자를 위로했다.

2018년 1월 말 네팔 극장에서 스톱크랙다운 밴드 공연이 진행되었다. 미누 대표를 위해 옛 밴드 멤버들이 네팔에 가서 함께 무대에 섰다. 한국에서 귀환한 이주 노동자 단체인 앙클이 주관한 공연은 대성황이었다. 눈에는 눈물이 맺히고, 마이크를 잡은 목장갑 손이 한없이 떨리는 미누, 꿈만 같던 공연이 끝나고 미누 대표는 "나 이제 죽어도 좋아"라며 환히 웃었다. 스톱크랙다운밴드 멤버들도 바쁜 짬을 내서 네팔 트립티카페 오픈 테이프를 함께 끊고 즐거워했다.

2018년 7월에 미누 씨와 함께 한 안나푸르나베이스캠프(안나푸르나 베이스캠프) 트레킹도 기억에 남는다. 고향집 뒷산 히말라야는 몰라도 '목포의 눈물'이 애창곡인 네팔 사람 '미누', 그는 한 번도 히말라야 트레킹을 한 적이 없었다. 네팔 트립티 운영진들이 단합하기 위해 트레킹을 기획했다. 미누 대표는 목에 디스크 증세가 있어 지압을 많이 받고 있었고 건강에 자신이 없어 했다. 처음에는 트레킹으로 산을 오르는 것을 몹시 조심스러워했다. 며칠간 트레킹을 계속한 후 안나푸르나 베이스캠프를 오를 때에 미누 씨는 거의 날아가듯이 올라갔다. 그는 건강에 대한 자신감을 되찾았다.

2018년 9월 제10회 DMZ국제다큐영화제에 〈안녕, 미누〉가 개막작으로 상영되었다. 덕분에 미누 씨는 경기도 이재명지사의 특별 초청으로 한국 땅을 밟게 되었고 개막식에서 영화 주인공으로서 무대 인사를 했다. 단 사흘간 영화제 지역에만 머무르는 조건이었다. 영화상영 때 그를 본 것이 마지막이었다. 미누 씨는 불과 한 달 후인 10월 14일 심장마비로 세상을 떠났다.

미누 대표가 떠난 후 네팔에서는 미누기념사업재단이 설립되어 미누 씨가 하던 사업들을 계승하고 있다. 네팔 트립티도 재단에서 운영하고 있다. 그리고 한국에서는 이주 노동자 권익을 위해 노래하고 활동했던 그의 삶을 기리고 앞으로 이주 노동을 격려하기 위해 미누상을 제정해서 제1회 시상을 가졌다. 이렇게 미누의 삶은 한국 땅에서, 네팔 땅에서, 나의 마음속에 계속 살아있다.

2부

삶 속에서 실천하는 공정무역

공정무역, 가슴을 뛰게 한다

김선관

(여수 트립티 대표)

어린 시절부터 가난하고 힘든 삶을 살아왔지만, 돈 벌고 잘사는 삶보다는 다른 사람을 돕고 나누는 삶을 꿈꿔왔던 내가 피해 여성들을 지원하는 여수 트립티를 만들게 된 건 어쩌면 우연이 아닌 필연이었을 터다.

지금의 일을 시작한지 5년쯤 되었을 지난 2010년, 내 인생의 스승님이신 여금현 목사님의 초대로 뉴욕에 있는 미국 연합감리교회(UMC)를 방문할 기회가 있었다. 그곳에서 펼치고 있는 다양한 선교사역을 소개받았고, 많은 사업 중에서도 유독 전 세계공정무역사업을 지원하는 사역에 내 마음이 끌렸다. 미국의 감리교본부를 전부 관람하고, 한 시간 넘게 그곳에서의 다양한 선교사역에 대해 들었지만, 내 기억에 남은 것은 오직 공정무역에 관한 것뿐이었다. 당시 필자는 공정무역이 무엇인지도 몰랐지만, 그곳에서 필자는 "나도 공정무역을 해야 한다"는 막연한 사명 의식을 갖게 됐다. 미국 감리교본부에 대한 신뢰가 있었고, 공정무역단체가 전 세계 단체와 연대해서 활동하는 모습에 마음이 움직였다.

2012년 북카페 오픈을 준비하면서 서울 트립티 공정무역 사업단과 연결되었다. 우연히 카페 가베나루를 소개하는 언론 기사를 보고 서울 충정로에 있는 김현일 대표를 찾아갔던 것인데, 서울에서도 맛 좋은 커피를 만든다고 소문난 김 대표가 내가 자활사업의 일환으로 북카페를 열고 싶다고 이야기하자 트립티를 소개해 주었다. 당시 트립티는 북카페로 운영되고 있었고, 트립티 최정의팔 대표와 박미성 상임이사가 김현일 대표로부터 로스팅을 배웠기 때문이다.

트립티가 공정무역을 한다는 사실은 잘 몰랐었다. 내가 만난 트립티 최정의팔 대표는 목회자인데, 이제까지 내가 만났던 목회자들과는 전혀 달랐다. 그에게서 하나님께서 주신 소명으로 트립티를 한다는 느낌을 받았다. 굳이 그렇게까지 하지 않아도 될 것을, 고생하면서도 기쁘게 그 일을 하는 모습을 보면서 산 공부가 되었고, 많은 울림을 받았다.

공정무역. 이 말은 언제나 내 가슴을 뛰게 한다. 처음 미국에서 소개받을 때부터 사명 의식을 갖게 했던 말, 공정무역. 공정무역이란 말만 들어도 가슴이 뛴다. 왜 그럴까? 그것은 공정무역의 정신, 공정무역이 추구하고 지향하는 것이 공평하고 정의로운 세상을 만드는 것이기 때문일 것이다. 공정무역이 국경을 넘어 지구촌에 공정하고 정의로운 세상을 만드는 사회운동이라면, 내가 하는 자활사업도 세상에서 차별받고 힘들게 사는 가난한 이들을 공평하고 정의롭게 살 수 있도록 하는 공정무역 운동이 아닐까?! 비록 직접적인 공정무역은 아니지만, 그 정신만은 공정무역과 같다.

트립티와 공정무역 협약을 맺고 기념 촬영한 필자(왼쪽)

1. 아픈 기억의 무대, 소녀 가장의 역(役)

전반적으로 생활 수준이 향상되었다고는 하나, 요즘도 소년 · 소녀 가장들의 사연은 신문이나 방송을 통해 종종 소개되곤 한다. 직접 그들을 돕고 상담하는 입장에 있지만, 그들의 사연을 접할 때면 나 역시 그들과 다름없는 소녀 가장으로서, 마치 끝없이 어둡기만 한 터널을 통과하는 것 같았던 그 시절의 일이 떠올라, 어른이 되어 가정을 이룬 지금도 눈물로서 그때의 일들을 회상하곤 한다. 그 시절, 아프고 시린 기억의, 그러나 아픔만큼 그것을 극복할 희망을 노래했던, 지금의 나를 있게 한 아름답고 소중한 기억이다.

일찍 남편을 잃어, 그래서 소위 청상과부가 되셨던 어머니. 내

나이 일곱 살 적의 일이었고, 아버지께서 남겨놓은 가산이라곤 차라리 짐으로 여길 수밖에 없었던 많은 자식이었다. 아무렇지도 않게 우리 집안으로 들어 온 가난, 무엇이든 감내할 수 있었던 젊은 나이였지만, 지독한 가난 앞에서는 속수무책이셨던 어머니. 비록 일곱 살의 철부지 어린아이에 불과했지만, 그런 어머니를 충분히 이해할 수 있었던 필자는 유난히도 눈이 깊고 종일 그림자를 달고 다니는 아이였다.

그런 형편에 어머니가 하실 수 있는 일이라곤 기껏해야 행상이었다. 하루하루 벌이라야 끼니를 해결하기도 힘든 정도였으니, 딴에는 어려운 형편을 더 펼 수 있지 않을까 싶어 타관으로 떠도는 것 외에는 또 달리 무슨 수가 있었을까. 때때로 어머니는 아주 먼 지방에까지 생업의 걸음을 떠나셔야 했는데, 그럴 때면 우리는 어머니께서 두고 가신 얼마 되지 않은 돈으로 연명을 하면서 언제고 돌아오실 날만을 기다려야 했다. 일주일, 한 달, 때로는 일 년이 넘도록, 그런 날들은, 먹지 못하고 입지 못하는 것에 비교할 수 없을 만큼 기다림에 허기져, 우리는 밤마다 칭얼대는 그리움을 이불 밑에서 달래야만 했다. 지독히도 어렵고 힘든 나날들이었다.

그때만큼은 필자는, 급작스레 어머니 역을 포기해 버린 주인공을 대신해 소녀 가장이라는 역을 맡아, 어쩌면 영영 생활의 무대에 돌아와 설 수 없을 주인공을 대신해 어린 동생들을 돌보아야 했다. 그러나 역시 어머니 역은 어려웠고 서툴렀다. 특히나 하루에 한 끼의 식사로 연명해야 하는 장면은 더더욱. 휴일은 내가 아닌 남이 쉬는 날로 인식했던 때도 그때였다. 주말이나 공휴일이면 남의 집 밭을 매주거나 일을 도와주고, 그 대가로 음식이나 곡식을 받아 그것으로 배고픔을 해결해야 했다. 아무리 열심히 일해도 겨우 곡식 한 되를 받는 정도였으나, 그것만으로도 만족해야 했다면 너무 일찍 생존을 위해서 타협하는 법을 배워 버렸다고나 할까?

학비를 제때 내는 것은 꿈에도 생각해 볼 수 없었다. 아니, 그 무슨 황망한 꿈을. 교내 방송은 아직 납부금을 내지 못한 학생들의 명단을 읊기에 바빴고, 중학교에 다녔던 나와 바로 밑의 동생은 매일처럼 교무실에 불려가기 바빴다. 유전유정 무전무정(有錢有情 無錢無情), 상처와 원망 없이는 깨달을 수 없는 원칙. 그래도 필자는 구차하게 우리 집 형편을 변명하고 싶지 않아 작고 단단한 어깨로 그 상황을 견디곤 했다. 그래도 배고픔을 견디는 것만큼은 버겁지 않았기에. 교무실을 나서면서 필자는 또 얼마나 선생님들을 원망했던가. 필자는 당신들로부터 지식이 아닌 사랑을, 냉철한 상황분석이 아닌 정을 배우고 싶노라고. 당신들이 단 한 번이라도 우리 집 사는 꼴을 직접 와서 보았다면 이렇게까지 야박하게 대할 수는 없는 것이라고. 그럼에도 애정의 손길을 건네주었던 다른 선생님들께는 한없이 미안하고 아쉬워했던, 몸도 마음도 위태하고 힘든 시기였다. 그때는 무엇이 또 우리를 힘들게 했던가. 그래, 그랬었다. 공부에만 전념할 수 없었다.

남의 집 일을 도와주는 게 끝나면 밤늦도록 빨래며 집안일을 하느라 공부할 틈을 낼 수 없었다. 어쩌면 학교에 다니는 것 자체가 우리에겐 사치가 아니었을까. 다행히 필자는 책 읽는 것을 좋아해서, 점심시간에는 밥 대신 학교 도서관에 있는 책들을 닥치는 대로 먹어 치우기 시작했고, 어느 때인가 도서관에 있는 책들을 거의 다 읽게 되어 다독상이라는 것도 타보게 되었다. 그리하여 나의 처한 상황이 그처럼 고마웠던 적이 또 언제 있었던가. 도시락을 싸갈 형편이 되지 못하여 배고픔을 달래기 위해 숨어들었던 도서관에서 학교생활 중 유일한 휴식과 위안을 얻었으니, 가난이 아니었다면 발견할 수 없는 귀한 경험이었다.

일주일 후면 돌아오겠다며 겨우 일주일 치 버스비만 주고 또다시 장사를 떠나신 어머니. 그러나 어머니의 행상 길은 멀고 먼 길이 되고 말았다. 일주일이 지나고 한 달이 지나고, 일 년이 훌쩍 넘어서도, 어머니는 돌아오시지 않았다. 버스를 타고서도 30분은 족히 걸린 통학길, 버스비가 없어 무작정 버스에 올라타 학교에 가까워서야 친구들에게 차비를 빌려 겨우 무임승차의 위기를 모면하기를 하루, 이틀…. 어머니가 오시면 갚겠다고 친구들에게 한 약속을 지키지 못한 그 뻔뻔한 양심이 부끄러워 나와 동생은 아직 어둠이 채 가시지 않은 새벽길에 신작로를 걸어 학교에 다닐 수밖에 없었다.

얇은 교복을 파고드는 매서운 칼바람을 맞으며, 어찌 어머니를 원망하지 않을 수 있었으랴. 부르튼 발바닥이 아플 새도 없이 학교에 늦지 않으려 서둘러 걸음을 재촉해야 했던 그 새벽길, 그때는 하늘에 반짝이는 별들이 모두 튀밥처럼 보였다. 반짝이는 별들을 더는 아름답게만 볼 수 없었던 우리의 괴로움처럼, 어머니 역시 고단한 몸을 어느 하늘 아래 뉘어 별 같은 자식들의 바스러지는 소리에 또 얼마나 진저리를 치셨을지 아련하다.

어둡고 깊은 밤하늘에 언제쯤 해가 떠오를 것인지. 무수한 아픈 기억들이 별처럼 촘촘히 박히고, 슬픔과 그리움이 태풍처럼 몰아쳐 초토화된 후에야 날이 밝아 왔다. 어머니는 긴긴 장마 끝에 오는 비 갠 날씨처럼 그렇게 왔다. 그리고 필자는 어머니가 주인공으로 다시 등장한 후에야 내가 맡은 소녀 가장 역을 마치고 무대에서 내려올 수 있었다.

그때 내가 맡았던 소녀 가장의 역할, 많은 이들이 뜻 없이 맡아하게 되는 그 연극을, 지금도 필자는 무심코 관람할 수가 없다. 그 연극 표는 아픔과 눈물로만 살 수 있고, 어느 정도 먹고 살 만큼 자리를 잡은 지금도, 세상의 어려운 이웃들을 향한 연민 이상의 무엇을 하도록 끊임없이 나를 다그치곤 한다.

2. 삶을 풍성하게 재활하도록 하는 북카페 트립티

15년째 피해 여성들의 자립을 지원하는 일을 하고 있지만, 결코 쉬운 일이 아니다. 피해 여성들이 쉼터로 피신 온 후 자립을 위해 제일 먼저 하는 일이 털실로 수세미를 뜨는 일이다. 모든 일이 그런 것처럼, 아무리 간단한 일이라도 집중이 필요한 법인데, 이들은 수세미 만드는 일도 제대로 집중하지 못한다. 노인들도 쉽게 할 수 있는 손바닥만 한 수세미 하나를 온전히 만드는 데만도 3개월이 걸리는 여성들도 있다. 몸과 마음이 이미 망가졌기 때문이다. 일상생활을 제대로 할 수 없을 정도로 몸과 마음이 망가지다보니 집중하는 것이 쉽지는 않지만, 지속적인 격려와 독려 속에 이들도 수세미를 완성하는 기쁨과 경험을 맛보게 된다. 그렇지만 수세미를 만드는 것만으로 이들을 자립시키는 데에는 한계가 뚜렷했기에, 다른 대안을 찾지 않으면 안 되었다.

북카페를 생각하게 된 것은 학교 도서관에서 배를 곯으면서 책을 읽었던 내 이런 시절의 경험이 너무나 아름다운 추억으로 간직되었기 때문이다. 책을 통해 간접적으로나마 다양한 경험을 함으로써 고단하고 궁핍한 내 삶을 견딜 수 있었던 것처럼, 나와 함께 있는 이 여성들도 비록 세상에서 아무리 고단하고 척박한 삶을 살았다 해도, 책을 통해 스스로 위로하고 삶의 길을 찾을 수 있기를 바랐다. 내가 위인전을 읽으면서 나도 그러한 사람이 되기를 바라 삶의 방향을 정할 수 있었던 것처럼 이 여성들도 그럴 수 있기를 참으로 바랐다. 세상에서 손가락질당하고 온갖 상처와 아픔으로 꽁꽁 싸매고 있는 자신들의 모습을 책을 통해 발견하고 스스로 치유하고 보듬기를 바랐다. 그래서 세상 밖으로 용기 내어 얼굴을 내밀 수 있기를 바랐다. 그래서 시작하게 된 북카페, 나의 그 마음과 바람에 뜻을 같이하는, 정말 많은 이가 십시일반의 마음으로 책을 기부했고 여러 루트를 통해 만여 권의 책을 기부받아 비치할 수 있었다. 카페 인테리어도 책을 쉽게 접할 수 있는 분위기로 꾸몄고 손만 뻗으면 책을 꺼내 읽을 수 있도록 책장도 낮게 배치했다.

인권 피해 여성들의 자립, 자활을 지원하기 위한 사업으로 북카페를 여는 것에 대해 반론이 적지 않았다. 그렇게 공개적인 장소에서 일하도록 노출시키는 것이 옳은가에 대한 반론도 있었다. 그러나 그 모든 반대와 반론에도 제일 힘들었던 것은, 실제 그 일을 추진해 나가는 그 자체였고, 그렇게 만만한 일이 아니었다는 것이다. 여러 반론과 반대에도 불구하고 필자는 이 여성들에게 먼저 바리스타 교육을 받게 했다. 고맙게도 서울 트립티에서 우리에게 '트립티' 이름을 사용하도록 허락해 주었고, 또 직접 여수에까지 내려와서 이 여성들의 바리스타 교육을 맡아 주었다. 집중을 잘하지 못하는 이 여성들에게 바리스타 교육은 결코 쉬운 일이 아니었지만, 몇몇 여성은 바리스타 교육에 흥미를 갖고 열심히 참여하기도 했다.

이들이 바리스타로 일하면서 겪는 어려움은 말로 표현할 수가 없을 정도다. 매일 규칙적인 시간에 출근해서 청소하는 일 경험 자체가 이들에게는 낯선 경험이다. 문신이나 매니큐어 등으로 치장된 외모 또한 사람들에게 거부감을 일으킬 수 있는 일이기에 이것을 바꾸는 것도 쉽지 않았다. 또 사람들에게 상냥하게 대화하고 응대하는 서비스도 익숙하지 않은 일이었다. 카페를 찾아오는 손님들은 하나부터 열까지 말투나 생김새부터가 천태만상이기 때문에, 손님들의 반응이나 성격에 맞춰 대응한다는 것이 이 여성들에게는 쉽지 않은 일임이 분명했다.

3. 인문학 강좌와 '마법 그림책'

피해 여성들이 자립하기 위해서는 무엇보다도 '자존감'을 갖는 것이 중요하다. 이를 위해 북카페를 열었던 것이고, 책을 통해 스스로 치유하고 삶의 길을 찾기를 바랐던 것인데, 이 여성들은 책을 쉽게 꺼내 읽지 못했다. 카페에 있는 책을 언제든 마음껏 꺼내서 읽기를 바라 권했지만, 평생 책을 접할 기회가 없었고, 마음의 상처가 깊은 때문인지 집중해서 책을 읽지를 못했다. 그래서 생각해 낸 게 자신들이 직접 책을 보지 않더라도 말로 듣게 하는 것이었다.

인문학 강좌 포스터

황순원의 『소나기』를 소리 내서 읽게 했다. 『소나기』가 중학교 교과서에 실린 소설인지도, 황순원이 누구인지도 몰랐지만, 무조건 소리 내서 읽게 했다. 그러다가 시간이 지나면서 남이 지어낸 소설이 아닌 자신의 얘기를 해보면 어떨까 하는 생각이 들었다.

그렇게 해서 또, 차를 마시고 책을 읽을 수 있는 공간, 북카페에서 일반인들을 상대로 인문학 강좌를 시작했다. 그리고 인문학 강좌에 이 여성들도 함께 참여해 듣게 했다. 다소 전문적인 소재가 다뤄지기도 하는 인문학 강좌에 이 여성들이 참여하는 것에 대해 부정적인 견해도 없지 않아 있었다. 하지만 필자는 이들이 강의 내용을 다 이해하지 못하더라도, 사람들과 함께 어울려 강의를 듣고, 사람들을 만나는 것 자체만으로도 좋은 경험이 되리라 생각했다. 10년이나 20년 후에, "나도 그런 것을 들은 적이 있었지! 나도 그 어려운 인문학 강좌를 열심히 들었었지!" 하며, 세상을 향해 당당히 가슴을 펼 수 있다면, 그것만으로도 교육의 효과는 충분하다고 믿었기 때문이다.

인문학 강좌와 함께, 이 여성들이 마음의 상처를 스스로 정리하고 용기 있게 일어설 수 있도록 그림수업과 글 쓰는 작업을 진행했다. 처음에는 굉장히 낯설어했지만, 차근차근 시간을 들여 선생님들이 정성껏 지도해 주자 이들도 조금씩 그림을 그리고 글을 쓰는 일에 재미를 갖게 되었다. 여러 피해 여성들이 상담받으면서 새 삶을 찾기 위해 자활센터에서 그림과 글공부를 했다. 힘들었던 자신의 삶을 글과 그림을 통해 되돌아보고 정리함으로써 자신을 용서하고 치유하는 기회를 주고자 시작한 것이 작품이 되었고, 이렇게 쌓인 작품들을 한데 모아 책으로 만들어 기념으로 소장하고 보관하도록 했다. 그런데 그 책이 다른 사람들에게도 많은 울림을 주어서 정식 출간 제의까지 받게 되었고, 「마법 그림책」이란 제목으로 출간을 하게 되었다. 책의 저자는 4년간 그림과 글공부에 참여한 16명의 여성, '징검다리를 건넌 그녀들'이었고, 16명의 징검다리를 건넌 여성들은 책의 저자, 작가로 데뷔까지 하게 된 것이다. 그리고 이 위대한 16명의 작가를 소개하는 영광이 나에게 주어졌고, 벅찬 감동과 기쁨으로 다음과 같이 소개의 글을 쓸 수 있었다.

여기저기 쑤시고 멍들고 아픈 사람들이 많습니다. 마음이 아픈 사람들입니다. 치료하기도 힘든 희귀병 같은 폭력들에 두들겨 맞아서 온 몸과 마음이 멍투성이입니다. 게다가 북한 이탈여성, 이주 여성이라는 꼬리표까지 붙게 되면 그 몰골이며 형편은 더욱 말이 아닙니다. 입술은 터지고 눈은 시퍼렇게 멍들어서 모자라도 깊이 눌러쓰지 않으면, 사회라는 바깥세상은 감히 무서워 나설 수도 없습니다. 그러니 몸도 마음도 꼭꼭 붕대로 감쌀 수밖에 없고, 행여 누가 엿보기라도 할까 싶어 높이 울타리를 치지 않으면 안 됩니다.

「마법 그림책」은 그네들의 갈라지고 터진 속살을 그림으로 표현한 책입니다. 이름 석 자도 제대로 쓸 줄 몰라서 무시당하기 일쑤였지만, 열심히 글자를 배워 "나한테도 자존심이 있다", "나도 사랑받고 싶고 사랑하고 싶다"라고 직접 쓰고, 그림을 그리고 색칠까지 했습니다. 그러나 그림책이라고 깔보았다가는 큰코다칠 수가 있습니다. 아메리카노에 버터 바른 빵만 먹어온 사람들은 이해하기가 쉽지 않은 심리학 책입니다.

기쁨도, 슬픔도, 눈물도, 배신도, 그리움도, 사랑도, 아픔도, 용서도…. 이 세상 그 어떤 단어도 없는 게 없는 '마법 그림책'입니다. 아무리 들여다보아도 그 깊이를 헤아릴 수 없는 울림은 오롯이 진공의 마음만이 읽고 공감할 수 있는 '마법 그림책'입니다.

(중략)

한 장 한 장 넘기다 보면 짠하고 아픈 마음에 가슴이 저미어 옵니다. 찢기고 벌어진 상처의 틈새에는 어쩌면 그리도 많은 아픔이며 사연들이 눈만 동그랗게 뜬 채 세상을 향해 얼굴을 내미는지…. 아, 그런데 그 얼굴이 어쩐지 낯설지가 않습니다. 내 누이의 얼굴이며, 기미 끼고 주름 깊게 파인 내 어머니의 얼굴입니다. 나도 모르게 그 얼굴에 볼을 비비며 눈물을 왈칵 쏟게 되는 누이의 얼굴이며 어머니의 얼굴입니다.'

마법 그림책 표지 1, 2, 3, 4권

4. 물시루의 콩나물이 자라듯이…

여수 트립티 카페 문을 연 후 우리는 계속 서울 트립티와 교류하며 공정무역 원두만을 사용하였고, 나아가 매월 매출의 2%를 공정무역사업단에 기부했다. 처음에는 피해 여성들을 지원하는 일도 힘든데 왜 공정무역 카페까지 해야 하느냐며 내부에서 반발도 있었지만, 콩나물시루에 물을 주면 서서히 눈에 보이지 않게 콩나물이 자라듯이, 더디긴 하나 이해하는 분위기가 서서히 조성되었다.

쉼터에 온 피해 여성 중에는 쉼터를 반복해서 드나드는 경우도 많이 있다. 예전 습관들을 고치고 자립적인 생활을 하는 것이 쉽지 않기에 이들에게는 많은 시간이 필요하다. 그러나 이런 과정을 통해 변화하는 이들도 적지 않다. 다시 공부를 시작해서 대학에 간 경우도 있고, 좋은 사람을 만나 결혼하여 아기를 낳고 사는 사람도 있고, 자기만의 사업체를 성공적으로 운영해 가는 이도 있다.

15년 동안 이 일을 해 오면서, 수천 명의 피해 여성들을 만났는데, 그중 가장 기억에 남는 사람이 있어 간단히 소개해 본다. ○○는 쉼터에 들어와서 바리스타 과정을 이수하고 카페에서 근무를 시작하였다. 그러나 옛날 버릇을 버리지 못해 같이 일하는 사람들의 물건을 훔치는 습관을 고치지 못해 내 마음을 무척 힘들게 했다. 그러던 그녀가 카페에서 4년 동안 일하면서 달라졌다. 일상생활을 잘하고 옷도 단정하게 입고, 좋지 않은 버릇도 차츰 보이지 않게 되면서 변화하는 것이 확연했다. 이후 그녀는 좋은 사람을 만나 결혼해 남편과 두 명의 아이와 함께 행복한 삶을 살고 있다.

때때로 센터에서 자립한 사람들이 가끔 카페에 들르기도 한다. 쉼터와 트립티 북카페가 마치 친정처럼 느껴진다는 것이다. 어느 날엔가는 이들이 낳아 기른 아이들까지 데리고 와서 커피를 마시는 모습이 너무나 감동적으로 다가왔다. 아름다웠다.

2020년 6월에 이들을 격려하기 위해 '홈커밍데이'를 열었다. 행사 하이라이트 시간에는 이들에게 금 한 돈으로 만든 금목걸이 하나씩을 걸어주며 격려하고, 위로하고, 자랑스럽다고 말했다. 그 시간은 함께한 모두가 보람과 기쁨을 만끽하는 시간이었다. 이제 모든 역경의 과정을 끝내고 엄마가 되어 새로운 삶을 살아가는 그녀들에게 내가 해주고 싶었던 말은, '자기 자신'과 '독립적인 자유로운 삶'이었고, 그것을 상징하는 금목걸이를 마련해 그녀들의 목에 직접 걸어준 것이다. 비록 자신들은 가난에 등 떠밀려 착취로 내몰릴 수밖에 없었지만, 이제는 엄마가 된 그녀들이 모성애라는 끈에 달린 보석과 같은 자식들을 하나도 잃지 않고 오롯이 지켜내기를 바랐다. 그리고 그녀들의 목에 금목걸이가 하나씩 걸릴 때마다, 또 다른 그녀들, 아직 자활에 성공하지 못했으나 온전한 자활을 꿈꾸며 몸부림하는 또 다른 그녀들에게도 강한 자극제가 되기를 바랐다.

만찬을 마치고 '홈커밍데이'의 주인공들은 소감 한마디씩을 남겼다. 자신들에게 있어서 자활이 어떤 의미가 있는지, 홈커밍데이가 얼마나 귀하고 의미 있는 시간이었는지, 한마디씩 남기고 간 소감은 마치 메아리처럼 내 마음에 울려 퍼졌고, 그동안의 힘들었

홈커밍데이 포스터

던 내 모든 괴로움도, 아픔도, 슬픔도, 낙담도, 누구도 쉽게 이해해
주지 못했고 닦아 줄 수 없었던 내 흘렸던 눈물도…. 모든 것이
손가락 사이로 흘러내리는 한 줌 모래와 같이 사라지는 것을 느꼈다.

장한 엄마에게 드리는 금목걸이

15년 전 만난
그녀들은 그 고통을 그만두고
평범한 여성으로 살아가는
로망으로 견디고 있었습니다.
용기를 내어 그 현장을 벗어났지만
그녀들에게 평범한 여성으로
살아가기는 호락호락하지 않지요.
고등학교 졸업 후 보육원을 퇴소한
그녀는 갈 곳이 없어
······
······
······
······

삶 자체가 서로 부대끼며 사는 관계의 삶인데,
그 관계의 불편함을 견디고 극복해야 하는데.
그렇지를 못하니 익숙한 옛 삶의 자리로
도망을 치더군요.
그곳에서 또 삶을 저당 잡힌 채 견디다 힘들면…….

"소장님 저 좀 도와주세요"라며

도움을 요청해 옵니다.

그렇게 순이를 스무 번이 넘게 구조하고

다독거리며 손을 놓지 않았습니다.

그녀가 어느 날 결혼을 하고

아이를 낳았습니다.

그녀를 거칠게 만든 과거의 고통이

아직 치유되지 않은 상태에서

엄마가 된 그녀를

옆에서 지켜보는 내내

마음을 졸입니다.

얼마 전 "소장님 제 머리에 동전만한 탈모가 4개나 생겼어요"라며

머리를 보여줍니다.

평범한 여성으로, 엄마로, 아내로

살아내기가 얼마나 버거웠으면

동전만한 탈모가 생겼을까.

견디고 이겨나가려고 애쓰지만

맘대로 안 되는 게 삶이잖아요.

지금 그녀는……

아침 9시에 출근하여 땀 흘려 일하며

아이가 어린이집에서 돌아올 시간에

퇴근하여 아이를 기다립니다.

그렇게 엄마가 된 그녀들을 초청하여

따뜻하고 정성 들인 식사와

선물을 준비했습니다.

멀리 경기도 고양시에서

'겸손한 미식'을 운영하시는

요리사 김용노 님이 준비한 파채불고기와

18K 목걸이를 준비하여

엄마가 된 그녀들을 응원하고

격려하는 파티를 합니다.

함께 기도해 주세요.

5. 공정무역 강사 양성과정과 공정무역 조례 제정

공정무역카페를 운영하는 것만으로는 공정무역 운동을 활발히 전개하는 데 한계가 많았다. 여수시 전체가 공정무역 도시로 인증되는 것이 훨씬 더 효율적일 것으로 생각되었다. 서울을 비롯하여 수도권에서는 지자체별로 공정무역 도시를 선포하고 공정무역마을로 변화되는 것을 보면서, 필자는 여수도 공정무역 도시로 선포되기를 간절히 바랐다. 이를 위해서는 무엇보다도 여수 시민들의 공정무역에 대한 이해가 높아져야 한다고 생각했고, 그 일환으로 2019년 10월 28일부터 30일까지 집중적으로 "여수 트립티와 함께하는 공정무역 양성과정" 강좌를 마련했다. 수도권에서 공정무역을 몸으로 운동하는 분들을 모셔 와 직접 체험담과 이론을 듣게 했는데, 다행히 시민들의 호응이 높았고, 여수시의회 정현주 의원도 바쁜 여러 일정에도 불구하고 처음부터 끝까지 참여함으로써 공

공정무역 강사 양성과정 포스터

정무역에 대한 높은 관심과 지지를 표해 주었다. 그리고 이듬해 2020년에는 5월 25일부터 29일까지 공정무역 강사양성 심화 과정을 마련해 공정무역에 대한 더 높은 이해의 기회를 제공하기도 했다.

2020년 6월, 여수시의회 슬로푸드 활성화 방안 연구회(정현주, 송재향, 박성미, 이상우, 정광지 의원 등으로 구성)의 이름으로 '공정무역 육성 및 지원 조례안'을 공동 발의해 의회에서 공정무역 조례가 통과되었고, 이후 전라남도 의회에서도 공정무역조례가 통과됨으로써 여수 및 전남 지역에서 공정무역을 활성화할 수 있는 토대가 마련되었다. 공정무역에 많은 관심을 보여 온 여수시의회 정현주 의원의 도움이 컸다.

6. 공정무역으로 꿈의 나래를 펴고 싶어

공정무역조례가 제정됨으로써 공정무역 운동의 지역적 기반이 조성되었다. 공정무역 관련 단체나 아이쿱 생협, 아름다운 가게 등에서 시민운동 차원으로 공정무역을 활성화시켜 주기를 기대한다.

나에게는 공정무역에 대한 세 가지의 꿈이 있다. 그 꿈은 어렵고 힘든 지금의 나를 지탱해 주며, 날마다 미래를 향한 전진을 멈추지 않도록 채찍질을 한다. 마지막으로 그 꿈을 함께 나눔으로써 글을 맺고자 한다.

꿈 하나. 여수시가 공정무역 도시로 인증되어 제28차 유엔기후협약 당사국 총회를 유치할 수 있기를 꿈꾼다. 공정무역 운동에서 환경보호는 매우 중요한 의제다. 여수시가 공정무역 도시로 인증을 받기 위해서는 공정무역 10대 기준을 지켜야 하고, 이를 통해 환경보호에 앞장서는 도시로서 자리매김해야 한다. 여수시가 공정무역 도시로 인증되어 전 세계 사람들이 여수에 와 공정무역을 배우고, 나아가 관광하고 싶은 도시로 변화되기를 간절히 꿈꾼다(뒤에 "여수시 공정무역 육성 및 지원에 관한 조례"를 첨부한다).

꿈 둘. 여수시가 로컬 페어트레이드(Local Fair Trade) 제품을 잘 만들어 이 제품을 국내는 물론 해외에까지 수출할 수 있기를 꿈꾼다. 유럽에서는 장애인을 비롯한 취약계층이 만든 공정무역제품이 국경을 넘어 의미 있는 제품으로 판매되고 있다. 우리도 이런 제품을 만들어 팔 기회가 생긴다면, 우리의 이야기도 함께 다른 나라에 수출할 수 있는 길이 열리게 될 것이고, 피해 여성들의 자활 기반도 더욱 넓고 견고해질 것이다.

꿈 셋. 20여 년 동안 수천 명이 넘는 피해 여성들을 상담하고 그들을 회복시키는 운동을 해온 나의 경험을 바탕으로, 전 세계 7곳에 여성공동체를 만들거나 지원하기를 꿈꾼다. 국경을 넘어 공평하고 정의로운 사회를 만드는 것이 공정무역 운동의 정신이기에, 모든 여성이 공평하고 정의로운 사회의 일원으로 살아갈 수 있는 세상을 만들어가고 싶다. 그리고 이런 나의 꿈이 결코 허황한 것이 아니었음을 보여주고 싶다.

〈 첨 부 자 료 〉

여수시 공정무역 육성 및 지원에 관한 조례

제1조(목적)

이 조례는 여수시가 공정무역을 지원 · 육성하고 시민들의 윤리적 소비 인식 증진과 활동을 장려하는데 필요한 사항을 규정함을 목적으로 한다.

제2조(정의)

이 조례에서 사용하는 용어의 뜻은 다음과 같다.

1. "공정무역(Fair Trade)"이란 국제무역에서 공평하고 정의로운 관계를 추구하고 소외된 저개발국가의 생산자와 노동자에게 더 나은 거래조건을 제공하며 그들의 권리를 보호함으로써 지속 가능한 지역사회 발전에 기여하는 것을 목적으로 하는 무역을 말한다.

2. "공정무역단체(Fair Trade Organization)"란 제1호의 공정무역과 관련된 사업을 기반으로 공정무역을 올바르게 알리고 실천하기 위한 다양한 활동을 수행하며 사회적 가치를 추구하는 조직을 말한다.

3. "공정무역제품"이란 국제공정무역인증기구에서 FAIRTRADE 마크로 인증한 제품 및 제2호의 공정무역단체가 개발하거나 유통하는 재화와 용역을 말한다.

4. "공정무역마을"이란 공정무역제품을 사용하고, 지역사회에서 공정무역의 가치 홍보 및 공정무역제품의 사용을 촉진하기 위해 다양한 운동을 전개하는 지역 등을 말한다.

제3조(기본원칙)

공정무역 육성 및 지원은 다음 각 호의 기본원칙에 따라 추진한다.

1. 공정무역 이해관계자 상호 간의 공정한 거래 관계와 상호존중을 기반으로 생산자와 소비자로 대변되는 모든 이들의 존엄성과 노동의 가치가 존중받는 사회 시스템 구축을 목표로 한다.

2. 공정무역 활성화를 위한 여수시민(이하 "시민"이라 한다)의 자발적 참여 및 아래로부터의 공정무역 활성화를 위해 시민의 참여를 장려하고 스스로 주도할 수 있는 기반 마련에 힘쓴다.

3. 공정무역제품 소비 촉진을 위한 공정무역제품 구매 접근성 제고 및 시민과 행정기관의 상호신뢰와 협력을 통해 추진한다.

제4조(시장의 책무)

여수시장(이하 "시장"이라고 한다)은 시민이 중심이 되는 공정무역 사업을 적극 지원하여야 하며, 공정무역 사업 활성화 정책을 지속적으로 추진하여야 한다.

제5조(다른 조례와의 관계)

공정무역 육성 및 지원에 관하여 다른 조례에 특별한 규정이 있는 경우를 제외하고는 이 조례가 정하는 바에 따른다.

제6조(추진계획)

① 시장은 시민 중심의 공정무역 사업을 적극 지원하여야 하며 공정무역 사업 활성화 추진계획(이하 "추진계획"이라 한다)을 수립·시행하여야 한다.

② 제1항의 추진계획에는 다음 각 호의 사항이 포함되어야 한다.

　　1. 공정무역의 주요 사업계획 및 추진방향

　　2. 공정무역 활성화를 위한 기반구축 및 여건 조성에 관한 사항

　　3. 그 밖에 시장이 공정무역 사업에 필요하다고 인정되는 사항

제7조(공정무역마을 조성 및 인증)

시장은 공정무역마을 조성 및 인증을 위한 사업을 추진하고, 공정무역

마을 조성의 효율성 및 책임성 증진을 위하여 노력하여야 한다.

제8조(지원범위)

시장은 다음 각 호에 해당하는 공정무역 사업에 대하여 예산의 범위에서 지원을 할 수 있다.

1. 공정무역제품 공공구매 활성화 사업
2. 공정무역 판로 마케팅 사업
3. 공정무역 저변 확대를 위한 교육, 홍보, 캠페인 사업
4. 지역농산물과 공정무역을 연계하는 상품 개발 사업
5. 공정무역 발전을 위한 국내·외 교류 사업
6. 공정무역도시 조성 및 인증기준 달성을 위한 사업
7. 그 밖에 공정무역 사업 추진을 위해 필요하다고 시장 및 공정무역위원회가 인정한 사업

제9조(공정무역위원회 설치 및 구성 등)

① 시장은 다음 각 호의 사항에 관하여 심의·자문하기 위하여 여수시 공정무역위원회(이하 "위원회"라 한다)를 둘 수 있다.

1. 공정무역마을 추진에 관한 자문
2. 공정무역단체 선정 및 지원
3. 공정무역제품 홍보
4. 그 밖에 시장이 필요하다고 인정하여 회의에 부치는 사항

② 위원회는 위원장과 부위원장 각 1명을 포함하여 10명 이내로 구성하되, 위촉직 위원은「양성평등기본법」에 따른다.

③ 위원장은 부시장으로 하고 부위원장은 위원 중에서 호선한다.

④ 위원은 다음 각 호에 해당하는 사람 중에서 시장이 위촉 또는 임명한다.

1. 여수시의회 의원 1명
2. 공정무역 담당 국장
3. 공정무역에 학식과 경험이 풍부한 사람 (대학교수, 연구원, 전문가 등)
4. 공정무역관련 단체에서 추천한 사람

⑤ 당연직이 아닌 위원의 임기는 2년으로 하되 1회에 한하여 연임할 수 있다. 다만, 보궐위원의 임기는 전임위원의 잔여임기로 한다.

⑥ 위원회의 사무 처리를 위하여 간사를 두되 간사는 공정무역 업무소관 과장이 한다.

제10조(위원의 제척 · 기피 · 회피)

① 위원이 심의 대상과 관련하여 직 · 간접으로 이해관계가 있다고 인정되는 경우에는 해당 안건의 심의에서 제척된다.

② 당사자는 위원에게 심의 · 의결의 공정을 기대하기 어려운 사정이 있는 경우에는 기피신청을 할 수 있고, 위원회는 의결로 이를 결정한다. 이 경우 기피 신청의 대상인 위원은 그 의결에 참여할 수 없다.

③ 위원이 제1항의 사유에 해당하는 경우에는 스스로 해당 안건의 심의를 회피하여야 한다.

제11조(위원회의 운영)

① 위원회의 회의는 다음 각 호의 어느 하나에 해당하는 경우에 소집한다. 다만, 부득이한 사유로 위원회 소집이 어려운 경우에는 서면심의를 할 수 있다.

  1. 시장의 소집요구가 있을 때
  2. 재적위원 3분의 1 이상의 소집요구가 있을 때
  3. 그 밖에 위원장이 필요하다고 인정하는 때

② 회의는 재적위원 과반수의 출석으로 개의하고, 출석위원 과반수의 찬성으로 의결한다.

③ 위원장이 부득이한 사유로 인하여 직무를 수행할 수 없을 때에는 부위원장이 그 직무를 수행한다.

④ 위원회 회의를 개최할 때에는 회의록을 작성, 비치하여야 한다.

제12조(의견청취 등)

위원회는 심의 안건과 관련하여 필요한 때에는 관계공무원 및 관계 전문가를 출석하게 하여 의견을 청취하거나 설명 또는 자료 제출을 요구할 수 있다.

제13조(실비보상)

위원회에 출석한 위원 및 관계 전문가 등에게는 「여수시 각종 위원회 구성 및 운영 조례」에 따라 예산의 범위에서 참석수당과 교통비 등 실비를 지급할 수 있다.

제14조(공정무역제품 구매촉진 등)

① 시장은 재화나 용역 등을 구매할 경우 「지방자치단체를 당사자로 하는 계약에 관한 법률」 및 「여수시 재무회계 규칙」등 관련 규정에서 허용하는 범위에서 공정무역제품을 우선 구매할 수 있도록 노력하여야 한다.

② 시장은 관내에 소재한 공공기관 및 관련 기관·단체 등에 공정무역제품의 우선 구매를 권고할 수 있다.

③ 시장은 공정무역제품의 생산과 구매촉진에 필요한 관련 정보를 수집하여 관내 기업, 관련 기관·단체, 공공기관 등에 제공할 수 있다.

④ 시장은 공공기관 또는 관련 기관·단체 등이 공정무역제품의 소비촉진을 위하여 추진하는 교육·홍보사업에 대하여 필요한 경비의 일부를 지원하거나 행정지원을 할 수 있다.

제15조(공정무역마을운동)

시장은 공정무역에 대한 시민의 관심과 이해를 제고하고 공정무역을 활성화하기 위하여 공정무역마을 운동을 추진할 수 있다.

제16조(시행규칙)

이 조례의 시행에 필요한 사항은 규칙으로 정한다.

부칙(2020. 8. 10. 조례 제 1534호)

이 조례는 공포한 날부터 시행한다.

공정무역을 즐겁게 노래하자
― 공정무역, 까페외할머니와 교회

김헌래

(까페외할머니 대표)

공정무역은 무엇인가? 공정무역은 거대 기업이 주도하는 자유 무역 시장에 접근할 수 없는 제삼세계 빈궁한 농부와 소규모 생산 자들을 자원하려는 의도로 발현된 운동이자 사업이다. 공정무역 은 지난 20년간 가히 혁명적인 성과를 이루어 냈다고 평가할 수 있다. 공정무역 운동은 보통 사람들이 슈퍼마켓 계산대에서 보다 수월하게 공정하고 정의로운 세상을 만드는 방법을 실천할 수 있 는 방안이다. 소비자들은 공정무역 제품을 생활 주변에서 쉽게 구 입함으로써 자신들에게 세상을 바꿀 수 있는 힘이 있다는 사실을 발견하게 해주었다.

영국 BBC에서 방영된, 가나 카카오 생산자 조합인 쿠아파코 쿠(Kuapa Kokoo)를 취재한 다큐멘터리를 본 적이 있다. 다큐멘터 리에서 제작진이 여성 노동자와 그 딸에게 초콜릿 한 조각을 주는 장면이 등장한다. 초콜릿 원료인 카카오를 생산하면서도 생전 처음 초콜릿을 맛본 모녀는 눈을 반짝이며 "달아요. 아주 달아요!"라고 말하며 즐거워한다. 현재 전 세계 인구의 40%에 달하는 사람들이 하루 2달러 이하로 생활하고 있으며, 소득 수준 상위 20%의 사람들이 전 세계 부의 75%를 차지하는 데 반해 하위 40%의 사람들은 단 5%만을 점하는 심각한 불평등상태에 놓여 있다.

필자는 교회가 이러한 세계적인 불평등 문제를 해결하는 일에 관심을 기울여야 하고, 각 교회가 속한 지역에서 공정무역 제품들을 소비하는 구조를 만들어 내어야 한다고 생각한다. 또한 그러한 소비가 내가 이제까지 만나보지 못한 제삼세계 민중들과 연결되어 있다는 사실을 각인시키게 하고, 경제적 만족을 뛰어넘는 의미구조를 만들어내야 한다고 믿는다.

내가 시무하는 등불교회는 까페외할머니를 운영하고 있다. 인천시 일신동에서 시작하여 지금은 옆 동네인 부개1동에 정착한 까페외할머니는 그러한 소비구조를 만들어내는 좋은 예가 될 수 있다. 공정무역에 대한 전반적인 내용을 간략하게 나열하고 공정무역을 함에 있어서 교회의 역할에 대한 생각을 나누고 까페외할머니가 공정무역 운동에 참여하는 과정을 소개하고자 한다.

국제공정무역 기구, WFTO와 FI

공정무역 운동은 1946년 미국의 비영리조직 텐 타우젠드 빌리지(Ten Thousand Village)에서 카리브해 작은 섬 푸에르토리코 주민들이 직접 만든 자수제품을 구매하면서 시작되었다고 할 수 있다. 이후 1950년대에는 미국과 유럽에서 난민들의 수공예품을 판매하였다. 70년대 이후 '월드숍'(World-shop, 제삼세계 매장)들이 유럽 전역에 생겨났고, 여러 사회 단체가 '원조가 아닌 정당한 거래'를 외치며 제삼세계 민중들을 지원하는 운동을 펼쳐나갔다.

공정무역이라는 개념은 1960년대 신제국주의에 관한 논쟁이 고조되고 다국적 기업이 성장하던 때에 생겼다. 개발도상국 가난한 사람들을 돕기 위해서는 그들에게 자생력을 소멸하는 원조가 아닌, 자생력을 키우는 무역이 필요하다는 생각이 서서히 자리를 잡기 시작했다. 1965년 옥스팜에서는 개발도상국 가난한 생산자들을 돕기 위해 '판매로 도움을(Helping by Selling)'이라는 프로그램을 시작하였다. 그들은 이것을 실천하는 방법으로 개발도상국의 협동조합이나 마을기업에서 만든 수공예품을 수입해 번화가의 상점에서 판매하거나 우편을 통해 판매했다. 1969년 네덜란드에서는 처음으로 공정무역 수공예품을 전문적으로 취급하는 월드숍(World Shop)이 출연했고, 1985년에는 런던 의회 지원으로 트윈(TWIN: Third World Information Network)이 설립되었다. 트윈은 쿠바에서 담배, 니카라과에서 흔들의자를 수입함으로서 공정무역 개척자로서 뚜렷한 족적을 남겼다.

1988년 네덜란드 기독교 개발단체인 솔리다리다드(Solidaridad)에서 세계 최초로 공정무역 커피 브랜드 '막스 하벨라르'를 출시하였다. 이때부터 공정무역제품이 시장으로 진출하기 시작하였고, 점차 더 많은 제품이 시장진출을 하게 되었다. 공정무역 커피 '막스 하벨라르'는 큰 성공을 거뒀고, 이것이 혁신의 시작점이 되었고, 유럽과 북미로 퍼져나갔다. 그 성공을 바탕으로 공정무역에서 두 개의 흐름이 생기고 거기에 걸맞은 국제 공정무역 조직이 생겼다.

1989년 국제공정무역연합(International Fair Trade Association, IFAT)이 세워졌다. 국제공정무역연합(2009년 세계공정무역기구 World Fair Trade Organization, WFTO로 명칭 변경)은 70개국 300여 개 정도 조직, 즉 공정무역생산자, 협동조합, 단체, 수출회사, 수입업자, 중앙 -지방의 공정무역 네트워크, 공정무역지원조직 등이 가입하고 있다. 세계공정무역기구는 불리한 위치에 처한 생산자들의 생활을 향상시키고 국제무역에서 그들의 권리가 실현될 수 있도록 목소리를 내고 있다. 이 기구는 공정무역을 위한 시장 활성화, 공정무역의 신뢰성 형성, 공정무역 전파, 네트워킹 기회 제공 등에서 핵심적으로 활동하고 있으며 공정무역 조직이나 단체에서 일상적으로 이루어지는 업무에서 '경제적으로 불리한 생산자들에게 기회 제공' 등 10가지 기준*을 규정하고 모니터링을 수행하고 있다.

2004년부터 세계공정무역기구는 공정무역조직 마크(Fair Trade Organization Mark, FTO Mark)를 출범시켰다. 이 마크는 전 세계의 등록된 조직들을 확인시켜주고, 그 조직에서 만든 제품이 근로조건, 임금, 어린이 노동, 환경 등의 공정무역 10대 기준에 따라 만들어졌음을 보증해준다. 이러한 공정무역의 기준들은 자가 검증과 상호 검증, 외부확인으로 이루어진다. 공정무역 조직 마크는 소비자와 기업, 정부, 기부자들에게 공정무역 기관들이 공정무역 기준을 준수하고 있다는 확실한 인식을 심어주는 역할을 한다. 공정무역 조직 마크는 제품에 부쳐주는 FLO 인증 마크와 달리 공정

---

* 열 가지 기준은 다음과 같다. 1) 경제적으로 불리한 생산자들에게 기회 부여, 2) 투명성과 책임, 3) 역량 강화, 4) 공정무역 촉진, 5) 공정한 가격 지불, 6) 성평등, 7) 안전하고 건강한 노동환경 제공, 8) 아동 노동 금지, 9) 환경 보호, 10) 상호존중과 신뢰받는 무역 관계.

무역 조직임을 나타내기 위해서 만들어졌다.

1997년에는 국제공정무역 인증기구(FLO: Fairtrade Labelling Organization International, 2011년 1월 Fairtrade International로 이름 바꿈)가 출범하였다. 이 기구는 독일 본에 본부를 두고 전 세계적인 공정무역 기준을 세웠다. 단일마크를 만들어 세계 각국의 공정무역 인증기구가 서로 협력하고 연대할 수 있도록 힘을 쏟았다. 공정무역 마크가 부착된 제품은 그 제품이 국제 공정무역 기준에 부합하다는 것을 보증하는 표시이고, 지속적인 생산을 할 수 있을 만큼의 최저가격을 생산자가 보장받는다는 뜻을 지니고 있다. 공정무역 최저가격보다 시장 가격이 높을 경우엔 둘 중 높은 가격을 지불하는 것이 공정무역의 원칙이다. 공정무역 마크는 제품을 생산하는 공동체에 공정무역 프리미엄(Social Premium)을 지급하고 있다는 표시이기도 하다. 공정무역 프리미엄은 제품 가격 외에 생산자에게 추가로 지급하는 공동체 발전 기금이라고 할 수 있다. 이것은 사회적 투자나 환경 또는 지역개발사업 등에 쓰인다. 즉 건강보장을 위한 병원 설립, 교육지원 사업으로서 학교설립과 학습도구 지원, 각 생산자 단체의 자립 능력 향상을 위한 우물 파기, 길 닦기, 생산기술 교육 등에 이 프리미엄을 사용한다. 공정무역 유통업자들은 계절 작물 구매 대금의 최대 60%를 미리 준비해 놓아서 납품이 완료되기 전이라도 조합원들에게 필요한 경비를 지급한다. 생산자들이 빚을 지지 않고도 생산을 할 수 있도록 하려는 의도이다. 이러한 일들은 현지 생산자 협동조합이 계속해서 이어갈 수 있도록 하는 중요한 조건이다.

국제공정무역인증기구는 공정무역 인증을 담당하는 자회사로 국제공정무역인증회사(FLO-Cert)를 두고 있다. 이 회사는 국제공정무역기구와는 독립적으로 운영되고 있다. 생산자 국가의 모든 관계자와 수출 담당자는 이 회사로부터 공정무역 제품 인증을 받아야 한다. 생산자와 수출 담당자들이 공정무역 인증을 의뢰하면, 이 단체의 조사 담당자가 신청자를 방문해 공정무역 기준에 따라 현황을 평가하고 보고서를 작성해서 올린다. 인증위원회에서 타당성을 심의한 후 공정무역제품이라는 인증을 하게 되고, 이미 인증을 받은 생산자도 기준을 준수하고 있는지 매년 재조사를 받아야 한다.

공정무역 캠페인 — 가스탕마을 이야기

영국 공정무역재단은 개발도상국 생산자들의 지위 향상을 위해 힘쓰며, 대중에게 공정무역 필요성과 공정무역 마크의 중요성을 알리기 위해 노력해 왔다. 공정무역 마을(Fair Trade Towns) 캠페인을 통해 운동가들의 잠재력을 일깨운다, 다음으로 기업과 관청에 적극적으로 공정무역을 실천하도록 설득한다. 몇 년 전까지 33개국 2,000곳 이상의 공정무역 마을과 5,000곳 이상의 공정무역 학교 및 4,000개 이상의 공정무역 종교단체가 생겨났다. 공정무역은 공정무역 제품에 대한 소비로 이어져야 한다. 우선 교육 캠페인은 공정무역으로 소비 습관을 변화시켜야 한다. 그리고 사람이나 환경에 대해 존중하도록 해야 한다. 마케팅 캠페인은 한 조직의 특정 제품을 홍보하는 것이지만, 공정무역 캠페인은 소비자의 전반적인 행동 변화를 이끌어낸다는 것을 목표로 한다.

공정무역 마을 운동은 인구수 5,000명이 조금 넘는 영국 랭카셔의 평범한 마을, 가스탕(Garstang)에서 시작되었다. 이 마을이 공정무역 마을이 된 데에는 옥스팜의 공이 컸다. 옥스팜은 수년간 주민들이 무역구조와 세계적 빈곤 문제 등 다양한 사안들에 지속적인 관심을 가질 수 있도록 알리고 지원했다. 이 작업은 '공정한 노동에 대한 공정한 대가'라는 생산자의 권리를 상기시키는 것을 중심으로 진행되었다. '자선이 아니라 정의'라는 홍보문구를 전면에 내세웠고 많은 사람이 이에 공감했다. 사람들이 일상적으로 소비하는 차, 커피, 초콜릿의 브랜드를 바꾸는 일을 가장 먼저 했다.

이 운동은 처음에 지역 언론과 시의회의 관심을 끌지 못했다. 그러다가 2000년 공정무역 2주간 행사(Fort Night) 때 옥스팜 관계자들은 지역사회 여러 분야의 대표들을 식사 자리에 초대해 공정무역 상품과 지역 상품으로 식사를 마련해 대접했다. 이 행사는 공정무역 상품과 지역 상품을 함께 내놓아 개발도상국 생산자들에게 공정가격을 지불하자는 공정무역 운동이 정당한 가격을 받고자 애쓰는 가스탕 농민들의 노력과 같다는 점을 보여주고 공감대를 불러일으킬 필요에서 개최되었다. 이 자리에서 옥스팜은 가정 또는 직장에서 공정무역 제품을 사용하겠다는 서명에 동참해 달라고 호소하였다. 그 결과 참석자의 총 95%가 이 서명에 동참하게 된다.

가스탕의 운동가들은 대안 무역 체계인 공정무역을 주류로 편입시키기를 원했다. 공정무역 마크를 붙인 상품판매가 많을수록 생산자들의 생계가 점차 안정되는 것으로 조사되었다. 이 운동을 확산시키기 위해 2001년에 영국 공정무역재단은 공정무역 마을(혹은 도시, 동네, 섬, 구, 지방)로 인증받기 위한 다섯 가지 기준을 공표하고 다른 마을도 이 운동에 참여할 수 있도록 적극적인 홍보에 나섰다.

가스탕의 이야기가 알려지자 스코틀랜드의 한 하원의원이 자신의 지역구를 공정무역 마을로 만들겠다는 공약을 내걸었고 전국의 공정무역 운동가들은 최초의 공정무역 계곡, 최초의 공정무역 국립공원처럼 색다른 공정무역 구역을 만들려는 경쟁도 있었다. 공정무역 풀뿌리 운동가들은 공정무역 재단보다 한발 빠르게 움직이며 공정무역을 생활공간에 접목시킬 수 있는 다양한 방법을 고민해 왔다. 교회와 교구, 유대교 회당, 회교 사원, 힌두 사원, 시크교 사원, 바하이교 회당을 비롯해 공정무역 대학과 학교가 생겨났다.

영국 이외의 나라 중 아일랜드가 공정무역 마을을 도입하겠다고 선언했다. 2년 후에는 벨기에가 지역 생산품 후원이라는 항목을 추가하며 본격적인 공정무역 마을 캠페인을 시작했다. 2006년 펜실베이니아주 미디아 지역이 공정무역 마을이 됐다. 영국 웨일스는 공정무역 포럼 또한 공정무역 국가라는 자체 기준을 세웠다. 공정무역 포럼은 2008년 웨일스가 세계 최초의 공정무역 국가가 되었다고 선언했다. 2008년 12월 브라질 알페나 지역의 커피 생산자들이 자기 고장을 브라질 최초의 공정무역 마을로 선언했다. 일 년 뒤에는 코스타리카의 페레즈 젤레돈 지역이 그 뒤를 따랐다. 이후 국가 단위의 캠페인으로 세계공정무역의 날이 지정되었고, 공정무역 커피 마시기, 공정무역 바나나 먹기 경연과 같은 행사들을 열기도 했다. 공정무역 2주간 행사는 바로 이러한 축제 가운데 하나다.

공정무역 마을 운동은 풀뿌리 소비자 운동이다. 사람들은 대부분 우리가 먹는 음식을 생산하느라 열심히 일했음에도 불구하고 가난을 벗어나지 못하는 사람들에게 공정한 가격과 공정한 임금을 지불해야 한다는 생각에 동의한다. 영국에서 협동조합 운동은 생산자와 소비자 모두가 공정한 대우를 받아야 한다는 원칙을 바탕으로 했다. 사람들은 불공정한 관행이 계속되고 있다는 사실을 알게 되었고, 이러한 상황을 만든 다국적 기업과 대형 슈퍼마켓 등에 대한 혐오감과 분노도 점점 늘어나는 추세다. 자국 농민들의 사례를 보며 분노했다면, 이제는 해외 소규모 생산자들과 관련된 악습을 염려하는 목소리도 커지고 있다. 큰 손들에 대한 사회적 책임을 묻자는 요구가 확대되어 기후 변화와 지속 가능한 발전에 대한 논의와도 결부되어 있는 추세다.

일자리 찾는 노인 교인을 위해 카페 추진

필자는 등불감리교회에 2011년 11월 담임목사로 부임하였다. 새롭게 교회에 부임하면서 교인 가정을 방문했다. 처음 심방한 가정은 당시 68세였던 권사님 댁이었다. 자녀들이 모두 출가하여 노부부만 살고 계셨다. 권사님은 생활비를 벌어야 하는 상황에 놓여 있었다. 남편 되시는 권사님은 오래전 뇌졸중으로 쓰러져서 몸이 불편한 상태였다. 관에서 주도하는 노인 일자리를 위한 실버바리스타 교육에 참여하려고 하였으나 연세가 많다는 이유로 발길을 돌린 사실을 이야기하셨다. 아내가 공정무역 커피와 관련한 일을 하고 있었고 나 역시도 커피에 대한 전문적인 지식이 있었기에 교회에서 커피 관련 사업을 하기로 결심하고 카페 설립을 위한 여러 가지 방안을 모색하였다. 여러 과정을 거쳐 교회 사업으로 카페를 창업하였다.

당시 상가 3층에 있던 교회에 부임하면서 우리 가족은 난방도 되지 않는 거실에서 오순도순 모여 저녁에 이야기를 나누곤 하였다. 카페를 하게 된다면 이름을 무엇으로 할까에 대한 주제를 갖고 이야기를 나누는 가운데 아내가 외할머니라는 이름으로 하자는 의견을 냈다. 물론 커피는 공정무역 커피를 사용하는 것으로 의견을 모았다. 까페외할머니라는 이름은 할머니들이 직접 커피를 내려주시는 커피전문점을 염두에 두고 지은 이름이다. 외할머니라는 이름에 세 가지 의미를 담기로 하였다. 그 당시에 까페외할머니가 속한 부평구 일신동에는 외국인들이 눈에 많이 띄었다. 오래전부터 외국인노동자들과 관련된 단체와의 교류가 있었기에 외국인 노동자들도 편안하게 와서 대화를 나눌 수 있는 외국인 노동자의 할머니라는 뜻을 첫째로 담고 있다. 두 번째로는 요새 할머니와 같이 사는 아이들이 희박하다. 그래서 집 밖(外)의 할머니라는 뜻을 담고 있다. 아이들까지도 와서 외할머니의 정을 나눌 수 있는 곳이 되기를 바라는 마음을 담았다. 세 번째로는 어머니의 어머니, 즉 문자 그대로의 외할머니라는 뜻을 담았다. 외할머니라는 이름은 가슴을 푸근하게 하는 이름이다. 카페 이름을 '카페외할머니'라고 하지 않고 굳이 '까페외할머니'라고 한 이유는 프랑스식 발음을 따른 것이다. 일종의 차별화라고나 할까.

마을 기업 지원으로 까페외할머니 설립

카페를 창업하자는 의지만 갖는다고 카페가 창업되는 일이 아니었다. 우선 설립자금이 문제였다. 그 당시 가진 돈이라곤 1,000만 원이 전부였다. 이걸 갖고는 도저히 카페를 창업할 수 없었다. 행정안전부에서 지원하는 마을기업에 제안서를 내기로 하였다. 마침 그 시기가 마을기업에 대한 설명회를 구청에서 열고 그 설명회에 참석한 사람들이 제안서를 낼 수 있도록 기회를 주는 시기였기에 구청 마을기업 담당자와 연락하여 설명회에 참석하였다. 아내와 상의하며 제안서를 작성하여 제출하였다. 2012년 당시에는 마을기업으로 선정된다면 첫해에는 최대 5,000만 원, 두 번째 해에는 최대 3,000만 원까지 지원받을 수 있었다.

마을기업으로 선정되기 위해서는 그동안 해오던 사업실적이 있어야 하고, 또한 사업장소가 있어야 하며, 셋째로 그 사업을 시행할 수 있는 마을공동체가 있어야 했다. 그리고 법인이어야만 마을기업 사업의 시행자를 참여할 수 있었다. 우리는 세 가지 선정조건에 부합된 것이 하나도 없었다. 사업실적은 없었지만 노인 일자리 창출이라는 좋은 사업 아이템을 갖는다면 그에 버금가는 평가를 받을 수 있을 것이라는 판단을 했다. 사업 장소는 어디로 할 것인가? 교회 건물 옆골목 건너편에 우리 동네 철물점이 임대하여 창고로 쓰는 8평짜리 허름한 건물이 있었다. 건물주인에게 묻지 않고, 또한 철물점 주인에게도 물어보지 않고, 그곳이 까페외할머니 사업장소가 될 거라고 사진을 찍어 올렸다. 셋째로 사업 주체가 될 모임을 등불교회의 교인들을 주축으로 구성하였다. 그렇게 하여 사업계획서를 만들어 담당자에게 제출하였다.

일차 심사는 기초자치단체인 구청에서 심사했다. 구청에서는 되도록 관내에서 좀 더 많은 마을기업이 선정되기를 원하기에 그 기준을 느슨하게 적용하여 심사를 통과하게 되었다. 까페외할머니 사업계획서는 광역자치단체에서 이차 심사를 받게 되었다. 시청에서 받는 심사를 통과하기에는 여러 가지 조건이 너무 부족한 것 같았다. 일요일부터 시작해서 심사가 있는 수요일까지 3일 동안 금식을 하며 기도하며 기다렸다. 다행스럽게도 심사에 통과하여 마을기업 사업 지원을 받게 되었다. 최대 지원금이 5,000만 원이었는데, 심사에서 깎여 3,750만 원을 지원받게 되었다. 정부 지원 사업에는 보통 10% 정도를 자부담으로 약속하는데 이 사업을 위해서 우리는 갖고 있던 전 재산과 다름없는 1,100만 원을 자부담으로 넣기로 하였다. 카페를 창업하는데, 총 4,850만 원의 자금이 마련된 것이다.

카페를 하겠다고 사진을 찍은 건물의 건물주와 세입자인 철물점 사장님께 자초지종을 말씀드렸더니 흔쾌히 허락해주신다. 그렇게 카페 인테리어 공사가 시작되었다. 철물점 창고로 사용되던 건물이라 건물 뼈대만 남겨놓고 모든 것을 철거하고 하나부터 열까지 다시 모든 공사를 해야만 했다. 그것도 아주 터무니없이 적은 돈으로 공사를 진행해야만 했다. 정부 지원의 경우 전반기와 후반기에 1, 2차로 나누어 지원하니 벽과 지붕만 남은 낡은 건물에 카페를 만든다는 것은 너무도 어려운 일이었다. 그 공사는 전에 교회 공사를 해주셨던 분이 해주셨다. 디자인도 없이 생각나는 대로 공사를 진행하였다. 건물 내 · 외부를 방부목으로 덮고 천정은 도배지를 바르고 테이크 아웃할 수 있게 계산대 옆에다 창을 냈다. 에스프레소 머신을 비롯한 기구와 그릇들을 들여왔다.

마지막으로 법인을 만드는 일이 남았다. 마을기업으로 지원받을 수 있는 법인 형태는 여러 가지가 가능하다. 비영리법인, 영리법인, 협동조합 등이다. 내가 속한 법인은 종교법인 하나뿐이었는데, 종교법인은 마을기업으로 지원받을 수가 없었다. 법인을 만들어야만 그 법인 통장으로 정부지원금을 수령할 수 있었기에 담당자에게 가장 빨리 만들 수 있는 법인이 무엇이냐고 물었더니 영리법인인 주식회사를 만드는 것이 가장 빠른 방법이라고 알려주었다. 마을기업에 대해 호의적인 법무사 사무실을 드나들면서 주당 액면가 5,000원짜리 주식 2,000주를 가진 주식회사 까페외할머니 법인을 만들었다. 목회만 하다가 이런 일을 한다는 것이 쉽지는 않았지만, 재미도 있고 신기한 일이었다. 이런 과정을 거쳐 까페외할머니는 2012년 6월에 문을 열었다.

유기농 공정무역 원두만 커피 재료로 사용

까페외할머니가 처음 시작할 때 여섯 분의 어르신들에게 커피교육을 시켰다. 그리고 경력단절 여성 네 명도 합류하였다. 기억력이 쇠퇴한 노인들에게는 커피음료 이름을 외우는 것부터가 난관이었다. 까페외할머니에서 판매하는 커피를 비롯한 음료 메뉴는 마흔 가지에 육박한다. 숫자도 숫자이지만 어르신들이 난생 처음 듣는 영어식 이름이었기에 더 생소하게 느끼셨다. 게다가 그것을 만드는 조리법을 외우는 것까지 하려니 처음에는 굉장히 힘들어하시고 더 이상 못하시겠다고 그냥 집에 가시는 분들도 있었다. "할 수 있다"는 자신감을 불어넣어 드리며 두 달 동안 커피 교육을 진행하였다. 이 교육은 트립티에서 주도, 최정의팔 대표님과 박미성 상임이사님이 심혈을 기울여 커피 교육을 담당해 주셨다. 그렇게 해서 여섯 분의 어르신들, 경력단절 여성 네 명의 일자리도 만들었다.

커피는 공정무역 유기농 커피를 사용하였다. 일하시는 모든 분에게 우리가 사용하는 커피는 공정무역 유기농 커피라는 것을 교육하였다. 까페외할머니에 찾아오는 모든 손님에게는 까페외할머니 커피는 100% 공정무역 유기농 커피임을 자랑스럽게 알렸다. 처음 시작할 때는 트립티에서 로스팅한 원두를 들여와 판매하였다. 카페를 시작하고 6개월쯤 지난 후에 구청에서 사업에 필요한 물품을 구입할 수 있는 자금을 지원하는 기회가 생겨서 계획서를 제출하였더니 통과가 되어 커피 볶는 로스터를 구입할 수 있었다. 까페외할머니의 커피를 한 번 마셔본 사람들은 커피 맛에 반하여 자주 찾는다. 그리고 로스팅한 원두는 판매도 한다. 외부에 축제나 행사를 하면 할머니, 할아버지들과 같이 나가서 커피를 판매했다. 바자회나 행사를 하는 곳이면 어디든 달려가서 참여했다. 커피뿐만 아니라 생강차, 레몬차, 모과차 등을 만들어 매장에서는 잔으로 혹은 병에 담아 판매하여 수익을 올리기도 하였다. 좋은 엿기름으로 진하게 우려낸, 할머니 손맛이 담긴 식혜를 판매하기도 하였다.

까페외할머니에서는 커피 바리스타 교육을 실시한다. 2개월 과정으로 소정의 교육비를 받고 교육을 한다. 이론교육과 실습을 병행한 실제적인 커피 교육이 이루어지고 있다. 그동안 까페외할머니에서 커피 교육을 받은 분들이 300명에 육박할 정도다. 교육 후에 카페를 직접 오픈하신 분도 있고 교회에서 카페를 운영하는 목사님도 있다. 커피 교육을 할 때는 반드시 공정무역에 대하여 교육한다. 공정무역이라는 말을 처음 들어보는 분들이 많고, 들어는 보았지만, 정확히 그게 무엇인지를 알지 못하는 분들이 많았다. 공정무역 커피에 대하여 알고 난 뒤에는 많은 분이 공정무역 제품을 소비하려는 시도를 하게 되는 것을 볼 수 있었다. 그러나 공정무역 제품을 주변에서 쉽게 볼 수 없다는 한계가 존재하는 것이 안타까울 따름이다.

까페외할머니에서는 지역 노인들을 대상으로 한글반도 운영하였고, 지역장애인복지관의 장애인들이나 중·고등학교 학생들이 직업 체험하러 오기도 한다. 중학교에서 시행되는 자율학기에 학생들을 대상으로 하루에 세 시간씩 15주간 동안 커피를 가르치는 교육을 진행하기도 하였다. 40여 명의 중학생들이 커피 교육을 받았다. 고등학생 중 학교생활에 적응하지 못하는 아이들에게 커피교육을 시키고 바리스타 수료증을 수여하기도 하였다. 2회에 걸쳐 20여 명의 학생이 참여하였다. 커피를 내리는 데는 순발력과 기억력, 적응력이 필요하다. 지금까지 여러 연령대의 커피를 가르쳤는데, 고등학생들이 제일 습득을 잘했다. 그리고 커피에 대한 전문기술을 습득한 아이들이 정서적으로 안정되는 것을 볼 수 있었다.

지역사회와 소통하는 소중한 공간

까페외할머니는 만남의 장소이자 목사가 지역 주민들과 소통할 수 있는 좋은 소통의 매개체이다. 여유 공간을 가지고 있는 교회들이 교회 건물 자체에 카페를 하는 경우가 대부분이다. 이럴 경우 교회에 다니지 않는 사람들이 가기에는 부담스러운 공간이 된다. 그리고 커피에 대한 전문성 부족으로 경쟁력을 갖지 못하는 경우가 많다. 좋은 의도를 갖고 적지 않은 돈을 들여서 만든 카페가 제 역할을 감당하지 못하는 경우가 많다. 교회 카페 실패 원인은 크게 두 가지이다. 접근성 부족과 전문성 결여이다. 아무리 좋은 시설을 해놓아도 사람들이 찾아오지 않으면 소용이 없고, 커피 맛을 제대로 내지 못하면 아무리 저렴한 가격을 받는다고 해도 사람들이 찾지 않을 것이다.

등불교회가 1층 도로에 위치한 까페외할머니 사업을 하지 않았다면 상가 3층에 위치한 등불교회가 지역민들과 소통할 수 있는 기회는 거의 갖지 못하였을 것이다. 까페외할머니는 또한 택배나 물건을 맡기는 장소로도 지역 주민들을 섬겼다. 카페에 함께 붙어 있던 방은 쉼터로 운영하였다. 그 공간의 한쪽은 카페의 물건을 쌓아놓는 창고역할도 하고 외부의 손님들이 묵을 수 있는 방도 있었다. 과거에 미얀마인 한 명이 머물다가 출국하기도 하였다. 주일에는 교인들이 식사하고 성경 공부도 하고 회의나 친교를 하는 공간으로 사용하였다.

까페외할머니에서 일하시는 분들은 70세 이상이시다. 내가 교회에 처음 부임하였을 때 원두로 핸드 드립한 커피를 드렸더니 "맛이 없다"고 다음 주에 "믹스 커피 200개들이 한 박스를 사 와서 드시겠다"고 하시던 분들이다. 이분들이 이제는 믹스 커피를 마시지 않는다. 커피 맛을 알게 되신 것이다. 좋은 커피 맛은 신맛, 쓴맛, 단맛이 어울린 맛이다. 혀끝에서 신맛, 목구멍 입구에서 쓴맛, 마시고 난 후에는 단맛이 느껴지는 커피가 맛있고 좋은 커피이다. 어떻게 로스팅하느냐에 따라 맛이 달라진다. 처음에는 어르신들이 커피음료 이름과 조리법을 외우는 일 등 교육받는 일에 어려워하셨다. 그러나 이제는 거침없이 일하신다. 일을 그만두셨다가 다시 출근하는 것이 20여 년이 지난 분도 계신다. 70세를 넘어 80세를 바라보는 연세에 다시 출근하시는 것이 꿈만 같다고 고백하신다. 정신적으로 자신감이 생겼을 뿐만 아니라 몸도 건강해지셨다.

일본으로 김치 교육하러 공정여행

일본 오이타현이라는 농촌에 사는 한 한국인이 일본에 와서 김치를 가르쳐 달라고 우리에게 제안했다. 우리가 왕복 비행기 타는 비용만 부담하면 일본에서 모든 체류 비용을 감당하겠다는 조건이었다. 이 제안을 받은 트립티 대표님께서는 까페외할머니 할머니들이 일본에 가서 김치 가르치는 일을 하자고 제안하였다. 네 명이 동행하기로 하였는데, 안타깝게도 그중 한 분이 다리를 다쳐서 세 분만 동행하였다. 일본에도 김치가 있지만, 한국적인 김치를 담글 수 있었으면 좋겠다는 의견에 시장에서 좋은 고춧가루와 젓갈 등을 사서 우체국택배로 먼저 보냈다. 출국 당일 우리 내외와 트립티 대표님, 지금 페어라운드 책임자로 계신 최헌규 목사님, 까페외할머니 직원 세 분(이춘분, 황경자, 김은순)이 동행했다.

우리가 타고 간 비행기는 구마모토 공항에 착륙했다. 공항에서 수속을 마치고 나오니 현지 관계자들이 기다리고 있었다. 우리가 간 곳은 오이타현의 다케다시였는데, 농촌에 위치한 조그만 도시였다. 우리나라에서 농촌 문제가 심각하지만 일본도 농촌 문제가 심각하다고 한다. 한국 사람들을 초청해서까지 김치를 배우고자 하는 이유는 당시 일본에서 인기가 오르고 있는 한국식 김치를 배

위서 판매하는 사업을 벌이기 위해서였다. 우리가 머문 곳은 일본의 전통 농가였다. 그 주인은 다케다시 의회 의장이고, 여주인은 한국 드라마 팬이었다. 그녀는 밤에 일찍 자고 새벽에 일찍 일어나서 한국드라마를 시청한다고 했다.

이튿날부터 이틀에 걸쳐 평생 동안 김치를 담아 오신 연세 지긋한 까페외할머니 직원들이 김치 전문 강사가 되어 김치 만드는 강의를 하였다. 우리나라 사람들은 양념을 넣어도 대충 넣는데, 김치를 배우는 일본 사람들은 그것을 저울로 재서 계량화하고 있는 것이 특이했다. 한 움큼만 넣으면 된다고 소금을 집으면 그걸 넣기 전에 저울에 올려놓고 무게를 쟀다. 그렇게 가르쳐준 김치 만드는 법은 메뉴얼이 되어 전해지고 있을 것이다. 김치를 매일 먹으면서도 처음 듣는 이야기가 많았다. 우리 어르신들은 역시 김치 담는 전문가들이셨다.

김치 교육을 마친 후 잠깐 활화산인 아소산에 들려 땅 깊은 곳에서 펄펄 끓고 있는 용암을 구경할 수 있었다. 정상에서 5분도 지나지 않았을 때 황성분의 농도가 대기 중에 짙어져서 내려왔다. 이제 와 생각해보니 연세 많으신 직원들과 함께한 일본으로의 공정여행이었다. 이분들은 이때 처음으로 외국에 가셨는데, 그것도 일반 관광으로는 경험할 수 없는 소중한 경험을 하셨다. 일본의 전통가옥에서 홈스테이를 하셨다.

일본공정무역 단체 견학과 한·일 카페 목회

일본은 우리나라보다 공정무역 운동이 먼저 시작하였고, 공정무역 운동이 활발하게 진행되고 있는 나라이다. 트립티에서 일본에 있는 공정무역단체를 견학하기로 했다. 마침 우리 집 아이들이 방학이라 온 가족이 동행하기로 했다. 숙소는 도쿄에 있는 2·8 독립선언이 있었던 재일본한국 YMCA 건물 안에 있는 숙소로 잡았다. 트립티 최정의팔 대표님과 친분이 있는 가정순 목사님이 안내를 해주셨고, 때로 우리끼리 전철을 타고 다니며 공정무역단체를 방문하여 이야기를 나눌 수 있었다. 구라마에라는 곳에서 카페 에클레시아를 운영하며 목회를 하고 있는 한국인 성공회 이민수 신부님을 만났다. 이때 트립티 대표님과 의기투합해서 한·일 카페목회 세미나를 개최하기로 약속했다. 그해 10월에 일본 도쿄에서 한·일 카페목회 세미나가 열렸다. 이민수 신부님이 주축이 되어 일본 측에서 일정을 준비하고 내가 한국 측 발제자로 "한국교회 카페 목회의 현실과 전망"이란 제목으로 발제를 하였다. 그 결론은 다음과 같다.

"교회는 목회를 해야 한다. 단순히 사람 수 늘리는 목회가 아니라 사람을 변화시키고, 세상을 변화시키는 교회가 되어야 한다. 카페는 이러한 교회의 목적을 이루기 위한 좋은 수단이 될 수 있다. 커피의 맛은 우리의 인생을 담고 있다고 할 수 있다. 동시에 신앙인들에게는 신앙의 맛을 보여주는 것이 커피이다. 교회에서 혹은 목회자가 운영하는 카페의 형태가 어떻든 상관없이 커피에 대한 지식이나 혹은 커피 맛에 대한 지식에 전문성을 가져야 하고, 카페 운영에 대한 전문성을 갖추어야 한다. 그리고 접근성이 쉽게 카페의 위치를 세상을 향해 개방함으로써 카페 목회가 아직은 실험단계에 있지만 앞으로는 목회를 하는 데 있어서 좋은 수단이 되도록 관심을 기울여야 할 것이다."

공정무역 제품 판매와 이주민 바리스타 교육

공정무역회사 트립티에서 공정무역 유기농 커피로 믹스 커피 제품을 만들어 판매한 적이 있었다. 이 제품을 한 번 맛본 이들은 계속해서 이걸 찾을 만큼 맛이 있는 제품이었지만, 판매가 부진한 상황이 오랜 기간 계속되었다. 공정무역 믹스 커피가 창고 한 켠에 그냥 쌓여 있는 것을 보는 것이 안타까웠다. 이것을 판매할 수 있는 방안을 모색하다가 규모가 있는 교회 목사님들께 부탁하기로 했다. 판매금액의 일정부분을 등불교회 이전하는 기금으로 쓰기로 하고 이 일을 시작하였다. 친분이 있는 목사님들에게 찾아가서 사정을 말씀드렸더니 예배 시간에 와서 설교하면서 광고를 하고 교인들이 구입할 수 있도록 편리를 봐주셨다. 여러 교회를 다니며

한·일 카페목회협의회 참가자들과 함께

설교를 통해 공정무역 제품을 알리며 판매한 적이 있다.

설교는 하나님 말씀을 선포하는 것이지만 공정무역 제품의 의미와 장점을 알리고 구입할 수 있는 기회를 제공하는 것도 생명을 살리는 하나님의 일이라고 생각했다. 설교를 통해 공정무역 제품 장점을 알리고 또한 그것을 판매함으로 어떤 일이 일어나는가를 알렸을 때 교인들은 자기 지갑을 열어 공정무역 제품 구매에 동참해 주었다. 트립티에서 만든 커피믹스는 의미 있는 공정무역 제품일 뿐만 아니라 맛도 일품이다. 공정무역의 의미를 설명하고 또한 농약과 비료를 쓰지 않은 친환경 유기농 제품임을 홍보하며, 맛도 훌륭하고 건강에 도움이 되는 커피를 마시는 것도 하나님의 뜻임을 강조했다. 트립티 믹스 커피는 시중에서 유통되는 믹스 커피를 만드는 로브스터 생두가 아닌 고급 아라비카 생두로 제조하였으며, 우리 몸에 들어가면 트랜스 지방을 만들어 내는 크리머가 들어가지 않았음을 적극 홍보하였다. 설탕은 백설탕이 아닌 유기농 원당인 필리핀 산 마스코바도를 넣었다는 사실도 덧붙였다.

일반 믹스 커피는 200개 한 박스가 13,000원 정도 한다. 그러나 트립티 믹스 커피는 100개가 20,000원으로 상대적으로 가격이 높게 책정되었다. 우리나라 사람들은 굉장히 가격에 민감하다. 오죽하면 공짜라면 쥐약도 먹겠다고 하지 않는가? 이렇게 가격에 민감한 사람들이 지갑을 열고 트립티 커피믹스 구매에 동참해 주었다. 물론 다른 경로를 통하여 판매되는 것도 다수 있지만 이렇게 판매한 커피믹스가 가장 많은 수를 차지하는 것은 부정할 수 없다. 대다수 사람은 건강에 대한 높은 관심을 갖고 있다. 믹스 커피를 마시는 것이 건강에 이롭지 않다는 생각을 하면서도 그 맛에 길들

이주민 등 다양한 사람에게 바리스타 교육을 하고 있는 필자

었기에 계속해서 마시고 있다. 공정무역 유기농 아라비카 커피로 만든 믹스 커피는 품질이나 맛에 있어서 이를 대체하고도 남을 훌륭한 제품이다.

트립티에서는 한국에 살고 있는 이주민들과 커피를 배우고자 하는 사람들에게 교육 기회를 제공한다. 한 달간 4회에 걸쳐 제주도 서귀포의 한 복지관에서 이주민들과 직원들에게 커피 바리스타교육을 하고 수료식을 하였다. 그 일을 위하여 바리스타 강사로 참여하였다. 김포공항에서 비행기를 타고 제주공항에 내려 버스를 기다리다가 한 아주머니와 이야기를 나누게 되었다. 그분은 내가 가려고 했던 복지관이 있는 마을에서 세탁소를 운영하고 있었다. 무엇하러 제주도에 왔냐는 질문에 커피를 가르치러 왔다고 답하고 공정무역 커피와 트립티 믹스 커피에 대한 이야기를 하게 되었다. 60세가 넘으신 그 아주머니에게 짧은 순간에 공정무역에 대한 이야기와 공정무역 커피, 공정무역 커피로 만든 고품질의 건강에 좋은 믹스 커피에 대한 정보를 전해주니, 그런 커피를 꼭 사고 싶다고 하여 전화번호를 가르쳐 드렸다. 그 아주머니는 공정무역 원두커피와 믹스 커피를 주문하였다.

네팔 산지에 커피묘목 재배에도 협력

트립티는 네팔에 커피나무를 심고 현지인들이 주체가 된 사회적기업을 만들고 네팔 청년들이 커피를 통하여 더 이상 외국에 이주 노동자로 나가지 않아도 네팔 국내에서 자립할 수 있도록 국제개발 사업을 하고 있다. 내가 담임하고 있는 등불교회에서는 커피나무를 심는 일에 참여하였고 교인들도 이 일을 위하여 기부하였다. 제삼세계 농민들의 현실을 알게 해주고, 지금 자신이 사용하거나 먹고 있는 제품의 이력을 알게 해준다면 윤리적 소비가 이뤄질 가능성이 높아질 것이다. 그러한 소비가 공정무역 프리미엄이 만들어 놓은 변화를 대하게 된다면 공정무역에 대한 인식을 획기적으로 변화시킬 수 있을 것이다. 불공정한 세계 속에서도 공정한 삶을 살고자 하는 사람들의 가슴에 불을 지필 수 있는 캠페인을 통하여 제삼세계 농민들을 살리고, 세계를 살리고 창조 세계를 보존하고 소비자의 몸을 살리는 공정무역은 지속 가능한 운동이 되어야 한다.

뜻하지 않은 언론보도와 방송 출연

까페외할머니를 처음 시작할 때 8평의 공간으로 시작했다. 적은 자금으로 번듯한 카페를 만든 것이었다. 마을기업으로 선정된 여러 단체 중에 까페외할머니의 공사 진척이 개중에 빨랐고, 나름대로 번듯한 카페 매장을 마련하였다. 까페외할머니는 마을기업에서 좋은 홍보 거리가 되었던 것 같다. 까페외할머니에 관심이 많았던 당시 부평구청 홍미영 구청장은 마을기업 까페외할머니 개소식에 참석하여 자리를 빛내 주셨다. 그 소식이 일간지를 통해 알려지고 며칠 후 YTN에서 취재를 나왔고, 뉴스 시간에 방송이 되었다. 다음으로 인천신문에서 취재해서 기사를 실어줬다.

지금도 그렇지만 노인 문제에 대한 관심이 고조되는 때였는데, 노인들에게 일자리를 제공하는 마을기업, 그 당시로선 생소한 노인 바리스타들에게 일자리를 주는 마을기업은 좋은 화젯거리가 되었다. 국민일보에는 지금까지 총 4차례 소개되었고, 감리교신문인 기독교타임즈와 기관지 기독교세계, 인천기독교 신문, 예장통합의 기독공보, 여성신문, 잡지인 주간기독교와 아름다운 동행, 갓피플매거진, 아주경제신문 등에 기사가 실렸다. 방송에도 출연할 수 있는 기회가 있었다. CBS 뉴스에 여러 차례 소개되었고, CTS, CGN, C채널 등 기독교계 방송과 K-TV 등 케이블 채널과 OBS 방송에도 출연할 수 있었다. 이런 방송 출연을 통하여 많은 사람이 까페외할머니에 대해서 관심을 갖게 되었고, 또한 이걸 보고 찾아와서 커피 교육을 받고 커피를 통한 사역과 사업을 하는 분들이 있다. 필자는 이런 언론보도가 있을 때마다 공정무역을 홍보한다.

네팔, 베트남 등 커피 산지에서 필자

트립티가 개발에 협력한 커피 산지에서의 치과 의료선교

2018년 추석 연휴에 라파의료선교회가 주축이 되어 진행된 네팔 치과 의료선교에 동행한 일이 있었다. 한국 추석 연휴, 네팔 축제 등이 겹쳐져서 비행기 좌석을 구할 수가 없어서 일행 40여 명은 여러 비행 경로를 통해 네팔 카트만두로 출발했다. 나도 장인어른, 트립티 직원 두 분과 함께 치과의사를 안내하여 여러 나라를 경유하는 비행기에 올랐다. 네팔 카트만두에 직항으로는 8시간이면 가는 거리지만, 대만 타이베이, 말레이시아 쿠알라룸푸르, 방글라데시 다카를 경유하여 1박 2일 만에 네팔 카트만두에 도착할 수 있었다. 의료 선교가 이루어질 장소는 바글룽시였다. 이 도시는 카트만두에서 버스를 타고 11시간 정도를 가야 하는 거리에 있었다. 카트만두에서 바글룽까지는 350km정도 떨어진 도시인데, 도로 사정이 좋지 않아 덜컹거리는 네팔의 고속도로를 힘들게 가야만 했다.

치과 의료봉사와 더불어 미용 봉사, 침술 봉사 등이 이루어졌다. 실력 좋은 한국 치과의사들이 하는 치료를 받기 위해 하루 이상이 걸리는 먼 곳에서 온 환자들도 있었다. 임시 수술실을 마련하여 소위 언청이라 불리는 구순구개열 수술도 이뤄졌다. 치과 의료 도구들을 운영하기 위해서 전기가 필요했다. 현지에서 발전기를 준비하였는데, 이게 잘 작동하지 않아 처음에 어려움을 겪기도 하였지만, 여러 사람이 협력하여 모든 것이 순조롭게 진행이 되었다. 의료봉사를 모두 마친 후에는 우리가 커피 묘목을 후원해서 커피나무를 심은 산지 버쿤데를 올라갔다. 바굴룽 뒤에 있는 버쿤데산 정상 부근에 있는 마을에서 하룻밤을 자고 새벽에 정상까지 올라가서 히말라야산맥에 떠오르는 태양을 감상했다. 버쿤데산 정상에서는 히말라야 14좌를 모두 볼 수 있었지만, 시간이 부족한 관계로 내가 심은 커피나무를 보지 못해서 아쉬웠다.

까페외할머니는 두 번이나 이전한 후 자리 잡아

까페외할머니는 2012년 6월 부평구 경인로 1107번지에서 처음 시작할 때 주변에는 커피점이 두 개 있었다. 한 곳은 얼마 지나지 않아 문을 닫았고 꽃집을 겸한 커피점은 그 후 4년 정도 있다가 문을 닫았다. 커피에 대한 관심이 커지면서 까페외할머니에서 얼마 떨어지지 않은 곳에 큰 커피전문점이 생겼고, 프랜차이저 커피 전문점도 여러 개 생겨났다. 열 개가 넘는 곳에 카페가 생겨나니 할머니들이 바리스타로 일하시는 까페외할머니 경영은 어려움에

처음 개업한 까페외할머니(위), 시장에 이전한 카페(왼쪽), 현재 카페(오른쪽)

빠지기 시작했다. 까페외할머니 운영을 위하여 기회가 있을 때마다 외부행사에 참여하여 매출을 올려야 했고, 까페외할머니를 시작한지 3년 후에 (주)한화가 지원하는 골목카페지원사업에 선정되어 커피 트럭을 장만하였다. 트럭을 갖고 전국을 돌아다니다시피 하여 커피 노점상을 하며 까페외할머니 경영을 책임졌다.

2018년 원래 있던 건물이 팔려서 카페를 이사할 수밖에 없었다. 새로 옮긴 곳은 큰길 건너편에 있는 일신 시장 안이었다. 있던 자리에서 경영이 어려워 보증금을 다 까먹고 옮기는 형편이라 식당으로 사용하던 공간을 혼자 청소하고 색칠하여 카페를 이전했다. 시장 중심에서 벗어난 카페 상황은 더 나빠졌다. 이전과 같이 행사에 참여할 수 있는 기회는 줄고 더 좁아진 공간에 오는 손님은 뜸했다. 한 곳에서 장을 볼 수 있는 큰 마트에 밀려 재래시장인 일신 시장에 사람들이 오질 않았다. 그렇게 버티는 시간을 보내다가 트립티가 구입한 상가에 까페외할머니가 새로 들어오게 되어, 현재는 30평 넓은 매장에서 카페를 운영하고 있다.

코로나19가 한창인 2020년 7월에 인테리어를 시작하여 한 달 공사를 하여 8월부터 영업을 시작했다. 코로나만 아니었다면 여러 가지 지역사회를 위한 많은 프로그램을 진행할 수 있었겠지만, 지금은 매장만 운영하면서 때를 기다리고 있다. 새로운 장소로 옮기면서 카페와 교회를 합쳤다. 평일에는 카페로 운영하다가 일요일에는 교회가 된다. 일요일에는 등불교회 교인들이 함께 모여 예배를 드린다. 예배를 드리기에도 부족하지 않은 공간이기에 가능한 일이다. 연세 드신 교인들도 1층에 위치해서 매우 좋아하신다. 포스트 코로나 시대를 맞는다면 까페외할머니는 공정무역 제품을 판매하고 또한 공정무역 운동을 확산시키는 좋은 통로가 될 수 있으리라 생각한다. 지역 주민들의 모임 장소로 활용되고 또한 커피 강의와 공정무역 강의가 이뤄질 것이다.

공정무역 운동을 알리기 위해 만든 노래

트립티에 놀러 갔다가 트립티가 하는 공정무역 사업을 노래로 만들어 알리면 좋겠다는 생각이 들어 그 자리에서 글을 쓰기 시작했다. 노래를 만들어 페이스북에 올리곤 하던 후배 목사에게 가사를 보냈더니 다음날 곡을 붙여 보내주었다. 이렇게 만든 노래가

트립티의 손길

글 김현래, 곡 이 혁

고향 떠난 지친영혼 - 방황하는 그대눈길 -

호소하는 그목소리 - 외면하는 주변인들 -

귀기울여 들어주고 - 쓰다듬는 그대손길 -

마음다해 아파하며 - 함께여는 그대앞길 -

절망닫아 희망열며 - 과거닫고 도약하고 -

나그네를 품어주는 - 트립티의 그-손길 -

'트립티의 손길'이다. 방황하는 외국인 이주 노동자들을 위하여 공정무역을 통하여 따뜻한 손길을 내밀어준 트립티를 생각하면서 만든 노랫말이다. 이 노래를 만들어서 부르다 보니 옆에 계신 분들이 다음 노래는 언제 만드느냐고 부추겨서 트립티에 대한 다른 가사를 써서 그 후배 목사님에게 보냈더니 곡을 붙여 보내주었다. 이렇게 만들어진 노래가 '커피 향을 맡으며'라는 노래다.

세계교회협의회, 정의로운 무역 질서 선언

세계교회협의회는 '세계교회협의회 선언 100'을 통하여 "교회
는 정의로운 무역 질서 수립을 위해 노력해야 합니다"라고 선언했
다. 일반무역은 경제원리가 적용되는 무역이다. 최소비용으로 최
대이익을 산출하는 것이 일반무역 목표이다. 싸게 사다가 상품에
부가가치를 창출하여 비싸게 판매하는 것이 목표이다. 생산자들
의 노동력에 대한 평가가 제대로 이뤄지지 않는다. 상품에 대한
평가가 과소 평가되고 생산자의 삶은 생산가에도 미치지 못하는

값을 받으므로 점점 더 피폐해져 가는 것이 현실이다. 이러한 무역 관행을 조금이라도 바꿀 수 있는 것은 공정무역이다. 세계교회협의회는 위와 같은 선언과 더불어 교회가 무엇을 해야 할 것인가를 알려주고 있다. 그 내용은 다음과 같다.

* 교회는 공정무역제품의 사용을 정착시켜야 합니다.
* 교회는 지구적 차원에서 민중을 위한 무역캠페인에 참여해야 합니다.
* 교회는 다자간 무역협정에 따른 권리조항들을 협상하도록 힘을 쓰고, 그러한 협정이 정의롭고 평등하며 민주적인 것이 되도록 사회운동단체들과 긴밀하게 협력해야 합니다.
* 교회는 공정무역에서 한걸음 나아가 정의로운 무역이 되도록 힘을 써야 합니다.

교회는 건물 안에만 갇힌 이익 집단이 되어서는 안 된다. 교회가 가진 영적인 힘은 세상을 변화시키며 하나님 형상을 잃어버리고 착취하며, 착취당하는 사람들을 동시에 구원하는 일에 참여해야 한다. 그 일의 부정의와 부조리를 제거하고 바른 질서를 잡도록 하는 일에서 찾을 수 있다. 믿음 안에서 얻은 구원의 거룩성을 세계 안에서 실현해야 한다. 그러기 위해서 사회단체들과 연대해야 하며, 그 연대를 통하여 하나님의 뜻이 실현되는 인류사회를 만드는 데 일조해야 한다. 이것은 단순히 선언 차원에서 그쳐서는 안 되고 구체적인 행동으로 나타나야 한다. 위의 선언을 구체화하는 첫 번째 걸음은 공정무역 교회로 인증받는 일이라 할 수 있을 것이다. 교회가 공정무역 교회로 인증받기 위해서는 어떻게 해야 하는

가? 그 조건은 다음과 같다.

공정무역으로 인증받는 조건

* 교회에서 공정무역을 지원한다는 결의해야 합니다.
* 교회 내 식당이나 상점에서 공정무역 제품을 구비, 판매합니다.
* 교회 내에 있는 모든 기관이나 모임 등에서 공정무역 제품을 이용합니다.
* 공정무역에 관한 각종 행사를 알리고 그 제품 이용을 권장하는 캠페인을 전개합니다.
* 당회원, 각 신도회(선교회), 자원봉사자 대표가 참여한 공정무역 운영위원회를 구성합니다.

등불교회는 공정무역을 하는 트립티와 양해각서를 체결하고 공정무역 운동에 적극 참여하고 있다. 이미 교인들과 함께 공정무역교회를 선포하였으나 공정무역교회로 인증을 받지는 못하고 있다. 조속히 이런 절차를 거쳐 공정무역교회로 인증되어 공정무역 운동이 한국교회에 정착하는데 일조하고 싶다.

키 큰 사람들 속을 거닐다보니 나도 훌쩍 커졌네

정현석

(사회적농업 ㈜사탕수수 대표)

1. 아하…! 이것이 공정여행*?

2006년 작은 회사를 설립, 운영하면서 같이 시작한 것이 여행 프로그램이었다. 회사직원들과 그의 가족, 고객들을 위한 프로그

---

* 중학교 사회 2학년 교과서에는 공정여행을 다음과 같이 소개하고 있다. 관광을 통하여 개발도상국 현지 주민이 얻을 수 있는 수입은 매우 적다. 외국인 관광객들이 쓰는 돈의 대부분은 선진국 여행사, 항공사, 보험사, 관광 안내인에게 돌아가기 때문이다. 개발도상국에서 관광 산업에 종사하는 운전사, 짐꾼, 청소부, 요리사, 식당 종업원들은 아주 적은 보수를 받는다. 게다가 무분별한 관광지 개발은 환경을 심각하게 파괴하기도 한다. 이런 문제점을 인식하고 관광지와 관광지 주민에게 도움을 주는 방안으로 등장한 것이 "공정여행"이다. 착한 여행, 책임여행, 대안 여행이라고도 한다. "나도 공정여행가"
1. 지구를 돌보는 여행 - 일회용품, 전기, 물 낭비하지 않기. 2. 인권을 존중하는 여행 - 직원에게 적정한 노동조건을 지키는 숙소, 여행사 선택하기. 3. 지역에 도움이 되는 여행 - 현지인이 운영하는 숙소, 음식점, 가이드, 사회적 경제 생산품 이용하기. 4. 다른 문화를 배려하는 여행 - 종교, 종족 등 현지 문화생활 방식을 존중하고 배려하기 5. 친구가 되는 여행 - 현지 인사말을 배우고 관계를 맺는 여행 6. 봉사와 기부를 하는 여행 - 여행 경비에서 1%는 현지 구호 및 빈민 단체에 기부 또는 봉사활동하기 7. 아름다운 동행 - 동물학대 및 자연훼손, 인권 침해에 목소리 내기

램이었다. 일 년에 1-2회 국내 여행을, 1회는 해외여행을 계획하면서 국내 여행은 가능하면 자가용 여행을 피하고 대중교통 혹은 일정 지역의 왕복 요금을 받는 전세버스를 이용하는 여행을 지향했다. 운전대를 잡지 않은 부모님은 그 시간만큼 자녀들과 좀 더 이야기에 집중할 수 있어서 좋았고, 휴식을 취할 수도 있어서 좋은 반응이 나타났다.

2007년 12월 태안유류사고가 나면서 그동안 태안을 방문했던 수많은 관광객은 대부분 다른 지역으로 발길을 옮겨가 지역경제가 피폐해지고 있을 때 관광지의 매력은 사라졌지만 "점심 한 끼만이라도 그 지역에서 해결한다면 지역경제에 도움이 되지 않을까?"라는 생각을 갖게 되었다. 수많은 국민이 태안으로 달려가 자원 활동을 하는 와중에서도 이런저런 사연으로 유류 제거 현장에서 자원 활동을 못하던 분이라도 한 끼 식사를 그 지역에서 해결하는 것 또한 또 다른 봉사의 한 의미라고 부추기며 태안으로 여행을 떠난 적도 있다. 다들 기피하는 기름 낀 해안가의 텅 빈 식당에 우르르 들어서는 낯선 관광객들에게 일순 당황하면서도 살포시 웃음기가 도는 모습은 지금도 잊을 수 없다. 사실 회사 직원 가족들에게 바깥바람을 쐬기 위한 여행이라는 선의의 말장난이라고 생각되었지만 지나고 나서보니 결과적으로는 잘했다는 순간이었다. 이후 국내 여행은 가급적 지역의 농민 혹은 주민들에게 직간접적으로 비용을 지불할 수 있는 여행을 안내했고 그런 여행을 하는 데 있어서 참가자들이 크게 문제 삼지 않게 되었다.

그러던 어느 날 나의 삶에 새로운 변화를 갖게 해주었던 사회적기업 창업아카데미과정을 이수하면서 강사들과 참여자들을 통해 접한 것 중의 하나가 공정여행을 하는 사회적기업이었다. 그동안 우리가 했던 여행이 작게나마 그것이 공정여행을 의미하는 것이었다는 것을 알게 되었다. 여행의 즐거움은 새로운 사람, 문화, 자연을 만나는 것이고 열린 마음으로 현지 주민들과 함께 어울리고 소통할 때 여행의 참다운 즐거움을 경험할 수 있는 것인데 공정여행이 바로 현지 주민들의 다양한 문화를 있는 그대로 보고, 듣고, 맛보고, 느끼고, 체험하는 프로그램을 지향하는 것이었다니 "공정"이라는 단어에서 오는 왠지 모를 낯선 느낌이 어느 사이에 친근감 있게 느껴지는 단어로 다가왔다.*

회사 구성원과 그 가족들 그리고 고객들과 국내 여행과 병행한 간헐적인 해외여행을 할 때 여러 편의상 일상적인 패키지여행을 선호했지만 이후에는 좀 더 방문지 주변의 현지인들을 가까이서 들여다볼 수 있는 여행을 하고 싶은 생각에 자유여행으로 여행패턴에 변화가 생기기 시작하였다. 그러나 항공편을 비롯하여 숙소와 이동 차량 등 여러 제약적인 조건들이 있게 마련이다 보니 막상 떠나기 전까지 두려움을 느끼기까지 하였다. 회사 초기부터 여행 관련업을 병행하다 보니 다행히도 도매여행사를 통해 우리 자신과 고객들을 위해 자유여행과 패키지를 혼용한 상품의 설계가 가능했고 그렇게 만들어진 상품은 적어도 우리에게는 그리고 이를

---

* 1. 공정여행이라는 말은 '기회의 공정'(Accessible Tourism)을 의미한다. 여행은 모든 사람이 접근 가능한 것이어야 하고, 모두를 위한 것(Travel for All)이 되어야 한다. 2. 거래의 공정을 통해 관광 산업이 발전할 수 있다. 그런 의미에서 마이너스 여행은 옳지 않다. 3. 여행자와 여행지의 공정한 관계가 이루어져야 한다. 환경을 훼손하는 것을 최소화해야 하며, 지역경제에 기여할 수 있을 때 공정한 여행이다. 결과적으로 "모든 이가 행복한 여행"이 될 때 공정여행이 이루어졌다고 할 것이다.

이용한 고객들에게는 만족도가 당연히 높았다. 패키지여행에서는 맛보지 못했던 여유와 색다름을 얻을 수 있음은 물론이거니와 아울러 현지에서 만나는 그들은 관광의 대상이 아니라 피부색이 또 다른 우리의 이웃을 만나는 것이었다.

2. 공정무역하는 사람들을 만나다

"공정여행이 이런 거구나"하고 조금씩 익숙해지기 시작할 무렵 그리고 나의 꿈을 찾아 준비하는 초기에 사회적기업을 함께 공부하던 한 친구에 의해 공정무역을 한다는 카페를 알게 되었다. 역시 사회적기업이라고 하기에 ㅡ나중에 확실히 알게 된 일이기는 하지만ㅡ "공정무역이나 공정여행을 하는 기업들은 당연히 사회적기업이 되나보다"하는 착각을 하게 되었다. 또 그것을 해야만 사회적기업이 되는가 싶을 정도였다.

회사생활을 하면서도 틈틈이 트립티 카페에 방문해서 소통 관계를 맺었지만 "이것이 공정무역이다"라는 것을 대략 알게 된 시점은 상당히 많은 시간이 지나 공정무역 현지를 방문할 때였다. 사회적기업 트립티는 간간이 해외 활동 중간중간 국경을 넘나드는 현지 방문을 해야 하는 경우의 여행 설계를 원하셔서 그런 상품을 만들어내는 일에 좀 더 관심을 갖게 되었다. 여행 설계를 할 때는 안방 여행이라는 말이 실감날 정도로 현지에 있는 느낌으로 설계를 하는 편이라 이를 이용하시는 분들은 그만큼 불편함이 줄어들기도 한다.

공정무역 카페인 트립티는 방문할 때마다 방문한 시간만큼 공정무역에 대한 지식이 쌓인다. 아울러 이주민들의 이야기를 듣는 시간도 늘어가고 이주민들과 친구가 되는 경우도 종종 생기기 시작했다. 하지만 그러면서도 뭐가 공정하다는 것인지 구체적인 이해는 그저 먼 나라의 이야기 같았다. 단지 사람을 알고 가는 것이 좋고, 이야기 나누는 것이 좋아서 커피 농사를 짓겠다는 마음을 먹고 민간인 통제구역까지 가서 커피 농사를 지으면서도 왠지 모르게 발걸음은 계속 카페가 있는 신촌으로 향하고 있었다.

1) 드디어 공정무역 여행을 하다

(1) 베트남 디엔비엔푸

농업으로 직업전향을 하여 민간인통제구역에 첫 농장을 오픈하며 3년 가까이 운영하다가 제2 농장을 고양시에 만들어가느라 정신없던 시기인 2014년 10월 말. 베트남에 같이 가지 않겠냐는 권유를 받았다. 드디어 공정무역 현장을 방문할 수 있다는 기쁨과 한국에 있을 때 트립티에서 카페 수업을 배운 황반 씨가 베트남 하노이에서 그리 멀지 않은 곳에 카페를 운영하고 있다는 것도 궁금해서 하우스를 짓는 와중임에도 불구하고 배낭에 옷가지 몇 개 쑤셔 넣고 떠나게 되었다.

하지만 베트남으로의 첫 공정무역 여행은 지금도 잊히지 않을 만큼 내게는 아주 고통스러운 여행으로 기억되고 있다. 여행 자체는 그간 해왔던 여행과 크게 다름없었으나 음식만큼은 감당할 수 없어서 현지 도착부터 현지를 떠나올 때까지 거의 배를 곯다시피

했다. 함께했던 일행들은 그런 나를 엄청 안쓰러워했지만 사실 뾰족한 방법도 없었다. 평상시 여행 같았다면 혹시나 하는 마음에 비상식량이라도 챙겼을 텐데 그때는 하우스 짓느라 정신없을 때라 미쳐 챙길 시간이 없어서 못했던 것이 이런 낭패를 불러온 것이다. 그런 와중에서도 음식을 빼놓고는 현지를 속속들이 바라볼 수 있는 기회여서 감사한 여행이었다. 동남아지역임에도 베트남 북부 지역에서 만난 현지 주민들은 두툼한 털옷 외투를 입었고, 연탄난로 위에 주전자를 올려놓고 있었다. 이곳이 동남아라는 사실이 믿겨지지 않는 순간이었는데 간간이 서리도 내린다는 이야기까지 듣는 순간 그 지역의 식물 자원을 다시 살펴보게 되었다. 이런 경험은 열대작물을 재배함에 있어서 품종 선택에 많은 영향을 주었다.

이곳에서 만난 안(Anh) 교장선생님은 지금도 페이스북에서 베트남의 일상들을 만날 수 있게 해주고 있다. 방문지였던 디엔비엔푸. 현지 교장 선생님 댁에 머무르면서 교장선생님의 안내로 커피농장을 둘러보고, 직접 수확도 해보고, 마을과 학교를 둘러보고, 학생들을 만나보는 좋은 기회를 가졌다. 학교 수업을 받아야 하는 학생들이 부모님의 강요로 혹은 가족의 생계를 위해 커피 수확을 해야 해

베트남에서 커피 열매를 따고 있는 필자

서 학교를 오지 못하는 경우도 있다는 말을 전해 듣기도 했는데 실제로 아이들의 노동력을 이용한 커피 수확의 현장을 만날 수 있었다. 지금도 눈빛이 마주친 그 어린 친구의 모습이 기억에 선하다.

한국에 이주 노동자로 방문했다가 하노이와 하롱베이 가는 중간지역*쯤에 트립티 카페를 운영하는 홍반 씨의 건물에서 잠시 머물며 그의 가족들을 만나 일상도 함께하며 어울렸던 기억은 지금도 참 소중하다. 그리고 여행을 마무리할 즈음 하노이 시내 근처의 장애인자활작업장을 방문하면서 그들의 활동들을 살펴보는 시간은 또 다른 궁금증을 더했다.

첫 번째 베트남 공정무역 여행은 내게 공정무역이라고 각인될 만큼 크게 다가섬은 없었던 여행이었다. 아마도 그간 트립티를 방문하고 이주민들을 만났으면서도 공정무역에 대한 개념을 정리하지 못해서 일어난 결과였는지도 모르겠다. 그럼에도 기회가 되면 다른 곳으로도 공정무역 여행을 하면 좋겠다는 생각은 감사한 일이었다.

새로이 고양시에 열대작물 농장을 오픈하고는 정신없이 영농에 임하다 보니 종종 공정무역 여행을 할 기회가 왔음에도 불구하고 따라나서지 못하다가 1년여 시간이 지난 뒤 두 번째 공정무역 여행 따라나설 기회가 왔다. 이번에는 꼭 생존 식량을 무조건 준비해야지 하며 말이다.

---

* 하이즈엉이라고 부르는 도시인데, 베트남 말이라 우리말로 그 발음을 정확히 기록할 수 없다. 트립티 카페를 연 황반 씨는 한국 서울 창신동에서 10여 년 이상 봉제 공장에서 일하여 돈을 모아서 이곳에 카페를 열었다.

(2) 태국 치앙마이

열대작물인 커피 농사를 짓다 보니 농장에 방문하는 분들이 종종 있다. 방문자의 직업은 다양했었다. 그들은 해외 커피농장을 여행하고 싶어 했다. 개인이 낯선 나라, 낯선 곳에서의 커피 농장 여행을 하기가 쉽지 않았다. 카페를 운영하거나 커피 학원을 운영하는 사람들은 꼭 가보고 싶어 했던 여행 코스가 커피 농장이었다.

당시에 필요에 의해 도매여행사에 커피농장투어상품을 개발하면 좋겠다는 의견을 낸 적도 있었다. 그런 이유에서인지는 몰라도 실제 치앙마이와 골든트라이앵글 3개국(태국, 미얀마, 라오스) 여행상품에 도이창 커피농장 방문이 포함되기도 했다. 태국 치앙마이를 실제 가보지는 않았으나 골프 여행을 좋아하시는 분들을 위해 상품설계를 한 적이 있어서 대략적인 가닥은 잡혀있었다. 꼭 가보고 싶었던 버킷리스트 중의 한 곳이어서 따라나서기도 전에 기분은 업이 되어 있었다.

치앙마이는 한국 사람 중에서도 젊은 친구들이 가고 싶어 하는 여행지이기도 하고 골프 여행을 하시는 분들이 좋아하는 곳으로 가을 이후부터 부쩍 많이 찾는 곳이기도 하다. 특히 가을을 지나면서 약간의 농한기를 갖는 나 같은 농부도 시간적 여유가 생기는 시기에는 치앙마이는 아주 매력적인 곳이었다.

2014년 치앙마이 소재 대학에서 한국어나 중국어 공부를 하던 청년들이 한국을 방문했을 때 잠시 만난 적이 있었는데 그때 만났던 그들을 다시 만날 수 있다는 즐거움도 한몫했다. 베트남에서의 먹거리 고생을 생생하게 기억했던 터라 생존 식량이라고 할 만한 것들을 여행 가방 구석구석 빈 공간 없이 꽉꽉 채워놓는 치밀함은 최우선이었다. 그만큼 베트남에서의 여행은 나에게 심적 고통을 엄청 준 여행이었기 때문이다.

처음 머물렀던 곳은 선교사님들이 사역하시는 그레이스 홈*이었다. 이런저런 사연으로 흘러들어온 청소년들에게 진로를 선택하거나 직업을 선택할 수 있도록 자립할 기회를 제공하는 노력을 다하시는 모습을 보았다. 실제 그곳에는 트립티 카페가 있고 커피 바리스타 교육을 받을 수도 있었다. 이곳에서 커피 바리스타 교육을 받은 청년들은 치앙마이 카페에서 바리스타로 일하고 있기도 하다. 태국 치앙마이에서의 첫 아침은 열대과일로 식사를 하였다. 그 순간 한국에서 가져온 생존 식량이 마냥 짐스러워지는 느낌이었다.

치앙라이 주변 산간 오지에 생존을 위해 마약을 재배하며 사는 소수 민족이 고단한 삶과 가난으로부터 벗어날 수 있도록 커피농장 조성을 유도하기 위해 왕실의 재산을 꺼내어 만든 "로얄 프로젝트"가 진행된다고 해서 자세히 들여다보려 했다. 이들은 단지 커피재배만 하는 것이 아니라 농장을 찾는 외국인 여행객들을 위해 게스트하우스를 운영하고 커피 수확 체험으로 수입을 올리는 등 과거와는 다른 삶을 살게 되었다고 한다.

우리는 농장을 뒤로 하고 더욱 산속으로 들어가 라후족 촌장님이 세운 교회에서 하룻밤을 머물게 되었는데 동남아지역의 방문이었음에도 북부 산간 지역 특성상 두툼한 이불과 파카 외투를 입

---

* 그레이스 홈은 태국에 들어온 난민들의 자녀를 돌보는 고아원으로 권삼승, 서양숙 선교사님께서 20여 년 동안 사역하고 있다. 그레이스홈은 성장한 난민 자녀들이 취업을 할 수 있도록 직업교육장으로 카페를 열었고, 한국 트립티에서 기계 등 설비를 지원해주고 바리스타, 로스터 교육을 진행해준 곳이다.

고 잠을 청하는데도 부르르 떨 만큼 추위가 엄습해왔다. 산간 오지
는 전기가 들어오질 않아서 태양 발전을 이용하는데 밤시간 내내
들어오는 것이 아니라서 어둠이 짙게 내리는 시간에는 전기 공급
이 끊긴다. 덕분에 아주 오랜만에 별들이 그렇게 쏟아지는 하늘을
맘껏 볼 수 있었고 늦은 시간까지 도란도란 서로 삶의 이야기를
주고받는 이들이 있어서 행복했다. 소수 민족이 재배하는 커피와
그들의 삶을 들여다보면서 비로소 그들이 조금씩 보이기 시작했다.

공정무역이라도 관광을 빼놓을 수는 없는 것 아닐까? 유럽인
들이 많이 찾는 빠이를 찾았다. 우리 시골장터에서 만나는 시골사
람들 같은 순수함을 만날 수 있는 곳이었다. 이곳에서의 하룻밤은
그간 여행의 고단함을 싹 씻어주는 느낌이었다. 마음속에는 어느
새 공정무역과 함께 공정 여행 프로그램을 설계하고 있었다.

(3) 네팔 바글룽

그간 두 나라의 몇몇 지역을 다니면서 "공정무역이 이런 것이
구나." 흐릿하게나마 윤곽을 잡고 "공정여행이라는 것이 공정무역
과의 연계성이 깊을 수밖에 없겠구나"하는 생각을 갖게 되었다면
2017년 네팔 카트만두와 바글룽 지역 방문을 통해서는 공정무역
의 활동에 대해서 좀 더 자세히 알게 되는 기회가 되었던 것 같다.
2015년 4월 네팔의 수도 카트만두 부근에서 진도 7.9의 강력한
지진이 발생했다. 그리고 이 지진으로 인해 네팔 주민들 상당수가
사망하거나 부상을 당하는 피해를 입었다는 뉴스가 방송을 탔고
우리나라 소방대원들의 지원과 아울러 자원 활동가들이 방문하여
수고를 한다는 이야기도 전해 들었다 하지만 방송을 통해서 접해

서인지 피부로 느낄 수 있을 만큼의 충격을 받지 않은 그저 먼 나라의 이야기라고 생각했었다.

중국 쿤밍에서 스톱 오버하고 네팔 카트만두에 도착했을 때는 어느새 어둠이 내리기 시작할 때였다. 도로는 매연이 가득했고 사람들도 많았다. 교통체증으로 정차 중에 버스 창가를 통해 눈이 마주친 작은 어린아이를 보는 순간 필자는 눈물이 빙글 돌았다. 우리나라 60년대를 보고 있는 듯 헝클어진 머리에 먼지 묻은 듯 회색빛 얼굴이었다.

카트만두에서의 첫 방문지는 목탄 미노드가 운영하는 한국어 교실이었다. 이곳에서 청년들에게 바리스타 직업교육을 병행하고 있었다. 청년들이 일자리가 없어 이주 노동자가 되어 가족들과 헤어지고 고향을 떠나는 것을 줄여보고자 했던 청년 미노드의 삶의 현장이었다. 이곳에서 미노드를 처음 만나면서 미노드의 인생을 들여다볼 수 있었다.

윤종수 목사님의 안내로 코빌라홈과 파더스홈을 방문했다. 이 곳들은 경제적으로 어려운 아이들과 청년들을 보듬고 있는 곳이다. 눈망울 맑은 아이들이다. 각자 자신의 꿈을 가진 아이들. 그 꿈들이 이뤄지길 바라는 마음이다. 붙임성이 좋은 "얼자"는 내가 그곳을 떠날 때까지 옆에서 함께 있었다.

지진 피해 현장을 방문했다. 한때는 사람들이 거주하고 있었을 주택들이 속절없이 무너져 잔해만이 즐비했다. 시내 유적지도 또한 예외는 아니어서 네팔 카트만두 시내 중심에 위치하고 있는 더르바르 광장*도 보수를 지속하는 상황이었다. 보는 것만으로도 지진 등 자연재해는 정말 두려운 존재로 다가왔다.

카트만두를 떠나 도로 사정이 열악한 네팔의 고속도로를 타고 포카라를 거쳐 2016년 6월 사회적기업 트립티 최정의팔 대표님과 활동가, 마을 주민들이 커피 묘목을 심었다는 바글룽주 버쿤데 마을로 향했다. 도착하자마자 제일 먼저 커피나무가 심겨진 곳인 논두렁을 걷고 비탈진 길을 걸었다. 베트남 디엔비엔푸와 태국 치앙마이의 커피 농장들을 봐왔던 터라 네팔 역시 그와 같은 커피농장을 그렸었는데 눈앞에 보이는 커피나무는 이게 무엇이지? 나의 뒷머리를 때리는 느낌을 뒤로 하고 일단 커피나무 하나를 살펴보았다. 커피나무가 자라는 주변 환경부터 토양, 수분공급 등 생육과 관계된 것을 일일이 확인하고 싶었다. 결코 식재량이 적지 않은 묘목들이 잘 자라야 정말 이들의 꿈과 희망이 될 텐데 식재한 지 일 년이 지났음에도 예상외의 상태를 보고 솔직히 화가 치밀었다. "이건 아닌데. 이건 아닌데. 한국에서도 이렇게 키우지는 않는데" 하며 그들의 게으름을 속으로 흉보고 있었다. 하룻밤을 묵으면서 그 불편함을 알아보고 싶었다. 결코 적지 않은 한국의 지원금이 투자되고 있는데 비해 현지의 상태가 이해되지 않았기 때문에 꼭 듣고 싶은 마음이었다.

K. B. 샤히 선생님*으로부터 전해 들은 말씀은 현장을 보고도 표현이나 내색을 하지는 않았으나 속으로 불편해했던 것이 얼마

---

* 더르바르는 왕국에 있던 광장을 뜻하는데, 카트만두에는 카트만두, 파탄, 박타푸르 등 세 왕국이 있어서 카트만두 더르바르, 파탄(랄릿푸르) 더르바르, 박타푸르 더르바르 등이 관광지로 유명하다.
* K. B. 샤히 교장은 커피를 재배하는 네팔컨선협동조합을 조직한 분으로 한국에서 이주 노동을 2년 동안 했고 한국어 학당을 운영하고 있어서 한국어 소통이 가능한 분이다.

나 속 좁고 부족한 나의 식견이었는지, 그것을 알았을 땐 정말 주변이 어둡고 컴컴한 밤이었다는 사실이 얼마나 고마웠는지 모른다. 그들이라고 해서 왜 커피 농사를 대충 짓고 싶었겠는가? "현지 농부들은 농한기가 되면 일자리를 찾아 돈을 벌려고 외지로 나갑니다. 그런데 심어놓은 커피나무는 3-4년은 기다려야 수확할 수 있는데 그때까지 그냥 기다리기에는 지금 당장 배가 고프고 먹고 살기 힘들다 보니 커피나무를 돌볼 겨를이 없는 거예요."

아! 그렇구나. 그렇다면 내가 할 수 있는 일은 무엇일까? 3-4년씩 기다리지 않고 1-2년만 지나도 커피를 수확할 수 있는 방법을 알려줄 필요가 반드시 있지 않을까? 환상박피(環狀剝皮)*라는 방법을 알려주면 좋을 텐데, 구두로 설명해서는 도무지 이해가 가지 않는 말이기도 하거니와 그 소재들이 그곳에 있는지도 알아볼 필요가 있었다. 그리고 조달 비용 역시 크지 않아야 했다. 숙제로 남기고 버쿤데를 떠나 네팔에 왔으니 히말라야는 못 올라가도 보고는 와야겠지 싶어서 오스트레일리아 캠프에서 1박을 하기로 하고 곧 만나게 될 히말라야를 생각하니 두근거리는 마음을 진정시키지 못한 채 후다닥 산을 오르기 시작했다.

캠프에 도착해서 거하게 닭백숙으로 식사를 하고는 피곤함에도 자는 둥 마는 둥 이른 새벽 미명에 히말라야를 만나러 나갔다. 눈 앞에 펼쳐진 손에 잡힐듯한 광경들. 그저 사진 속에나 만날 수 있었던 그 산과 풍경들을 내가 바라보고 있다니 가슴이 터질 듯

---

* 환상 박피는 나무줄기 중간에 홈집을 내고 그곳에 비닐 거름 주머니를 걸어놓으면 나무뿌리가 내려지는데, 이것을 잘라 분재하는 방식이다. 이렇게 하면 1년도 되지 않아 성년 나무를 심을 수 있다.

벅차올랐다. 아침이 밝아오고 오스트레일리아 캠프를 느릿느릿 탐닉하는 시간을 보내고 담프스를 걷고 걸어 20여 km를 지나야 포카라로 가기 위해 우릴 기다리고 있는 차량을 만날 수 있다. 산보하듯 어렵지 않은 길을 걷다가 눈에 뜨인 것이 환상박피를 할 때 수피를 감쌀 소재를 대신할 마른 이끼들이 눈에 보였다. "그래 저것만 있으면 당장이라도 시범을 보일 수 있을 텐데…" 버쿤데에서 담프스까지는 너무 먼 거리라 다시금 생각을 정리해보기로 했다.

포카라에서 시간을 보낼 수 있는 기회가 생겼다. 네팔 최고의 휴양지라는 이름에 걸맞게 수많은 상점과 여행객들이 가득한 곳을 살펴볼 수 있었고 한국인 정 대표님이 운영하는 "0 갤러리*"에서 정 대표님의 네팔 정착 이야기를 들어볼 수 있었다.

카트만두로 돌아와서 한국에서 이주 노동자로 근무했다가 귀환한 분들의 이야기를 듣는 시간을 가졌다. 그들의 이야기가 마음 속에 맺혔다. 떠나는 마지막 날 우리나라의 아름다운가게와 비슷한 스가워티 스토어**에 방문했다. 해외에 나가서 이주노동을 하시던 분들은 단순히 돈만을 벌고 온 것이 아니었다. 그들은 확실히 이유 있고 목적 있는 아름다운 귀환을 한 것이었다.

---

* 정 대표님은 네팔인과 결혼해서 카페를 운영하며 이곳에서 미술, 음악 등 다양한 실험을 하고 있다. 0갤러리 카페는 포카라 페와 호수 맨 위쪽에 위치했다.
** 스가워티는 한국에서 이주 노동을 하다가 네팔로 귀국한 목탄 미노드 등 귀환 이주 노동자들이 한국 아름다운가게를 벤치마킹해서 만든 재활용 물품을 판매하는 엔지오이다. 스가워티는 특히 네팔 지진 때에 한국에서 1억 원 상당을 지원받아 담요 등을 지진 피해자들에게 전달하면서 지진 복구에 큰 역할을 했다.

커피농장을 방문한 네팔컨선 대표 샤히 교장에게 커피를 설명하는 필자

(4) 고양커피농장 뜨렌비팜

한국으로 돌아온 후 공정무역에 대해 많은 생각을 가졌다. 그리고 그간 몇 차례 다니면서 공정무역활동가들의 활동상들을 보았다. 내가 할 수 있고, 하고 싶은 일들이란 무엇일까? 정리를 해볼 시간을 가진다는 것은 앞으로의 나에게 있어서 상당히 중요한 문제 중의 하나였다. 영농생활 틈틈이 공정무역을 바라보면서도 우리나라 소농이 직면하고 있는 상황을 살펴보기 시작하게 되었다.

그러던 어느 날 단체이름은 익히 알고는 있으나 일면식이 없는 공정무역활동가라는 분으로부터 커피나무 유묘 구입 문의가 들어왔다. 수량이 결코 적지 않기도 했지만 그간 빈약한 재정으로도 열심히 활동하시는 분들을 현장에서 만나고 그들을 겪어 봤기에 내 나름의 적정가격을 제시하였는데 얼마 후 그는 구매 포기 의사를 밝혔다. 이유를 듣지 말았어야 했다. 결국 가격이 문제였기 때문이다. 제3국의 소농들이 생산하고 있는 농작물 등을 제값 주고 구입하고 그들의 삶이 궁핍하지 않도록 노동 가치를 인정하는 것이 공정무역 기본가치를 행하는 것이었다면 자국의 소농을 위해서도 그런 가치를 가지고 활동을 하는 것이 옳지 않을까? 자국의 소농들은 가격 논리로 접하고 제3국의 소농들에게만 공정을 위한 무역이라면 내가 바라보는 공정무역은 단순히 측은지심에 던져주는 자본주의자들의 자기만족을 위한 적선에 불과하다는 느낌을 받기에 충분했다.

마침 우리나라에서는 농산물 최저 가격제나 농민 기본 소득, 농민수당 등 농민들의 목소리가 높아지고 정책 흐름 기조도 보이기 시작하면서 들려오는 소농들의 목소리는 누군가의 목소리가 아닌 나 자신의 목소리이기도 했다. 소농은 홀로서기가 쉽지 않은 취약한 구조 속에서 자신의 삶을 영위해나가야 한다. 따라서 이를 극복할 방법을 찾아 나서려 지속적인 몸부림을 하지 않으면 극빈의 생활을 감수해야 할지도 모른다.

이런 고민의 나날을 보내던 중 네팔을 다시 방문할 기회가 왔다. 공정무역 강사 양성과정의 마지막 하이라이트 즉, 현장을 방문하는 시간이었다. 이론을 접하고 다시 현장을 방문하는 것은 또 다른 공정무역을 바라볼 수 있는 계기가 되지 않을까 싶었다. 그리고 지난해 방문했을 때 현지 농민과 약속을 지키기 위함도 있었다.

(5) 다시 찾은 네팔 바글룽

공정무역 강사 양성과정을 이수하였거나 관계있는 분들이 네팔을 학습하기로 하여 선발조가 먼저 출발하고, 필자는 후발조로 제일 늦게 합류하였다. 지난해와 마찬가지로 쿤밍에서 1박하고 이동하였다. 공정무역 양성 과정을 통해 새로이 만난 분들이라 그들이 가진 공정무역의 가치에 대해 알아볼 기회이기도 했다. 네팔 카트만두에 도착하고 다음 날 바로 이동하여 한국 포천의 돼지 농장에서 일했던 경험을 안고 귀환한 참 타파(Chhyam Bdr Thapa) 씨.* 그를 포카라에서 만났다. 그가 귀환하고 돼지농장을 만들기까지의 이야기를 대략 들어볼 수 있었다. 돼지농장은 한국에서 배운 바를 그대로 혹은 응용해서 만들어 운영하고 있단다.

다음날 사랑기마을**을 방문했다. 공동체를 이뤄 살고 있는 이들에게도 위기의 순간들이 다가오고 있음을 이야기한다. 그럼에도 불구하고 전통을 지키고 유지하려는 노력을 다한다고 티르타망 씨를 통해 들었다. 바글룽 홀리차일드스쿨 K. B. 샤히 선생님을 만나 버쿤데로 이동하여 마을 주민들이 운영하는 게스트하우스에서 숙박을 하며 마을의 이야기와 K. B. 샤히 선생님이 생각하고 있는 미래 이야기들을 듣는다. 오후의 축제에 앞서 농부들이 재배하고 있는 커피나무들을 이곳저곳 살펴보았다.

그러던 중 만난 커피 농부의 아낙네가 나의 손을 잡고 울음 섞인 목소리로 말씀을 하시는데 사실 네팔어를 알지 못하는 상황이라 당황했다. K. B. 샤히 선생님이 통역을 통해 말씀을 전해주길

---

* 참 타파 씨는 한국에서 돼지 농장에서 근무하는 것으로 이주 노동자 생활을 시작하여 이곳에서 5년 동안 열심히 돼지 농장 운영 방법을 배웠고, 이후 동대문에서 장사를 하여 돈을 저축한 후 네팔로 돌아가 한국식 대규모 돼지농장을 시작하였다. 돼지 2천여 마리를 사육하여 대통령 표창을 받는 등 모범적인 운영을 하였으나 중도에 전염병으로 돼지가 몰살되는 등 우여곡절을 거쳐 다시 돼지농장을 운영하고 있다.
** 사랑기 마을은 네팔식 광대인 건더르바 족이 모여 사는 곳이다. 한국 판자촌처럼 빈민촌에서 사는 이들은 사랑기라는 악기를 주로 연주해서 한국 광대처럼 음식을 얻어먹는 등 어려운 삶을 유지하고 있다.

커피를 잘 기른 우수 농민에게 시상하고 있는 필자

"남편이 커피 농사를 짓는다고 했지만 저렇게 아침부터 술에 취해 커피나무를 돌보지 않으니 오롯이 그 일이 자기의 일이 되었다"라는 푸념의 소리였다. 왜 커피나무를 심게 해서 이런 힘듦을 갖게 만드느냐는 말씀인데 마음이 짠하고 이런 문제는 아마도 비단 이분만의 문제는 아닐 것이라는 생각이 들었고 이 역시 해결해야 할 숙제라는 생각이 들었다.

그럼에도 불구하고 일부 농민은 배움을 토대로 커피 묘목을 잘 관리하고 만들어가고 있다. 주어진 여건을 불평하지 않고 극복할 방법들을 모색하고 이를 현장에 그대로 활용하는 모습에서 감사함을 느낀다. 화학비료보다는 발효된 두엄을 퇴비로 사용하고 병충해의 문제를 지적하니 즉시에서 없애고 다음에도 그리하겠다고 약속을 한다. 마을의 커피 축제가 진행되고 남녀노소 온 마을 사람들이 참여하는 신나는 축제의 장을 경험하며 나 또한 그들의 일부처럼 동화되어 즐긴다. 한국에서 방문한 이들이 정성스럽게 만든 김밥이나 떡볶이 등을 나누어 축제의 흥을 더한다. 바쿤데 산위마을을 찾아 하룻밤을 머물고 해발 2,300여 미터의 바쿤데 정상에 올라 한 해를 정리하고 다가올 새해에 대한 생각을 담는다. 바쿤데 정상에서 반대쪽으로 걸어 마을로 내려오는 길. 환상 박피에 사용할 수 있는 소재가 상당히 많이 보여 이를 활용하면 좋겠다는 이야기를 나눈다.

이번 여행을 통해 네팔 바글룽 버쿤데 지역에서 생산될 커피를 이용한 가공 상품들을 만들어 휴양지인 포카라에서 판매할 수 있다면 커피 농부들의 수입원이 조금은 넉넉해지지 않을까 하는 기초적인 생각을 정리해봤다. 커피를 활용한 가공 상품은 한국에서 커피를 생산하면서 만들었던 여러 상품의 조리법을 알려드리면 도움이 될 터라고 생각했다. 생산물을 판매했을 때 얻어지는 기대 이익과 가공 상품을 만들거나 반제품을 만들어 판매했을 때의 기대 이익은 상대적으로 다르다. 커피나무가 정상적으로 자라 열매를 생산하여 수익을 안겨줄 때까지 걸리는 생산 소요 시간은 길기 때문에 이미 생산이 가능한 커피나무를 활용하여 열매 이외에 가공품들을 만들어 수익 거리가 될 수 있는 상품으로 만들어 져야한다. 그래야 농한기에 남자들이 일자리를 찾아 외부로 나가는 일이 줄어들고 커피나무 재배에 보다 전념을 할 수 있을 것이다. 수익 창출을 기대하기 위해 심은 커피나무가 재배에 투입되는 고단한 노동이 오롯이 부녀자의 몫으로 남아 삶의 고단함에 한 짐을 더 올리는 일은 사라져야 할 것으로 보인다.

(6) 일본 구마모토

2019년 내 나름의 교통정리가 되어 가는 상황이었다. 마침 고양시에서 지속 가능발전협의회에서 활동을 하게 되면서 지속 가

일본 구마모트가쿠엔대학 공정무역 축제에 참가한 필자

능 발전 목표(SDGs)*의 17개 목표와 공정무역 10원칙의 상당 부분이 상호 관련이 깊다는 것을 알았다. 그러던 차에 신명직 교수님이 계시는 구마모토대학에서 동아시아시민공생영화제와 K- POP 경연대회가 있고 일정 중에 공정무역을 운영하는 3곳의 단체와 구마모토국제교류회관을 함께 방문하자는 트립티 식구들의 이야기에 따라나서게 되었다.

공정무역도시 구마모토에 있는 가쿠엔대학에는 학생들에 의해 공정무역카페가 운영되고 있었다. 자기 실천을 하는 학생들에게

---

* 지속 가능개발목표 또는 지속 가능 발전 목표(Sustainable Development Goals) SDGs는 2015까지 시행된 밀레니엄 개발목표(MDGs)를 종료하고 2016년부터 2030년까지 새로 시행되는 유엔과 국제사회의 최대목표다. 인류의 보편적 문제(빈곤, 질병, 교육, 성평등, 난민, 분쟁 등)와 지구환경문제(기후 변화, 에너지, 환경오염, 물, 생물다양성 등), 경제·사회문제(기술, 주거, 노사, 고용, 생산소비, 사회구조, 대내외 경제)를 2030년까지 17가지 주목표와 169개 세부 목표로 해결하고자 이행하는 국제사회 최대 공동목표다.

진정한 감사의 마음을 표하고 싶었다. 가쿠엔 대학에서의 행사를 일부 참관하고 간간이 구마모토를 훑어보는 시간을 가졌다. 조용하고 고요한 동네들이 올망졸망. 공정무역 도시를 여행하는 것도 좋은 여행 중 하나일 것 같아 구마모토 여행도 카트에 하나 넣는다. 신명직 교수님이 손수 운전하시면서 공정무역 가게를 안내해주셔서 따라나섰다.

① 구마모토 내추럴카페

첫 번째 방문한 곳은 키요타 대표님이 운영하고 있는 스리랑카 커피 공정무역카페다. 이 카페는 시내에서 조금 떨어진 한적한 도로 옆에 있는 작은 카페였는데 마침 비도 내리는 날이었음에도 작은 카페는 차와 음식을 즐기시는 분들로 이미 꽉 차 있었다. 한쪽 테이블에 자리를 마련해줘서 오래전부터 스리랑카 농민들과 공정무역을 하게 된 키요다 님의 이야기를 전해들을 수 있었다. 그의 이야기 중에는 한국의 커피 농부인 내게 솔깃한 새로운 커피나무 품종(문도보노와 HDT교배종)을 개발하였다고 한다. 커피의 익는 시기가 같게 일제히 한 번에 열린다고 하니 노동자들의 고단함을 일부 해결해주는 품종이라 해서 그 품종이 궁금도 하거니와 홍차로 유명세를 떨치고 있는 스리랑카에 대한 호기심도 생겨서 언젠가는 스리랑카를 방문해야겠다는 마음이 들기도 했다. 1시간 남짓 스리랑카 카레로 점심 식사와 더불어 이야기를 듣고 카페를 방문하신 이용객들과 눈인사를 했다. 아무리 좋은 목적으로 활동하더라도 지속 가능한 활동을 할 수 있도록 만드는 원동력은 결국 이를 믿고 찾아주는 소비자들의 이유 있는 착한 소비가 아닐까 싶다.

짧은 만남이었지만 키요타 님으로부터 강한 메시지를 받았다.

② 구마모토 러브랜드

두 번째 방문지는 러브랜드였다. 러브랜드라고 하니 제주도의 성박물관 러브랜드가 먼저 떠오르는 지극히 단세포적이고도 육적 감성을 갖고 있는 나를 어떻게 하면 좋으니? 러브랜드를 운영하고 있는 아카시 쇼우코님이 환영해주었다. 안타깝게도 러브랜드는 운영 중에 여러 아픔이 있었다. 2016년 지진으로 인해 건물이 전파되는 큰 피해를 입었던 데다가 이후 화재로 전소되어 당시 방문했던 러브랜드는 컨테이너 하나와 임시 가설 천막을 쳐놓은 채로 방문객을 대상으로 간헐적으로 운영이 되는 듯하다. 원래 러브랜드는 공정무역상품뿐만 아니라 유기농 목화의류, 수공예품, 유기농 음료들을 판매하였는데 일본 내 공정무역 매장 중에서도 최고의 판매실적을 갖고 있다고 했다. 바라보는 내내 마음이 안쓰러워서 빠른 시간 내에 복구가 되었으면 하는 바람이었다. 천막 안에서 아카시 쇼우코님의 이야기를 담담하게 혹은 먹먹하게 듣는다. 대부분의 공정무역활동가들의 이야기는 가슴이 뭉클해진다. 그들의 삶의 가치는 존경받아 마땅하다. 대표님의 옆에는 따님이 든든하게 자리를 잡고 있어서 다행이라는 생각이 들었다. 지금의 심적 어려움을 극복할 수 있는 힘이 될 터이다. 공정무역 관련된 그간의 운영이야기도 들려주시고 지속 가능발전 17개 목표를 보여주면서 공정무역과 함께 이해하기 쉽게 설명을 해주었다. 그동안 상호관련이 있다는 걸 글로 이해를 했다면 이번에는 실제 활동을 전개한 활동가의 입을 통해 듣고 있는 것에 감사했다. 안타깝게도 대표님이 말씀해주신 것에 감명을 받아 마음에 새기고 농장에도 남겨놔

야겠다고 생각했었는데 돌아서면 잊어버리는 이 깜빡이가 메모를 어디에 했는지 잊어버렸다.

③ 구마모토 다카타

바나나페이퍼로 유명한 다카타 대표님 댁을 방문했다. 정원이 딸린 아담한 집은 대표님의 마음가짐을 말하는 것 같았고 행정 사무실은 분주한 여느 사무실처럼 같은 분위기다. 역시 이곳에도 공정무역과 지속 가능 발전 17원칙이 함께 비치되어 있었다. 바나나는 열매를 생산하면 그 줄기에서는 다시 열매가 생기지 않기 때문에 수확 후에는 반드시 줄기를 제거하게 되는데 이렇게 버려지는 줄기는 태우거나 그냥 버리는 경우 환경오염에 영향을 줄 수 있어서 이를 활용하여 종이를 만들어 지구온난화 방지를 위해 노력한다고 한다. 또한 이를 생산하기 위한 공장에서 현지인들을 직접 고용함으로써 안정적인 일자리를 제공하고 건강한 삶을 영위할 수 있도록 실천하고 있다. 이렇게 생산된 바나나 종이는 종이 볼펜, 인쇄물, 명함 등으로 만들어지는데 일본 공무원들이 명함으로도 구입한다 하니 공정무역 도시의 행정인답다는 생각이 들었다. 그럼에도 불구하고 매출이 줄어들어 힘들다는 말씀을 듣기도 했으니 지속 가능한 경제를 위한 활동이 얼마나 힘든지 전해진다.

④ 구마모토 국제교류회관

구마모토시 국제교류회관 안에는 공정무역카페가 있고 공정무역상품을 전시 판매하기도 한다. 매장 규모가 결코 작지 않아서 천천히 상품 등을 살펴보고 카페에서 내려주는 맛난 음료를 마시며 공정무역 이야기를 나눌 수 있었다. 이곳 1층은 안내센터와 카페로 이용되고 있으며 2층은 사무국과 더불어 다양한 국적의 방문객들과 언어 교류 수업을 진행하는 듯했다. 한국에서도 종종 이곳을 찾는 분들이 계시는 것 같다. 국제교류회관 사무국장님의 안내로 교류회관 이곳저곳을 견학할 수 있었다. 기관에서의 협조와 관심들은 공정무역이 성장하는데 반드시 필요한 양분 같은 것이다.

3. 사회적 농장 ㈜사탕수수 그리고 나

2009년에 공정무역을 하는 트립티를 만나고 어느새 10년의 세월이 훌쩍 흘렀다. 트립티를 통해 만난 다양한 국내외 사람들, 그리고 지속 가능한 사업을 진행하기 위한 경제활동에 대해 고민하는 모습들, 그런 와중에서도 소외된 사람들을 위한 소통과 배려는 실천 그 자체가 뼛속까지 스며들어 있었다는 것을 옆에서 지켜보는 내내 알 수 있었다.

필자는 그들과 함께하므로 나의 인생길에서 내가 가야 할 길을 조금씩 찾아가고 있었다. 고양시에도 공정무역의 바람이 불어 2019년 물꼬를 트기 시작하여 많은 시간 함께 논의하고 고민하여 2020년에는 시 조례가 통과된 후 생협 단체장들과 협동조합단체장, 생산자단체장 등을 구성원으로 하는 고양시공정무역협의회가 탄생하였다. 농업생산자단체는 유일하게 ㈜사탕수수가 함께했다.

지난 과정을 살펴보면서 개인사업자인 뜨렌비팜의 역할과 법인사업자인 ㈜사탕수수가 해야 할 일들이 구체화되기 시작했다. 법인인 ㈜사탕수수가 내딛은 발걸음은 사회적 목적성을 갖는 활동이다.

1) 로컬페어트레이드

제3국의 소외계층들을 위한 아픔에는 배려가 깊으면서도 한국의 소외 계층들을 위한 배려는 그만하지 않다는 편협한 생각이 들었던 탓에 뭔가 불편해하고 불만을 토로하던 차에 2018년 5월 세계공정무역의 날 행사에서 로컬페어트레이드라는 용어가 부각되면서 한국의 빈곤한 소농들을 돕기 위한 활동을 고민하기 시작된 것 같다. 덕분에 고양시에서 마을공동체 활동을 지원하는 역할을 하고 있던 차에 공정무역 마을공동체 만들기와 그 속에서 로컬페

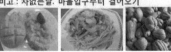

뜨렌비팜에서 열리는 다문화음식축제 포스터

어트레이드 상품을 개발하는 영역을 포함하여 지속 가능한 마을 공동체 활동을 위해 사회적 경제 안으로 들어가는 것을 계획하게 되었다.

2019년 트립티에서 고양시에서 재배되고 있는 커피를 수확하여 동티모르와 네팔의 공정무역 커피를 블랜딩하여 커피와 관련 첫 로컬페어트레이드 상품이 탄생했다. 로컬페어트레이드 상품이 탄생했다고 해서 대서특필되는 것도, 상품이 많이 팔리는 것도 아니었지만 개인적으로는 행복한 순간이기도 했다. 로컬페어트레이드 커피 드립백이 트립티의 도움을 받아 참여하게 되었다면 이후 고양시의 소외 계층과 함께 도전해볼 수 있는 로컬페어트레이드 상품을 만들어보면 어떨까 싶었다. 만나는 모임마다 로컬페어트레이드를 강조한다. 특히나 고양시 일백만 도시에 일부 남은 농지에서 겨우 1% 남짓한 일만여 명 언저리에 존재하는 농업인 중에서 도시농업을 하시는 분들의 생산농산물과 공정무역상품을 활용한 다양한 조리법 등 이해를 돕기 위한 자료도 준비하려 한다. 다행히도 먼저 그 길을 가시는 활동가님들이 계신 덕분에 감사하게도 이정표 삼아 쫓아갈 수 있는 희망을 바라본다.

2) 사회적 농업*

가야 할 곳이 생겼으니 가야 하는데 인적, 물적 자원 등 여러

---

* 사회적 농업이란 농업의 다원적 기능에 기반을 둔 다양한 사회적 서비스를 취약계층에 제공하는 농업이다. 사회적 보호시설의 일환으로 농장과 농가 조직이 형성되며 사회적 농업이 등장하였고 많은 국가에서 현대적 개념의 사회적 농업이 성장 중이다.

부족한 것들이 많다. 고민하던 끝에 농림축산식품부에서 사회적 농업육성을 지원하는 프로젝트에 응모했다. 남들이 아직 도전을 망설이는 열대작물을 하는 농사꾼으로서 할 수 있는 일들을 사회적 돌봄과 고용 등을 통해 녹여보는 것도 좋겠다 싶었던 것이었는데 감사하게도 2021년 사회적 농장으로 선정되었다. 사회적 농업은 농업과 복지를 합했다고 생각하면 쉽게 이해가 된다. 농업과 복지가 합했으니 구성원 중에는 반듯이 농민과 사회복지사가 필수인원으로 있어야 한다. 즉 사회적으로 소외받거나 불리한 위치에 있는 사람들을 끌어안아 정서적 지원과 아울러 교육 서비스 혹은 일자리 등 자립할 수 있도록 도와주는 농업 활동을 의미하는 것으로 돌봄 농업이라고도 불리기도 하는데 이는 문재인 정부의 100대 과제 중 하나다.

이에 사회적 농장 ㈜사탕수수는 청소년쉼터 입소생들 중에서 사회진출을 앞둔 입소생들을 대상으로 자립지원프로그램과 일자리 창출을 사업추진과제로 삼고 있다. 그간 경험하고 익혀왔던 일들을 공정무역과 공정여행, 로컬페어트레이드 등으로 연결하려는 시도를 예정하고 있다. 또한 한국으로 시집온 결혼이주자(다문화가족)나 이주 노동자들을 위한 정서 지원 프로그램도 사업추진에 들어가 있다. 한국의 문화를 주입하듯 생존을 위한 강요 아닌 강요를 받아온 그들에게 그들의 식문화를 함께 나누고 그들의 전래놀이를 즐기는 시간을 갖는 프로그램이다.

3) 나

가치를 만들어가는 분들과 함께 지나온 세월 속에서 나도 모르는 사이 나도 그 속에서 많이 성장한 느낌이다. 나와 가족 외에는 돌아볼 줄 몰랐던 과거의 생활에 비해 이웃을, 마을을, 더 나아가서는 지구촌 사람들을 배려할 줄 아는 삶을 갖게 된 것이다. 농업이라는 직업을 선택하고 지나온 10여 년의 세월에서 제일 잘한 일인 것 같다. 트립티와 함께 해외를 방문하면서 한국에서 노동했던 친구들을 꽤 만났다. 그들이 귀환하여 한국에서 일하며 배웠던 것을 바탕으로 생업을 유지하고, 이웃과 함께할 줄 아는 모습을 보고 앞으로 나 자신이 농업 현장에서 해야 할 일이 눈에 보인다. 하고 싶은 일들이 계속 생기는 이유는 그들이 결코 남이 아닌 이웃이기 때문일 테다. 커피 나무가 매개가 되어 맺어준 인연들이 오늘날 나를 여기까지 오게 만들었다. 그간 힘든 일이 없으리 없겠으나 그럼에도 행복하고 늘 감사한 마음으로 살아간다.

이주와 젠더 관점으로 본 공정무역

한국염

(전 한국이주여성인권센터 상임대표)

1. 이주 여성과 공정무역

1) 독일에서 배운 이주 문제와 공정무역 경험

여성학에서는 자기 경험이나 여성의 삶의 자리에서부터 이야기를 풀어가려고 노력한다. 따라서 오늘의 공정무역 이야기도 나의 이야기에서부터 접근하고자 한다. 내 정체성을 물으면 종교인으로 여성운동가라고 대답한다. 목사가 되려고 신학교 갔더니 여자는 목사가 될 수 없다고 해서 그때부터 여성문제에 관심을 갖고 여성운동에 뛰어들게 되었다. 이후 민주화와 인권운동에 관심을 갖고 활동했지만, 주로 종교여성해방운동과 여성권익운동에 몰입하게 되었다.

독일교회에서 가족장학금을 받아 3년 동안 독일에서 지냈다. 그곳에서 광부와 간호원으로 가 이주 노동자로 지냈던 교민들을 만나게 되었고, 그곳에서 이주민들의 삶에 관심을 갖게 되었다. 이주민 역량이 어떻게 발전하는지, 독일 사회가 독일에 거주하고 있는 이주민들과 어떤 관계를 맺고 있는지, 어떤 시스템으로 돌보는지에 관심하였다. 이런 경험이 귀국 후 내 이주 여성 운동에 중요한 밑거름이 되었다.

독일에서 한 또 하나의 경험은 공정무역 운동이다. 독일교회 대부분이 제삼세계 마켓을 교회에서 운영하고 있었다. 아프리카 등지에서 정당한 가격을 주고 물건을 구입해 마켓을 열고 교인들과 지역사회에 팔고 있었다. "아, 독일교회가 굶주리는 아프리카를 위해 이런 일을 하는구나!"하고 적지 않은 감명을 받았다. 교회에서 파는 바나나가 유기농 제품인 줄은 알고 있었지만, 사 먹으려고 해도, 유학생 경제 사정으로는 비싸서 사 먹을 수 없는, 그림의 떡이었다. 공정무역이라는 단어도 잘 몰랐고, 그저 제삼세계 도와주는 일을 하나보다 생각했다. 그때 우리나라에서 바나나 한 개에 천 원 할 때니까 비싸다는 생각밖에 못했다. 교회에서 예배 끝나면 문 앞에서 헌금 바구니에 제삼세계를 위해 "Bread for the World (BFW, 세계를 위한 빵) 모금"을 하고 있었다. BFW는 지원이고, 제삼세계 마켓은 공정무역이라는 것을 구별하지도 못했고, 둘 다 제삼세계를 지원하는 것인 줄만 알았다. 나중에 보니 BFW가 개발도상국 빈곤 민중을 지원하는 일과 더불어 공정무역에 많은 힘을 쏟고 있었다.

내가 공정무역에 대한 인식을 한 것은 20년 후였다. 독일에 가보니 교회들이 제삼세계 마켓이라는 말 대신 공정무역이라는 말을 쓰고 있었다. 2년 전에 독일교회의 날에 일본군위안부 문제 때문에 초청을 받아 갔었다. 일본군 '위안부' 부스를 관리하면서 틈 날 때마다 공정무역 부스들을 면밀히 살펴보았다. 2년마다 독일교 회가 실시하는 '독일교회의 날' 행사에는 일반 마켓은 아예 들어오 지 못했다. 공정무역 마켓과 지역의 유기농 농산물(로칼 후드) 마켓 만 광장 장터를 꽉 채우고 있었다. 그 부스를 통해 다양한 공정무 역 제품이 있음을 알게 되었다. 또 행사 부스에서 독일 공정무역 단체와 파트너십이 있는 개발도상국 농민들이나 제품생산자들을 초청해 그들의 이야기를 들으며 공정무역에 대한 이해도를 넓히 고 있었다. 공정무역 장터에서 독일교회 공정무역 파트너 생산자 몇 명의 이야기를 들었는데, 대다수가 여성이었다. 이들은 공정무 역을 통해 자기 삶이 얼마나 나아졌는지, 생산자조합을 통해 자기 지역사회가 어떻게 달라졌는지, 자기 자녀들이 어떤 꿈을 꾸고 있 는지에 대한 이야기를 하였다. 이들의 이야기를 들으면서 공정무 역을 여성 이주의 한 대안으로 생각하게 되었다.

2) 이주 여성들을 만나다

필자는 왜 여성의 이주 문제를 공정무역과 연결 짓게 되었는 가? 이주 여성의 삶의 자리 때문이다. 1991년에 한국에 돌아오니, 88올림픽을 기점으로 한국에도 이주 노동자들이 유입되고 있어 이들에게 관심을 갖게 되었다. 1996년 한국교회여성연합회 외국 인여성상담소가 주최하는 기념 심포지엄에서 "외국인여성노동자 의 선교적 과제"라는 제목으로 발제를 하게 되었다. 교회여성연합 회가 실시한 '외국인여성노동자 실태' 조사에서 드러난 상황들을 보고 차별받고 있는 이주여성노동자문제에 대해 고민하게 되었다. 이주 여성 노동자 대부분이 산업기술연수생자격으로 한국에 왔다가 미등록으로 체류하고 있었다. 조사에 참여한 이들이 산업연수생이나 미등록여성 노동자들도 있었지만 중국 동포 여성이 많았다. 중국 동포는 친지 방문이라는 명분의 관광비자로 입국해서 취업해 사는 경우가 대부분이었다. 중국 동포를 조선족이라고 부르던 시절이었는데(2008년 동포방문취업제도가 열림) 엄청난 차별을 받는 게 드러났다.

그때 필자는 남편과 청암교회에서 목회하고 있었는데, 어느날 성남의 한 양말 공장에서 도망쳐 나온 중국인 8명이 우리 교회로 피신왔다. 이를 계기로 '청암교회' 사업으로 서울외국인노동자센터를 열었다. 센터 재정이 열악하다 보니 여성들을 위한 쉼터를 따로 마련하지 못해 정작 쉼터가 필요한 이주 여성들은 머물 곳이 없었다. 서울외국인노동자센터뿐만 아니라 다른 이주 노동자 센터도 마찬가지 입장이었다. 이런 현실을 목격하면서 젠더 관점에서 이주 운동을 해야하겠다고 생각하였다. 2001년 서울외국인노동자센터 부설로 한국 최초로 이주여성쉼터 '여성이주노동자의집'을 설립했고, 이곳에서 다양한 이주 여성들을 만났다. 2002년 말 이주 여성 운동을 본격적으로 하기 위해 센터 이름을 '이주여성인권센터'로 바꾸고 본격적인 이주 여성 인권 운동을 시작했다. 이 센터에서 여성 이주 노동자, 결혼이주여성, 관광협회 비자로 와서 유흥업에서 일하다 성매매업소로 유입되는 이주 여성들의 삶 이야기를 들으니 본국의 가정형편이 너무 어려워 이주한 경우였다. 대부분 자발적으로 이주하기보다는 자기 집의 가난 때문에 이주로 내몰린 경우가 많았다.

3) 지구화 시대의 여성 이주

(1) 빈곤의 세계화, 빈곤의 여성화, 이주의 여성화*

지구화 시대가 되면서 사람들이 자기 고향을 떠나 다른 나라로 이주를 하는 경우가 급격하게 증가하였다. 국제이주기구(IOM) 자료에 의하면 전 세계적으로 일 년에 2억 3천만 명 이상이 자기 나라를 떠나 이동을 하는데, 이 중 65-70%가 생계유지나 새로운 일자리 추구 등 경제적 이유에서 이주한다. 이주하는 개인들은 새로운 기회, 미래를 위한 개척, 현실탈출 등 보다 나은 삶을 위해 노동력을 담보로 이주를 한다. 그러나 이주는 소위 출발국과 도착

여성과 이주

* 이 부분은 한국염, 『우리 모두는 이방인이다』(한울, 2017), 33.

국 이해관계가 맞물려 진행되고 있으며, 이주의 근본 원인은 신자유주의 경제체제에 의한 빈곤의 세계화에 있다.

　세계 이주 증가 현상에서 눈에 띠는 것은 여성의 이주가 날로 증가하고 있다는 점이다. 이주는 계급, 종족성, 젠더 사이에도 연계가 있다. 세계적으로 이주인구 성별 분포를 보면 여성 54%, 남성 46%로 조사되고 있다. 2004년 유엔개발회의(유니펨)의 보고에 의하면 아시아 경우 이주 노동 인구 70% 이상을 여성들이 차지하고 있다. 이렇게 이주에서 여성 분포가 높은 현상을 가리켜 '이주의 여성화'라고 한다.

　유니펨은 전 세계에서 절대빈곤 속에 살아가는 세계 인구 15억 명 중에 여성이 70%나 되는 현상을 지적하면서 "빈곤이 여성의 얼굴을 가지고 있다"라고 명명하고 있다. 여성은 세계노동의 3분의 2를 담당하지만 세계 소득의 5-10%만을 벌어들이고, 실질 자산은 5%도 되지 않는다. 여성의 일자리는 저임금 일자리에 한정되어 있다. 소위 제삼세계라고 일컬어지는 개발도상국에서 여자와 아이들은 빈곤의 대명사가 되어 있다. 한 가정에 먹을 것이 생기면 제일 먼저 일하러 나가는 가장인 남자가 먹고, 다음에 아이를 먹이고 남은 것을 엄마가 먹는다. 이렇게 여성들은 영양실조와 기아로 내몰리고 있다. 이런 상황에서 '이주'라는 새로운 변수가 생겨났다. 전에는 빈곤하면 빈곤한 대로 그 지역에서 해결해야 했지만, 지구화, 정보화시대에 접어들면서 자기 지역을 떠나 일자리가 있는 대도시로, 다른 나라로 이주를 해서 빈곤을 해결하는 가능성이 생긴 것이다. 이렇게 빈곤의 여성화 상황에서 이주의 여성화가 발생한다.

(2) '이주의 여성화'에서 가능성과 딜레마

이주의 여성화는 이주를 통해 여성들이 새로운 기회를 얻을 수 있다는 순기능적인 면도 있지만, "여성의 이주와 인신매매 경계선이 모호하다"*는 점과 본국과 고용국 양측에서 겪는 인권 침해 문제가 있다. '아시아이주노동자회의' 워크숍에 의하면 여성들의 이주에는 본국에서 성폭력, 가정폭력 위협 또는 가족 생계를 위해 성 산업이나 이주 노동 현장으로 내몰리는 인권 침해적인 면이 있다고 한다. 고용국에서는 가난한 나라에서 왔다는 계급차별, 피부색이 다르다는 인종차별과 성차별에 의한 심각한 인권 침해를 받고 있다. 나라에 따라 문화적 · 종교적 차별이 곁들여지기도 하지만, 아시아 이주 여성들이 겪는 공통적인 인권 침해는 저임금, 성폭력, 모성 보호 부재 등을 위시한 건강과 사회복지 혜택 부재 등을 들 수 있다. 이 모든 인권 침해의 근간에는 불안정한 체류자격이 제일 큰 원인으로 작용한다.

아시아 이주의 특징이기도 한 이주의 여성화는 송출국과 유입국 양쪽에서 발생하는 인권 침해 외에도 이주여성에게 많은 문제를 야기하고 있다. 가족 소득 주체로서 가족에서 지위는 향상되고 있지만, 장기간 가족과 결별해서 가족과 유대관계가 파괴되고, 심지어 가족해체가 발생하는 등 가족 문제가 생긴다. 그뿐만 아니라 귀환할 경우 본국에 돌아가서도 일자리를 찾기 어렵고, 그 사회에 재통합하기 어려워 결국 또다시 이주해야 하는, 이주의 악순환 고리가 만들어진다.

---

* Rex Varona, "Migration and Trafficking," *Migration for Development and its Feminization Process*, 2004.

4) 여성들의 이주와 귀환 문제를 생각하게 된 구체적인 사례

(1) 네팔 여성 건천 사례

네팔 여성 건천은 1997년 12월 15일에 산업연수생으로 한국에 왔다(비자 형태: D3). 건천은 한국에 들어와서 처음 배치된 연수업체에서 9개월간 일을 했다. 회사 운영이 어렵게 되자 급여가 제때 나오지 않아 건천은 연수업체에서 탈출해서 서울로 왔다. 서울로 올라와서 미등록 이주 노동자로 봉제 공장에서 잔일을 했다. 건천은 낮에 번 돈은 고향에 보내고, 고향에 돌아가서 작은 가게 하나 내겠다고 열심히 야근도 했다. 그러나 고향에서 시시때때로 돈이 필요하다고 전화가 와 기껏 모아놓은 돈을 부쳐야 했다. 결국 야근해도 남는 것이 없었고, 돈을 모으지 못했으니 고향에 돌아갈 수가 없었다. 건천은 아들을 보러 집으로 가고 싶었다. 그러나 집으로 가는 것이 단순한 문제가 아니었다. 건천이 벌어 보낸 돈은 시집에서 다 쓰고 모아놓은 것이 없어 돌아가더라도 살길이 막막했다. 몸이 아파 남편에게 "집에 돌아가도 되겠냐"고 물으면 "네가 알아서 해라" 하며 시큰둥하게 대답한다. 건천이 돌아오는 것보다 돈을 벌어오길 바라는 마음에서다. 건천은 한국 사회에서 언어 문제로, 인종 편견 문제로 당한 고통보다 돌아갈 수도 머무를 수도 없는, 이러지도 저러지도 못하는 상황이 더 고통스럽다고 했다.

건천의 경우처럼 이주 여성 문제는 도착한 나라에서 직면하는 인권 문제와 더불어 귀환의 악순환이 큰 문제로 제기되고 있다. 외국에서 이주 노동자로서 삶을 정리하고 귀국한 이주 여성 노동자들이 직면하는 문제는 '이주의 악순환'이다. 귀환해서 처음 몇 개월 반가운 잔치가 끝나면 가족들이 다시금 귀환한 여성의 얼굴을 바라보며 외국에 나가서 돈을 벌어오는 것을 바라기 때문에 어쩔 수 없이 다른 나라로 이주하게 된다고 한다. 처음 나갔던 나라에서 미등록노동자로 있었을 경우 입국이 거부되기 때문에 새로운 나라에 가서 이주 노동자로서 삶을 다시 시작해야 한다.

(2) 베트남 여성 난의 경우

베트남 여성 난은 18살 차이가 나는 한국 남자와 결혼해서 한국에 왔다. 난의 꿈은 유치원 교사가 되는 것이었다. 장래를 약속한 남자친구도 있었는데 엄마의 강요로 한국 남자와 국제결혼을 하게 되었다. 난의 어머니는 중개인이 "한국이 잘 사는 나라라 딸이 고생 안 하고 편히 살 수 있다"고 하니까 우선 마음이 동하고, 더욱이 집에 돈도 보내줄 수 있다 하니 딸 덕을 볼 수 있겠다 싶어 허락했다고 한다. 한국에 와 보니 부부만 사는 줄 알았는데 결혼 안 한 시동생과 시누이에 부모 등 대가족이 사는 집이었다. 한국말을 전혀 모르는 처지에 외출도 할 수 없었다. 시집 식구들과 말은 안 통하고 한 달 동안 감옥 아닌 감옥 생활을 했다. 더 이상 살 수 없다고 생각한 난이 베트남에 보내달라고 하자 남편이 "내가 너 데리고 오는데 돈이 얼마나 든 줄 아느냐"며 거절하자 절망 끝에 칼로 자해를 했다. 시댁 식구들이 겁이 나서 이혼해 주었다.

난은 우리 쉼터에서 두 달 있다가 호찌민으로 갔다. 당시 한국의 법은 이혼하면 이유 여하를 불문하고 자기 나라로 돌아가야만 했다. 비행기 삯을 모금하여 베트남에 가는 지인 편에 동행토록 하였다. 이혼한 것을 동네가 알면 수치로 생각하기 때문에 고향으로 가지 못하고 오빠가 일하고 있는 호찌민으로 돌아갔다. 돌아갈 때 한 달 생활비가 15만 원 정도 든다고 해서 두 달 치 생활비 30만 원과 갑상선 약 6개월 치를 사서 들려 보냈다. 난을 강제로 결혼시키려 한 난의 부모나 떠밀려 시집온 난이나 다 가난이라는 덫에 걸려 한 행동이었다.

센터에서 이주 여성들을 상담하면서 다양한 가정폭력 피해자들을 만나게 되었다. 이들의 인권을 보호하기 위한 법과 제도를 만드는 게 시급해서 이 일을 열심히 하였다. 다른 한편으로 여성의 빈곤화 현상으로 파생되는 이주의 여성화 현상, 귀환하고 싶어도 하기 어려운 이주 여성들의 문제를 해결하는 것이 새로운 과제로 제기되었다. 이주 여성들은 대부분 집이 가난해서 경제적으로 도움이 되고자 한국에 왔다. 이주 여성들은 한국에서의 삶이 생각했던 것보다 어려워 고향으로 돌아가고 싶으나 가봤자 일자리도 없고, 살기가 어려워 돌아갈 수도 없다. 이주 여성들이 이주를 안하고도 잘 살 수 있는 세상이 왔으면 좋겠다는 것, 설사 이주했다고 해도 돌아가고 싶을 때 돌아가서 살 수 있는 형편이 되었으면 좋겠다는 바람이 있었다.

5) 개발도상국 기관방문에서의 경험

이런 고민을 하던 차에 개발도상국 몇 군데를 방문하게 되었다. 처음 방문한 곳은 필리핀 민다나오에서 귀환하는 이주 노동자를 지원하는 운라드카바얀이라는 단체였다. 그곳에서는 이주 노동자가 외국에서 번 돈을 일정부분 귀환해서 사용할 수 있도록 저축하고, 그것을 투자하여 가족들이 코코넛 껍질이나 바나나 나무를 이용해 그릇이나 화분걸이, 모자 등 수공예제품을 만들어 파는 일을 하고 있었다. 그러나 판로를 찾지 못해 어려움을 겪고 있었다.

두 번째로 방문한 곳은 캄보디아 프놈펜에 있는 여성쉼터였다. 이 쉼터는 국제기구의 도움을 받아 가정폭력, 성폭력 피해자나 성매매업소에서 도망쳐 온 여성들을 지원하는 곳이었다. 이곳에서는 쉼터에 있는 여성들에게 직업교육 일환으로 문해교육과 가방과 옷 등을 만드는 봉제 기술 교육을 하고 있었다. 쉼터에서 나갈 때를 대비해서 훈련을 받으면서 만든 제품값의 일부를 저축하는 시스템이었다. 제품 대부분을 프놈펜시장에 납품한다고 하는데, 인건비를 지원받기 때문에 싼 값에 납품해도 유지가 가능하다고 했다. 이곳 역시 국제기구 지원이 없으면 이런 기술교육은 유지하기 어렵고, 인건비 경쟁을 해야 하기에 시장에 판매한다는 것은 거의 불가능한 일이라고 했다. 미래를 위해 개발국과 협력을 맺어 해외에 판매망을 구축하는 것이 과제였다.

캄보디아 여성이 만든 제품

세 번째 방문지는 필리핀에 있는 성매매 피해 여성을 위한 쉼터였다. 이곳은 한국 두레방에서 설립한 곳으로 입소 여성들에게 봉제 기술 교육을 하고 제품을 만들었다. 여기서 만든 제품을 한국에 가져와 여신도에게 판매했다. 제품이 거칠고 한국 패션으로는 수용이 안 되는 제품들이 많았다. 구매자들이 필요해서 사는 것이 아니라 사주는 형식으로 구매가 이루어지다 보니 구매가 계속 이뤄지지 못했다. 그 결과 한국에서 판매가 힘들게 되어 쉼터와 한국을 잇는 판매 활동은 접을 수밖에 없었다.

이들 세 단체에서 이구동성으로 강조하는 것은 원조의 한계였다. 쉼터에 있는 동안은 원조로 지탱할 수 있지만 나가면 삶을 지탱하기가 어려워 다시 예전의 삶으로 돌아가게 된다. 그래서 자립대책이 필요하다. 지속적인 자립을 위해서는 쉼터 이용자들에게 기술교육이 필요하고 만든 제품을 팔 수 있는 시장이 필요한데, 이 시장 확보가 어렵다고 토로하였다.

이상 세 곳의 경험을 통해 중요한 것은 개발도상국 시설에서 제품을 만들어 개발국에 팔려고 할 경우, 원조가 아닌 판매를 통한 수익을 창출하기 위해서는 양질의 제품과 판로개척이 필수적이었다. 이런 상황을 보고 이주에 대한 한 대안으로 공정무역의 가능성과 딜레마를 생각하게 되었다.

6) 커피 개발 산지에서 목격한 일

사회적기업 트립티가 네팔 바굴릉 버쿤데에 커피 묘목을 심었다. 윗마을 버쿤데서 민박을 하였다. 이곳에선 손님이 오면 주인이

커피 축제에 참가한 필자(하단 맨 오른쪽)

손님과 함께 같이 식사하지 않고 손님 식사가 끝나면 주인 식구들이 먹는다. 씁쓸한 것은 이곳에선 남자가 밥상을 물린 다음 아이들이 먹고, 다음에 여자들이 먹는다고 한다. 남편이 술을 먹고 늦게 들어와도 그때까지 아내는 식사를 못하고 기다려야 한단다. 힌두 종교의 성차별 문화가 남긴 유산이란다. 신의 이름으로 정당화된 가부장 질서는 운명으로 수용하게 되고 내면화되어 그 부당성에 저항할 수 없도록 만든다. 힌두교에서 기독교로 개종한 사람들 역시 사회가 고정화시킨 가부장 질서를 그대로 삶의 질서로 받아들여 사는 것을 보니 "인간이 하나님의 형상으로 평등하다. 남자나 여자나 모두 하나다"라는 복음의 정수는 자리를 잡지 못한 듯하다. 살림 문화는 가부장적인데 카트만두에 여자 공무원이나 정치인도 있고, 여자 경찰이 있는 것이 그나마 다행이다.

커피 농사 현장을 찾아가는 길에 여성 두 명이 어깨에 두엄을 잔뜩 메고 산비탈을 오르고 있는 것을 보았다. 일산에서 커피농장을 하고 버쿤데에 와서 커피를 지도한 바 있는 정현석 선생 말이 커피가 제대로 자라고 있는 곳은 여성들이 거름을 주고 물을 준 곳이라고 한다. 그런데 정작 마을 축제에서 커피를 잘 기른 농가에 상을 줄 때, 그 상을 탄 사람들은 모두 남자들이었다. 커피 축제에 많은 여자가 참석했는데 두 개의 여성 그룹이 있다고 한다. 버쿤데 홀리쟈일드학교 샤히 교장으로부터 언제 한 번 와서 이들을 교육시켜주면 좋겠다고 부탁을 받았다. 그래서 필자는 성평등에 관한 내용으로 교육을 할 텐데 괜찮냐고 말했더니 샤히 교장은 웃기만 한다.

커피나무를 통해 버쿤데 마을의 여성들이 경제적으로 자립할 수 있는 길을 모색해보아야겠다는 생각이 들었다. 공정무역의 중요한 원칙 중 하나는 여성의 경제적 역량을 키우고, 이를 통해서 여성이 목소리를 낼 수 있도록 하고, 마침내 자기 삶의 주인이 될 수 있도록 하는 일도 들어있다.

부엌에서 만난 버쿤데 여성

2. 국제개발의 한 장으로서 공정무역과 젠더

1) 젠더와 개발

공정무역은 빈곤의 여성화와 이주의 여성화에 대한 무역 대안이 될 뿐만 아니라 국제개발협력의 한 장으로서 의미와 가치를 지닌다. 여성 친화적인 공정무역을 하기 위해서는 필수적으로 젠더와 개발의 관계에 대해 알아야 한다.

젠더와 개발(gender and development, GAD)은 "경쟁의 장이 공평치 못해서 초래되는 남녀 사이의 불평등을 집중적으로 다룬 접근법"이다. 불평등이 제도적 구조 때문이라는 인식이 커지면서 분석도구로써 '젠더'라는 용어가 생겨났다. 젠더와 개발이란 개발에 젠더 관점을 적용하는 것으로서 개발에서 여성뿐 아니라 남녀 모두의 역할과 필요에도 초점을 맞추고 있다. 대개 남성에 비해 여성이 불이익을 받는 위치에 처해 있음을 고려할 때. 성평등 증진은 명시적으로 여성의 필요와 이익, 관점에 주의를 기울이는 것을 의미한다. 또한 성평등이라는 궁극적 목표와 더불어 여성의 사회적 지위와 향상을 목표로 한다. 개발과 공정무역에서도 이 관점이 고려되어야 한다. 젠더 측면에서 공정무역을 통한 개발에 참여하기 위해서는 페미니즘이라는 용어가 뜻하고 있는 사회적, 정치적 이론들과 중요한 개념들에 대한 인식이 필요하다. 국제개발협력시민사회포럼 젠더 분과에서 제시한 중요한 페미니즘의 사회적 정치적 이론들과 개념들은 가부장제(patriarchy), 공평(equality), 남성 중심주의(andro-centrism), 성차별주의(sexism), 섹슈얼리티(sexuality), 여성혐오(misogyny), 여아살해(femicide), 정치적(political), 젠더(gender), 젠더폭력 (gender-based violence, GBV), 페미니즘(feminism) 등이다.*

2) 여성 입장에서 본 공정무역 10대 원칙

인권적 관점에서 볼 때 공정무역은 개발도상국 사람들이 사람답게 사는 권리를 누릴 수 있도록 환경을 조성해주는 거래 방법이다. 유엔 밀레니엄 선언은 지속 가능한 성장에 관심을 갖고 여성의 빈곤 퇴치에 역점을 두고 있다. 공정무역이 여성의 이주에 대안이 될 수 있는 것은 공정무역이 젠더적 시각을 중요시하기 때문이다. 아이를 키우고 집안 살림하는 돌봄 노동이 여성의 일로 자리 매김하다보니 전일제 유급 일자리에 가기 힘들고, 또 임금노동을 한다 해도 여성들은 남성보다 소득도 적고, 노동의 대가를 제대로 받지 못하고 있다.

개발도상국의 경우 여성들이 저개발식량의 60-80%를 생산하고, 그것으로 가족을 먹이고 있음에도 여성에게 경제권이 없다.

---

* 박진경 · 이나영 · 조영숙,『국제개발협력과 젠더 용어해설집』(국제개발협력시민사회포럼, 2017), 3-8.
   ▪ 가부장제(patriarchy)는 문화적, 정치적, 경제적, 사회적 구조와 이데올로기에 내재되어 있고, 지속되는, 체계적이며 제도적인 남성 지배를 의미한다.
   ▪ 젠더 관점의 국제개발은 정의보다는 공평(equality)이라는 개념을 선호한다. 정의 혹은 공정성은 특권 및 차별에 대한 고려 없이 기회의 평등을 보장하려 든다. 대신 공평은 결과 혹은 행동 영향에 주목하여, 사람들 간의 차이와 공평하지 않은 사회를 고려하기 때문에, 여성들은 성별 간 공정성(gender equality)을 강조해왔다. 평등(equality)이란 측정할 수 있는 동등한 정치적 참여, 지위, 권리와 기회를 의미한다. 성별의 평등함(젠더 평등)은 여성과 남성이 같다는 것을 말하는 것이 아니라, 그들이 사회에서 동등한 가치를 가지고 있음으로, 평등한 권리와 대우를 받아야 한다.

세계 무역량 2위인 커피 경우 그 일에 종사하는 사람 70% 이상이 여성들임에도 커피 재배지의 20%, 커피 회사의 10%만을 여성들이 소유하고 있을 뿐이다. 교육도 여아들은 남아에게 밀려 2차적으로 받게 되며, 가정과 지역사회의 의사결정과정에서 소외되고 있다. 이러한 상황에서 '남녀평등 추구'라는 공정무역원칙은 저개발국 내지 개발도상국 여성들에게 큰 가능성으로 다가온다.

공정무역은 ① 경제적으로 소외된 생산자들을 위한 기회 제공 ② 경영의 투명성과 신뢰성 유지 ③ 파트너 생산자의 역량 강화를 위해 노력 ④ 공정한 무역관행 ⑤ 공정한 가격 지불 ⑥ 남녀평등 추구 ⑦ 생산자의 양호한 노동조건 보장 ⑧ 아동 노동 반대 ⑨ 환경 보호 ⑩ 지속적인 생산자 지원 등 10대 원칙이 있다. 특히 공정무역에서는 여성의 힘과 역량 강화가 핵심 이슈라고 한다. 실제로 여성을 위한 프로그램이 공정무역 발전 기금의 투자금액에서 차지하는 비중은 라틴아메리카에서 2%, 아시아에서 3%, 아프리카에서 4%라고 한다.* 특별히 젠더 관점에서 공정무역의 원칙들을 살펴보자.

(1) 경제적으로 소외된 생산자들을 위한 기회 제공

개발도상국에서 가장 경제적으로 소외된 계층은 여성들이다. 실질적으로 가족을 부양하는데도, 가족 부양자로 인정되는 것은 남성이기 때문에 여성들이 일자리에서 배제된다. 이렇게 배제되고 소외되는 여성들에게 생산자로 일할 기회를 제공한다는 것은

---

* 한국공정무역단체협의회, 『공정무역 알아보기 그 첫 걸음』(2013), 48.

여성의 생존을 위해 매우 중요하다. 여성들이 생산자로서의 기회를 얻어 소득이 생기고 직접 수입을 관장하게 되면 이를 가족과 아이들을 위해 사용함으로 가족에서 여성의 입지가 커진다. 실제로 공정무역 생산자의 70%가 여성으로서 공정무역이 여성에게 제공하는 기회가 많다.

(2) 경영의 투명성과 신뢰성

경영의 투명성은 민주적이고 투명한 조직을 의미한다. 대부분의 공정무역 제품은 협동조합과 같은 생산자 조직을 통해 생산된다. 협동조합은 많은 영세 소농이 힘을 합쳐 판매량을 크게 늘리는 것을 가능케 한다. 공정무역 인증을 받으려면 생산자 조합은 조합의 의사결정과 수입 분배, 사용에 대해 여성을 포함한 모든 조합원이 직접 발언권을 갖고 참여할 수 있어야 한다.* 흔히 개발도상국 가정과 사회에서 여성들은 발언권이 없다. 조합이 여성 참여의 원칙을 적용하기 때문에 여성들이 공정 영역에 참여하는 첫걸음이 되고, 의사결정과정에 참여하게 되면서 목소리를 냄으로 힘이 강화될 수 있다는 점에서 여성에게 매우 긍정적인 조직이 될 수 있다.

(3) 파트너 생산자의 역량 강화를 위한 노력

개발도상국에서 여성들은 생산자로 활동하지만 실제로는 생산자가 아니라 가사와 돌보는 일을 하는 자로 자리 매김되어 노동의 가치도 인정받지 못하고, 교육의 기회도 남성보다 후자로 밀려난

---

* 위의 책, 11.

다. 일자리에서 주로 비숙련자로 치부된다. 이런 상황에서 공정무역을 통해 생산자로서 인정받고 생산자로서 역량 강화가 이루어진다면 여성들이 자신의 능력을 향상시켜 삶의 질을 개선할 수 있을 뿐만 아니라 가정과 사회에서의 위상도 높아질 것이며, 지도자로서 발전할 수 있는 기회가 될 것이다. 여성에게 권리를 부여하는 일은 가족의 영양 상태를 개선하고 식량 생산과 분배를 증진하며, 지역의 취약한 생활 조건을 개선하는 핵심이다.*

(4) 공정한 가격 지불

여성들은 같은 시간을 일하고도 남성과 차별적인 임금을 받아왔다. 남성과 여성 간의 임금 격차는 남성과 여성 간의 지위 격차를 불러온다. 공정무역을 통해 생산자에게 공정한 가격이 지불되고 여성에게도 일한 만큼의 공정한 가격이 지불된다면 그 소득으로 인해 여성과 아동을 위한 복지가 향상될 것이다. 공정한 가격 지불은 여성뿐 아니라 아이들을 착취 노동에 내몰리지 않게 하는 중요한 기재가 된다.

(5) 생산자의 양호한 노동조건 보장

양호한 노동조건 보장 원칙이란 건강하고 안전한 노동조건을 말한다. 개발도상국가의 수출주도형 산업정책에서 생산자들의 작업환경은 매우 열악하며, 노동조건 역시 악조건이다. 열악한 작업환경과 노동조건은 일하는 사람들의 자존감을 훼손하고 건강을

---

* 이미영, "희망을 거래하는 아시아의 여성들," 김정희, 『공정무역 희망무역』(도서출판 동연, 2009), 43.

악화시키는데, 주로 여성이 더 취약하다. 따라서 여성 생산자에게 양호한 노동조건을 보장하는 일은 여성에게 생존보장은 물론 삶의 질 향상에도 매우 중요하다. 네팔의 한 공정무역 생산지의 경우, 생산자는 네팔의 일반기업과는 달리 최저임금 보장과 더불어 점심과 약간의 간식비, 교통비를 지급받고 건강보험과 퇴직금을 지급받는다. 일정 기간 일감이 줄어도 생산자들을 해고하지 않는다. 기혼여성들을 위한 어린이집을 운영하는 곳도 있고, 아이들과 점심을 함께 먹거나 휴식 시간에 모유 수유를 할 수도 있다.*

(6) 아동 노동 반대

개발도상국가에서 아동들이 학교 대신 저임금시장에 내몰리고 있다. 전 세계 수많은 아이가 카카오, 커피, 바나나 따기, 축구공 만들기 등에 인신매매와 강제노동에 시달리고 있다. 여아의 경우 성폭력 피해를 입은 경우도 많다. 공정무역이 생산자에게 공정한 가격 지불, 양호한 노동조건 보장을 통해서 아동을 노동시장에 내몰리지 않도록 하는 것은 매우 중요하다. 특히 어머니와 자녀가 한 쌍으로 묶여있는 현실에서 아동노동반대원칙은 모성 행복, 여아 권익 보호에 중요한 기재가 된다.

(7) 환경보호

공정무역은 생산자가 자연을 파괴하지 않고, 친환경적인 생산을 하는 원칙을 세우고 있다. 이 원칙은 여성과 아동에게 특별히

---

* 김정희, "여성중심 공정무역에 대한 연구 — 네팔리 바자르를 중심으로," 『공정무역 희망무역』(도서출판 동연, 2009), 106.

중요하다. 개발도상국가의 수출주도형 농업정책에 따라 자연이 파괴되고 있으며, 유전자조작(GMO) 식품생산으로 인한 곡물의 무기화와 위험, 농약과 비료, 화학 염료 사용 등으로 독물에 노출된 생산자와 제품 종사자들의 건강이 매우 위험한 상황에 놓여있다. 이런 상황에서 환경 파괴를 하지 않는 환경 보호 생산원칙은 특히 생명을 담보하는 여성들의 건강에 매우 중요하다.

공정무역은 지속 가능한 개발(sustainable development)을 위한 방법이다. 지속 가능한 개발은 지구의 수용력을 넘어설 만큼의 천연자원 사용을 증가하지 않고 전 세계 모든 사람의 삶의 질을 개선해야 함을 말한다. 지속 가능한 개발을 위해서는 전 세계 모든 지역 내에서 다양한 조치가 필요하며, 경제성장과 형평성, 천연자원과 환경 보호, 사회 개발이라는 세 가지 주요 영역에서의 통합적 조치를 통해 지속 가능한 삶의 방식을 세우려는 노력이 필요하다.

따라서 공정무역에서 환경보호 원칙이 중요한 것은 비단 생산자만을 위한 것이 아니라 소비자를 위한 것이기도 하다. 자연보호를 통해 지속 가능한 지구를 만들고, 소비자에게 건강한 제품을 제공하여 소비자들의 건강을 보호하는 일석이조의 상호 보완이다.

(8) 지속적인 생산자 지원

공정무역 원칙은 생산자들을 지속으로 지원하지 못하면 의미가 약해진다. 지속 가능한 발전이라는 유엔의 슬로건이 있듯이 생산 활동이 지속으로 유지되지 않는다면 개발도상국가의 생산자가 지탱할 수 없다. 생산자들이 지속으로 생산 활동을 할 수 있도록 생산자를 지원하는 원칙이 필요하다. 지속적인 생산자 지원이란 장기적인 거래관계를 의미한다. 공정무역 파트너들은 새로운 제품을 개발하거나 생산 방식을 개선하고 공동으로 시장전략을 수립하고, 장기적인 사업 계획을 세우고, 생산자들에게 지속 가능한 생계를 보장하고 있다. 시장에서 보듯이 지속으로 생산자 지원이 이루어지지 않을 경우, 제일 먼저 일자리를 잃게 되는 것은 여성들이다. 여성들의 생산 활동이 계속 이어질 수 있도록 보장하는 일이 중요하다.

3) 공정무역이 여성의 삶에 미친 사례

독일교회의 날 공정무역 행사장에서도 경험했지만, 공정무역을 통해 여성들의 삶의 자리가 좋아지고, 역량 강화를 통해 여성들의 지도력이 향상되고, 가족에서의 지위도 가족 돌보미에서 목소리를 내는 위치로 자리 매김되는 것을 볼 수 있었다. 네팔의 한 공정무역 공동체에서도 같은 경험을 볼 수 있다. 네팔 공정무역회사 네팔리-바자르는 생산자 여성을 위한 통장 만들기 프로젝트를 통해서 급여를 매년 여성 생산자 명의의 은행 계좌에 입금했고, 목돈이 만들어지면 여성 자신이 필요할 때 쓰도록 했다. 여성들이 경제적으로 역량이 강화되고 자립하게 되니 아이 교육이나 가

독일 카페에 전시된 공정무역
제품

계를 주도하게 되고 급기야는 지역사회에 목소리를 내어 지역사
회에 필요한 예산을 따낼 정도로 당당한 시민으로 성장한 사례도
있다. 공정무역은 생산자 여성들의 경제적 생활을 향상시키는 데
그치는 것이 아니라 그녀들을 가족과 지역사회에서 주인이 되게 하
였다고 한다.

"남자도 일하기 어려운 나라인데, 여자도 일하게 되었습니다. 아이들
이 어린 경우는 시어머니가 애를 봐주게 되면서 가족이 협력하게 되
었고, 여성들도 자신감을 얻었고 발언권이 생겼습니다. 주 수입원이
남편인 경우는 남편이 술 마시고 도박하고 애들한테 돈을 쓰지 않는
경우가 많은데 여자가 돈을 벌면 아이를 먼저 생각합니다. 아이를 학
교에 보내고 옷을 사 입히고 밥을 먹이게 돼요. 여성이 돈을 버는 건
전 가족이 바뀌는데 중요하고, 가족이 바뀌는 건 지역이 바뀌는 것을
의미합니다."

4) 공정무역의 가능성과 딜레마

공정무역을 통해 여성에게 일할 기회가 제공된다. 여성들은 일
한 만큼 대가를 받으며, 분업이 아니라 통전적 일을 통해서 자기가
한 일에 대한 성취감을 맛본다. 여성들은 공정한 가격 지불로 인한
최저 수입 보장으로 경제권을 갖게 되어 집안에서 목소리를 낼 수
있다. 여성들은 친환경 제품을 만들기 때문에 건강의 위협에서 해
방되며, 양호한 노동조건 보장을 받는다. 여성들은 역량 강화를
통해 지도력을 키우고 발전시킬 수 있어 지역사회에서 발언권도

갖게 된다. 공정무역을 통해 여성이 자기 삶의 주인으로 성장할 수 있는 가능성이 생긴다. 실제로 공정무역 생산자의 70%가 여성이며, 공정무역을 통해 주변화되었던 여성들이 중심부로 나갈 수 있는 여성의 세력화에 기여하고 있다. 공정무역이 여성들에게 기회를 줄 수 있게 되면 개발도상국가 여성들이 빈곤 문제 때문에 굳이 이주하지 않거나, 이주 후 귀환해 본국에서 자유로운 삶을 개발할 수 있을 것이다. 공정무역이 이주하거나 귀환하는 여성들에게 하나의 대안이 될 가능성은 분명히 있다. 그러나 공정무역이 여성의 삶에 가능성으로 작용하기 위해서는 공정무역이 활성화되어야 하고 활성화되려면 공정무역 상품 구매가 촉진되어야 하는데, 공정무역 현실은 그렇지 못하다는 데 딜레마가 있다.

왜 사람들은 공정무역이 좋은 것이고, 공정무역제품 소비를 통해 나눔을 할 수 있다는 이중효과가 있음에도 공정무역제품을 구매하지 않는가? 홍보 문제도 있지만, 양심적 소비자가 곧 윤리적 소비자로 이어지지 않기 때문이다. 한국의 경우 민주화가 발달되었고, 진보 지식인들이 많고, 소비자운동이 활성화된 나라이니 당연히 공정무역 제품 소비가 촉진되어야 하는데 현실은 그렇지 못하다. 양심적 소비와 윤리적 구매 사이에 갈등이 일어나고 있다. 키스 브라운은 『공정무역으로 구매하기』라는 책에서 공정무역 제품을 사용하거나 월마트 등 착취 기업 반대운동을 하고 있는 양심적 소비자들을 심층 인터뷰한 결과 도덕적 이상과 일상적 구매 패턴 사이에 끊임없이 모순이 존재함을 서술했다.* 양심적인 소비

---

* 키스 브라운/이은숙 옮김, 『공정무역이란 무엇인가?』(*BUYING INTO FAIR TRADE*)
  (김영사 2013), 135-175.

자의 일상적 구매 행동과 도덕적 가치가 엄격하게 일치하지 않으며, 그들이 내세우는 가치와 일상적 구매 패턴 사이에 폭넓은 모순이 있음을 지적하였다. 소비자들이 원하는 것은 적절한 가격, 좋은 품질, 실용적인 제품이다. 이건 공정무역 소비자들도 예외는 아니다. 양심적인 소비자 대다수가 구매 행동을 통해 변화를 추구할 마음은 있지만, 일상 구매에서는 가치에 모순되는 구매를 하며, 구매 행동을 둘러싼 윤리적 문제에 대해서는 기피한다. 소비자 운동가들이 소비자 교육을 통해서 사회적 책임 의식이 높은 제품을 구매할 수 있다고 주장하지만, 일상생활에서는 편리성, 가격, 미적 특성을 먼저 고려하곤 한다. 사회적 의식이 높은 소비자도 가격과 편리성 측면에서 구매 행동을 정당화한다. 필자의 고백을 한다면 필자도 이 범주에서 자유롭지 못하다. 생활협동조합 회원이면서도 때때로 편하다는 이유로 가격이 싸다는 이유로 갈등하면서도 대형 마트를 찾곤 한다.

구매가 촉진되지 않는 또 하나의 이유는 양심적인 소비자들이 점차 확대되고 있는 틈새시장을 이용하는 사업자들 문제다. 기업의 이미지를 위해 공정무역 제품을 극소수 사용하면서 공정무역 업체로 표방하는 위장 공정, 그린 워싱 등 이익 추구 기업들에 의해 공정무역 시장이 취약해지고 있다. 윤리적 구매 행동이 새로운 형태의 세계시민 의식으로 이어진다면 기업들에게 위장이 아니라 실질적으로 지속 가능한 시장을 형성하도록 압박할 수 있다. 문제는 어떻게 윤리적 소비 행동을 통해 세계시민 의식을 갖도록 할 수 있는가 하는 것이다.

공정무역이 저개발국가 여성 생산자의 삶의 질을 높일 가능성이 큰 만큼, 빈곤의 여성화를 통한 이주의 여성화가 일어나지 않도록 하는데 기여할 가능성이 있다. 그러나 공정무역 제품 구매가 촉진되지 않으면 공정무역이 활성화되지 못하고, 지속 가능한 공정무역이 되지 못하는데, 어떻게 이 딜레마를 극복할 수 있을지가 과제다.

5) 공정무역과 지속 가능한 미래

공정무역이 여성의 이주를 줄이는 한 대안이 될 수 있고, 개발도상국 빈민 여성 삶에 질적 변화와 발전의 가능성을 줄 수 있다는 이유로 공정무역이 활성화될 수 있는가? 공정무역 소비자에게 부여되는 이익이 없다면, 그것 역시 차원이 다른 지원일 뿐이다. 공정무역을 통해 개발도상국 여성들의 삶이 나아진다고 할 때 소비자에게 돌아오는 이익은 무엇인가? 이 점이 설득되어야 한다.

공정무역은 단순히 생산자에게만 이익이 되는 것이 아니라 소비자에게도 이익이다. 당장 눈앞의 이익이 보이지 않더라도, 공정한 무역이 세계를 변화시키고, 세계의 지속 가능한 발전을 위해서라는 점에서 지구 시민으로서 일원인 나에게 돌아올 이익이 크다. 무한 경쟁의 무역위기가 불러오는 빈곤의 세계화로 언젠가 나도 그 빈곤 그물에 갇히게 될 줄 모르는 불안에 바늘구멍을 낼 수 있으며, 식량이 무기가 되는 현실에서 종자를 보호하고 식량 위기를 줄일 수 있으며, 천연제품 생산을 통해 우리 건강을 보호하고, 나아가서 지구 환경을 보호해 온난화로 붕괴할 지구의 붕괴시간을 늦추거나 방지할 수 있다. 특히 공정무역이 여성 생산자를 보호하는 것은 여성이 처한 삶의 자리 때문이다. 여성은 인권적으로나 복지적으로나 지구상에서 가장 취약한 고리에 있는 사람들이다. 개발도상국 여성들의 삶의 자리는 매우 열악하다. 신자유주의적 세계화에서 가장 피해를 보는 계층이 여성들이다. 여성은 아이들과 묶여 더 그 고통이 가중된다. 이러한 지구 현실에서 제일 피해받는 여성을 보호하고, 당당히 서게 하는 것은 모든 사람이 보호받고, 모든 사람이 존중받음을 의미한다. 개발도상국 여성과의 연대는 지속 가능한 지구의 미래를 위해 매우 중요하다.

독일 '교회의 날' 공정무역 마켓, 브라질에서 온 한 여성이 사례 발표를 하고 나서 마지막에 결론적으로 한 말이 인상적으로 남는다.

"여러분이 우리 파트너가 되어서 함께 하니 우리도 자긍심이 커졌어요. 공정무역을 통해 우리 여성이 가정에서 경제적으로 힘을 가진 존재가 되었어요. 인체에 나쁜 농약이나 비료를 쓰지 않아 건강도 좋아지고 있고요. 무엇보다도 우리 여성들이 그냥 살림만 하던, 하찮게 여겨지던 존재에서 마을 공동체의 지도자로 성장하게 했어요. 또 우리 아이들은 당당하게 학교에 다닐 수 있게 되었고요. 이게 공정무역이 우리에게 가져온 변화입니다. 여기 와서 공정무역으로 세상을 변화시킨다는 슬로건, 우리가 하는 일을 통해서 지구 기후 변화를 줄일 수 있고 공정무역을 통해 지구촌의 지속 가능한 미래를 가능케 할 수 있다는 문구들을 보면서 공정무역 생산자 파트너로서 자부심도 커집니다. 파트너 여러분 감사합니다."

3부

공정무역과 국제연대

국제공정무역기구의 역할과 중요성

지동훈

(국제공정무역기구 한국대표)

글을 시작하며

공정무역에 대한 한국 소비자 인식은 그간 많이 성장했으나,
공정무역을 대표하는 국제공정무역기구*에 대해서는 아직
시민과 기업들의 관심과 이해가 부족하다. 전 세계공정무역
시장의 90-97%는 국제공정무역기구의 인증 마크가 붙은
상품으로써 각종 기업과 소비자에게 투명성, 윤리성, 신뢰성, 지속
가능성, 안정성의 이유로 지지와 참여를 이끌고 있다. 필자는
2011년부터 현재까지 국제공정무역기구 한국사무소 대표로
활동하고 있는바, 지면을 빌려 소비자와 기업에게 간략한 정보를
제공함으로써 공정무역 시장 내에서 국제공정무역기구의 역할과
중요성을 제고하고자 한다.

---

* 국제공정무역기구(Fairtrade International, FI, (구) FLO): 약 150여 국에서 활동
하는 전 세계 최대 공정무역 기구, 공정무역 인증 마크를 기반으로 최저금액과 프리
미엄, 엄격한 공정무역 기준을 제정하고 있으며, 이를 통해 공정무역 시스템의 전문
성과 투명성을 갖추고 있는 비영리 국제기구이다. 본부는 독일 본에 위치하고 있다.

국제공정무역기구의 공정무역 인증마크

1980년대 이후 공정무역 운동은 다양한 윤리적 소비의 물결을 타고 성장해왔다. 특히, COVID-19의 유행과 기후 변화의 현실 속에서, 최근 한국에서도 소비자를 중심으로 더욱 윤리적인 소비, 환경 친화적인 소비, 지속 가능한 소비의 중요성에 대한 자각이 일고 있다. 기업도 UN의 지속 가능 발전 목표 달성 및 환경, 사회, 지배구조의 가치를 담은 ESG 경영을 중요시 여기는 추세가 있어, 공정무역에 관한 관심 역시 전 세계적으로 유의미하게 증가하였다. 이러한 소비자와 기업의 관심은 공정무역 제품을 만들기 위한 인증원료의 수입, 제조, 유통기업의 참여와도 맞물린다. 그렇게 공정무역 생산자 및 기업 육성이라는 선순환을 이끌며 참여자 모두에게 이익을 창출하고 있다.

최근 한국 내에서 사회적기업 육성을 더욱 장려하는 실정이다. 사회적기업에는 마을기업, 청년기업, 여성기업, 장애인 기업, 농업법인 등이 있다. 필자는 사람을 중심으로 하는 사회적기업에서 공정무역을 시작한다면 국제공정무역기구 소속의 72개국 1,822개의 공정무역생산자 협동조합의 원료를 사용할 수 있을 뿐만 아니라 생산자의 이야기를 갖출 수 있고, 글로벌 환경, 사회, 경제 기준을 충족할 수 있어 이것이 기업 성장의 탄탄한 기반이 되리라 확신한다. 한국이 원료를 수입하여 이를 가공 및 반가공하여 만든 내수와 수출로 유지되는 산업구조를 가진 나라임을 고려하여 볼 때, 공정무역 인증 원료는 결국 한국의 식음료 산업, 면화·패션사업, 화장품 사업, 금 산업 등 연관기업의 국내외 경쟁력을 강화시켜줄 것이다.

국제공정무역기구와 공정무역 마크

국제공정무역기구는 공정무역을 다음과 같이 정의하고 있다. 공정무역이란, 기존의 불공정한 무역 체계로 빈곤의 굴레를 벗어나지 못하는 개발도상국의 농민(이하 생산자)과 노동자에게 국제시세에 상회하는 정당한 금액(최저금액)과 지역사회 발전을 위한 추가 장려금(공정무역 프리미엄)을 지급하여, 지속 가능한 미래와 공급망을 보장하고자 하는 글로벌 시스템이자 글로벌 소비 운동이다. 또한, 이를 통해 기업과 소비자들에게는 제품의 안전성, 윤리성, 지속 가능성이 보장된 제품을 제공하고자 하는 소비 운동이다.

국제공정무역기구(Fairtrade International, 이하 FI)는 1997년 전 세계의 비영리 단체들이 무역의 구조를 개선하고자 모여 하나의 통합 시스템을 만들어 설립한 비영리 기구이며, 약 140개 이상의 국가에 걸쳐 활발히 공정무역 운동을 전개하고 있는 전 세계 최대 규모의 공정무역 기구이다. 국제공정무역기구는 공정무역 글로벌 기준을 제정하고, 공정무역 마크를 소유하고 있으며, 관련 참여자들의 다양한 활동을 조정하는 역할을 한다.

국제공정무역기구는 고유의 공정무역인증 마크로 전 세계 소비자들에게 더욱 알려졌다. 1988년, '막스 하벨라르(Max Havelaar)'

생산자 국가
국가 사무소
둘 다

국제공정무역기구 지도

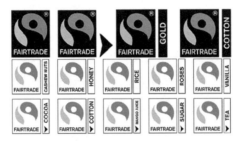

공정무역 마크 종류

국제공정무역기구 조직도

라고 불린 최초의 공정무역 인증 마크를 기점으로 유럽 사회 내에서 시민운동으로의 공정무역이 활발해졌다. 소비자들이 마크를 통해 공정무역 제품을 인지하게 된 만큼 한결 편하게 공정무역을 실천할 수 있게 된 것이다. '막스 하벨라르'란, 1860년 당시 필명 물타툴리(Multatuli)로 알려진 네덜란드의 작가가 식민지 정책을 비판하며 기고한 소설 속 주인공의 이름을 따온 것이다. 가장 처음으로 마크가 부착된 제품은 커피로, 이후 초콜릿과 바나나 등으로 제품이 확대되었으며, 현재는 약 3만 5,000여 종의 공정무역 인증 마크 부착 제품이 145개국에서 판매되는 중이다. 국제공정무역기구는 공정무역 인증 마크의 지적 재산권을 가지고 있으며 공정무역 기준을 엄격하게 준수하여 생산, 가공, 수출입 및 제조되는 제품에 한해서 공정무역 마크를 부착할 수 있는 자격을 부여한다.

공정무역 인증 마크의 투명성과 윤리성을 지켜나가기 위해 국제공정무역기구는 외부감사기관인 'Flocert'을 따로 두고 있다. Flocert은 공정무역 인증 전문 국제 감사기구이다. Flocert는 각 대륙별로 하나씩 지사가 있으며, 아시아의 경우 Flocert India에서 모든 감사를 진행하고 있다. 이곳에서 공정무역 인증 원료를 국제 거래할 수 있는 자격인 Flocert-ID(FLO ID)를 발행하며, 정기적으로 공정무역 인증 기업을 감사한다. FLO ID가 있는 생산자 조합과 기업만이 공정무역 원료를 생산, 수출입, 제조하는 과정을 거쳐 판매할 수 있다. FLO ID를 통해 원료의 생산부터 제품 포장까지 공급망의 모든 과정은 서류상으로 투명하게 추적할 수 있으며, 국제공정무역기구에서는 이 과정을 거친 기업을 대상으로 완제품에 인증 마크를 부착할 수 있는 자격인 "라이선스"를 부여한다. 이러한 철저한 과정을 토대로, 국제공정무역기구는 전 세계 유일의 추적 가능한 윤리적 인증시스템을 보유하고 있는 기구라는 자부심을 가지고 있다.

공정무역 기준(Fairtrade Standards)과 시스템

공정무역 기준은 개발도상국 생산자와 노동자들의 빈곤을 해결하고, 그들에게 힘을 실어주기 위해 만들어졌다. 이 기준은 생산자뿐만 아니라 생산자와 거래하는 기업에게도 적용된다. 즉, 공정무역 인증을 받으려면 생산자와 기업 모두가 공정무역 기준을 준수해야 하는 것이다. 그중 생산자 대상으로 하는 '소규모 생산자를 위한 공정무역 기준'은 경제, 환경, 사회 분야로 나누어져 있다. 먼저, 경제 기준은 공정무역 프리미엄(장려금)을 포함하고 있으며 공급망에서의 생산자와 노동자를 위한 안전망을 구축하고 공정무역 프리미엄을 통해 그들의 사업이나 지역사회에 기금을 투자하는 내용을 담고 있다. 환경 기준은 건강한 농업 관습과 친환경 원료 재배에 대한 기준을 담고 있으며 책임감 있는 농수 사용, 폐기물 처리, 품종의 다양화와 토양의 비옥화 등 유기농 재배를 장려하는 다양한 친환경 기준을 포함하고 있다. 마지막으로 사회 기준은 생산자 조합이라고 불리는 생산자들이 속한 조직에서의 모든 의사 결정이 민주적으로 논의되고, 조합의 운영에서의 투명성과 차별 방지를 추구하는 내용을 담고 있다. 이처럼 소규모 생산자 전체를 대상으로 하는 기준 외에도 각 원료별 기준과 수출입업자 및 제조업자와 같은 기업을 대상으로 하는 기준, 기후에 관련한 기후 기준 등 다양한 공정무역 글로벌 기준이 공정무역 제품의 안전성, 투명성, 지속 가능성을 지키고 있다.

국제공정무역기구의 공정무역 시스템은 두 가지의 주요 요소로 구성되어 있다. 바로, 최저 가격과 공정무역 프리미엄이다. 먼저, '최저 가격(Minimum Price)'은 공정무역의 조건으로 제품을 거래할 때 생산자 조합이 받아야 하는 최저 원룟값을 의미한다. 이 최저가격은 농작물을 지속 생산하는데 드는 평균 비용을 충당하고, 국제 시장의 원료 가격이 하락할 때 개발도상국의 생산자와 노동자를 보호하는 안전망 역할을 하기도 한다. 혹, 국제 시세가 공정무역 최저 가격보다 높을 경우 시장 가격으로 측정되기도 한다. 최저가격 지불은 Flocert에 의해 정기적으로 감사되고 점검된다. 이 최저 가격은 국가별, 원료별, 제품 형태별로 국제공정무역기구 사이트에 명시되어 있어 모두가 확인할 수 있다.

국제공정무역기구의 공정무역 시스템 중 또 하나의 주요 요소는 바로 공정무역 프리미엄, 즉 '추가 장려금'이다. 공정무역 인증 생산자 조합의 생산자들과 노동자들은 농산물이나 노동에 대해 받는 대가 외에, 생산과 지역사회 향상에 투자할 수 있는 추가 장려금을 지급받는다. 이 금액을 "공정무역 프리미엄(Premium)"이라고 한다. 생산자 조합은 지역사회의 사회적, 환경적, 경제적 상황을 개선하는데 이 금액을 사용하며, 25%는 생산물의 품질 향상 및 생산 관련 사업에 사용해야 하며, 나머지 75%는 조합과 조합원의 지속 가능한 삶을 위한 다양한 부분에 쓰인다. 그 사용처는 모든 공정무역 생산자 조합이 민주적인 절차를 거쳐 투표를 통해 결정한다. 예를 들어, 공정무역 인증 면화 생산자는 면화를 판매할 때 톤당 60불의 추가 장려금을 지원받는데, 현지 인플레이션에 맞게 3-4년마다 가격이 검토된다. 이렇게 전 세계 생산자 조합에게 지급된 프리미엄은 2019년을 기준으로 약 2,542억 원이었다. 공정무역 프리미엄을 통해 생산자는 직접 원료 품질과 생활환경을 개선할 수 있고, 더 나아가, 생산자로의 역량을 강화하여 글로벌 공급망에서의 더욱 강력한 주체로 성장할 수 있다. 뿐만 아니라, 생산자들에게 더욱 주체적인 결정권을 부여하여 공정무역 시스템 내에서의 그들의 역할을 강화하기도 한다. 즉, 멀리 떨어져 있는 기업이 개발의 주체가 되는 것이 아니라 현지의 상황과 투자의 우선순위를 가장 잘 알고 있는 생산자가 그 결정권을 가져 개발의 효과를 극대화하고 지속할 수 있는 것이다. 이 프리미엄은 자녀를 위한 교육, 비즈니스 개선, 중요 인프라 구축 등 다양한 개발 분야에 걸쳐 사용될 수 있다. 아래는 2010년부터 2019년까지 지급된 공정무역 프리미엄의 증가세*를 보여주는 도표다.

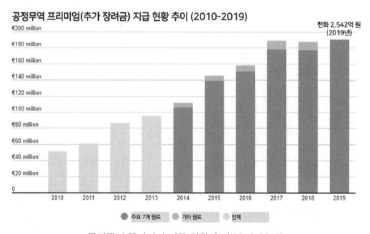

공정무역 프리미엄 지급 현황 추이(2010-2019)

공정무역과 지속 가능 발전 목표
(Sustainable Development Goals: UN-SDGs)

UN의 지속 가능 발전 목표는 2016년 9월 유엔 총회에서 채택한 빈곤 종식을 위한 17가지의 글로벌 목표로, 인류의 식량을 생산하는 약 13억 명의 소규모 농민과 농업 노동자의 삶을 개선 할 수 있는 강력한 기회로 손꼽히고 있다. 지속 가능 발전 목표는 모든 형식의, 모든 곳의 빈곤을 종식하는 것을 목표로 하고 있고, 이 목표는 공정무역의 사명에 있어 핵심적인 사항이기도 하다. 실제로 UN-SDGs 중 식량, 혹은 농업과 관련이 없는 목표는 거의 없다. 이는 소규모 농민과 생산자, 노동자들이 지속 가능 발전 목표에서 중요한 부분을 차지한다는 것을 뜻하게 되고, 이러한 맥락에서 UN-SDGs와 공정무역은 아주 밀접한 연관성을 갖게 된다. 국제공정무역기구는 생산자들이 받는 프리미엄 투자를 지속 가능한 개발 목표와 연계시켜 달성 지원 현황을 도표화하고 있으며, 이를 통해 공정무역 프리미엄이 지속 가능 발전 목표 2번인 기아 종식과 1번인 빈곤 퇴치에 두드러지게 활용되었음을 알 수 있다. 이는 기아 종식 목표가 소규모 생산자들의 농업 생산성 및 지속 가능한 식품 시스템을 지원하는 이니셔티브를 다루고 있기 때문이며, 그들의 농업 관행을 개선하고 발전시키기 위해 비료나 생산 장비를 투입하거나, 창고와 같은 시설을 구축하는데 프리미엄이 쓰이기 때문이다. 더 나아가, 생산자 조직 자체를 강화하기 위한 프리미엄 투자가 활발히 이뤄졌음을 보여주기도 한다.

---

* 출처: 국제공정무역기구 본부 사이트(www.fairtrade.net)

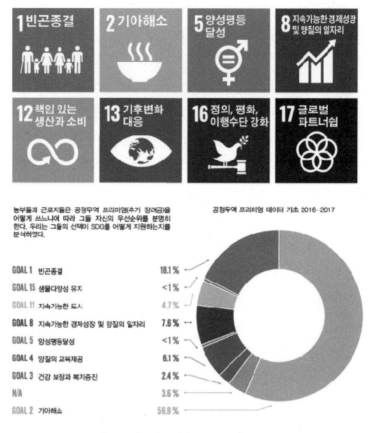

농부들과 근로자들은 공정무역 프리미엄(추가 장려금)을 어떻게 쓰느냐에 따라 그들 자신의 우선순위를 분명히 한다. 우리는 그들의 선택이 SDG를 어떻게 지원하는지를 분석하였다.

공정무역 프리미엄 데이터 기초 2016-2017

GOAL 1 빈곤종결	18.1 %
GOAL 15 생물다양성 유지	<1 %
GOAL 11 지속가능한 도시	4.7 %
GOAL 8 지속가능한 경제성장 및 양질의 일자리	7.6 %
GOAL 5 양성평등달성	<1 %
GOAL 4 양질의 교육제공	6.1 %
GOAL 3 건강 보장과 복지증진	2.4 %
N/A	3.6 %
GOAL 2 기아해소	56.9 %

UN-SDGs 항목별 투자된 공정무역 프리미엄 비율

공정무역 제품은 어떻게 인증되는가?

국제공정무역기구는 철저한 감사와 절차 아래 공정무역 제품을 인증하고 있다. 공정무역 원료를 사용한 제품이 생산되고 제조되어 소비자에게 도달하기까지 총 두 단계의 인증이 필수적이다. 첫 번째. 공정무역 원료를 생산하거나 거래할 수 있는 자격인 FLO-ID를 취득하고 발급받는 "Flocert 인증" 과정, 두 번째는 제품에 국제공정무역기구의 공정무역 인증 마크를 부착할 수 있는 자격을 취득하는 "라이선스" 인증이다.

위의 마크 설명에서도 언급된 바와 같이, Flocert는 공정무역 인증 전문 국제 감사기구로 감사를 통해 Flocert ID를 승인하고 있다. Flocert ID(FLO ID)는 공정무역 인증 원료를 국제 거래할 수 있는 자격이며, ID가 있는 생산자 조합과 기업만이 공정무역 원료를 생산, 수출입, 제조할 수 있다. 공정무역 인증을 받고 싶어 하는 생산자 조합, 중간거래자, 혹은 제조자가 Flocert로 인증을 신청하면 Flocert는 신청자가 공정무역 기준을 충족하는지 여부와 공정무역 생산자 조합에서 제대로 원료를 구매하는지 등을 고려하여, 정식으로 공정무역 원료를 취급할 수 있는 자격을 부여해 준다. FLO-ID, 즉 원료 거래 자격을 받아야 하는 대상자는 생산자부터 최종 제품 제조업체까지인데, 이는 ID가 중간에 끊겨 추적이 되지 않는 상황을 방지하기 위해서이다. 즉, 공정무역 공급망에 참여하는 생산자부터 최종 제품 제조업체까지 FLO-ID를 모두 가지고 있어야지만 공정무역으로써 기준을 준수했는지와 생산자가 혜택을 공정하게 받는지가 증명될 수 있다. 최초 Flocert 신청부터 인증까지는 약 1-2주 정도 소요되며, 신청은 모두 온라인으로 진행된다. Flocert 인증은 신청비와 연회비가 발생하며, 금액은 신청 옵션에 따라 상이하다.

앞선 Flocert 자격만으로는 공정무역 제품을 출시할 수 없다. 제품을 출시하는 기업, 즉 브랜드오너 기업이 상품에 공정무역 인증 마크를 부착하여 출시하기 위해서는, 2단계인 '라이선스'라는 자격을 취득해야 한다. 여기서 브랜드 오너 기업이란, 출시하는

Flocert 로고

완제품의 브랜드를 가지고 있는 기업을 뜻하는데, 공정무역 제품은 국제공정무역기구에서 마크 승인을 받은 그대로 어떠한 추가나 변형 사항 없이 판매되어야 하기 때문에, 브랜드를 소유하는 기업에서는 '라이선스'라는 마크 부착 자격을 반드시 가지고 있어야 한다. 공정무역 마크를 부착할 수 있는 자격인 라이선스 인증에 가장 중요한 검토사항은 공정무역 원료 함유량과 마크가 부착된 제품의 디자인 시안이다.

먼저, 원류 함유량은 제품에 함유된 원료들 중 공정무역 원료를 선별하는 데에 사용되는 정보로, 각 제품이나 마크마다 그 함유량이 상이하다. 예를 들어, 하나의 원료로 이루어진 원두, 바나나와 같은 단일 상품은 당연히 100% 공정무역 원료로 구성되어야 하고, 초콜릿처럼 여러 원료가 혼합되어 제조되는 제품은 전체 원료들 중 공정무역 원료로 대체가능한 원료의 전체 비율이 20% 이상이 되어야 한다. 위의 그림의 초콜릿 제품의 예시처럼, 전체 원료 중 공정무역 원료로 대체가능한 품목인 설탕, 코코아, 바닐라 등이 전체 원료 함유량의 69%를 차지하는 경우는 공정무역 제품으로 인증이 가능하다. 한편, 물이나 유제품이 50% 이상인 음료나 아이스크림 등의 제품을 인증할 때에는 상품에 함유된 원료 중

액체를 제외한 나머지 원료를 전체 원료 값으로 계산하며, 나머지 전체 원료의 최소 20% 이상이 공정무역 원료로 대체가 가능해야 공정무역 인증이 가능하다. 이러한 원류 함유량은 공정무역 제품 으로써의 진정성을 유지하고 또 명확한 기준을 유지하기 위해 설정된 수치이다. 한편, 2018년부터는 '단일원료 인증마크'(Fairtrade Sourced Ingredient Mark: FSI)가 도입되었는데, 앞선 경우가 제품 속 대체가 가능한 모든 원료를 공정무역 원료로 바꾸는 제도였다면, 이 단일원료 인증마크는 제품 속의 일부 원료가 공정무역 인증을 받은 원료이며 나머지는 일반 원료임을 뜻한다. 이 새로운 마크를 통해 공정무역 원료의 활용도가 더 많은 제품으로 확대될 것으로 기대한다.

이 '라이선스' 과정에서는 국제공정무역기구로부터 마크를 사용한 제품의 디자인을 승인받아야 한다. 제품 전면에는 공정무역 마크를, 후면에는 공정무역 원료 함량에 대한 성명을 써야 하며, 이렇게 전 세계 동일 가이드라인을 준수하여 제품의 시안을 만들고 국제공정무역기구에 제출한다. 디자인 승인까지 완료되면 국제공정무역기구에서는 최종 승인이 완료되며, 공정무역 인증 마크를 부착한 제품의 출시가 가능해진다. 라이선스 인증 전체 과정은 약 1-2주의 시간이 소요된다. 라이선스 신청은 Flocert 인증 절차와 다르게 신청비와 연회비가 발생하지 않는 대신, 제품 출시가 된 후를 시점으로 라이선스 비용, 즉 마크 사용료가 발생하게 된다. 이는 완제품이 출시되어 처음으로 거래되는 도매가(공장출고가)의 2%로 국제공정무역기구의 마크 사용 비용으로 청구된다. 라이선스 비용은 생산자 네트워크의 생산자 지원 활동과 국제공정무역기구 국가사무소의 운영비, 홍보 및 마케팅 비용으로 사용되고 있으며 사용내역 역시 투명하게 공개되고 있다.

공정무역, 누구에게 영향을 미치는가?

공정무역은 개발도상국 농민(생산자), 노동자, 지역사회의 지속 가능한 개발에 목적을 두고 출범한 운동이다. 최초의 공정무역이 생산자 보호를 목적으로 시작한 만큼 공정무역은 생산자에게 가장 큰 이점을 안겨다 준다. 첫째, 공정무역은 개발도상국의 생산자들에게 공정한 임금과 보수를 보장한다. 이는 위에서 언급한 바와 같이, 공정무역 최저 가격은 생산자가 정당한 임금을 통해 원료 생산 비용을 충당하고 지속할 수 있도록 돕는 안전망 역할을 한다. 공정무역으로 거래되는 품목들은 대부분 국제 시장 가격이 매우 불안정하며 종종 생산 비용보다 원료의 거래가가 낮은 경우가 발생하게 된다. 전통적인 무역 체제 아래, 그로 인한 손해는 오로지 생산자가 부담해왔으며, 이는 생산성 저하뿐만 아니라 극심한 가난으로 이어져 왔다. 이를 개선하고자, 국제공정무역기구는 Flo-cert의 연구와 생산자들의 목소리를 최대한 반영한 공정무역 기준을 통해 각 원료의 최저 거래 가격을 정하고, 이를 보장하여 생산자들이 안정적인 생활을 이어나갈 수 있도록 지원하고 있다. 더 나아가, 공정무역 프리미엄을 통해 생산자와 근로자의 삶의 질을 향상시키기도 한다. 생산자 조합의 민주적인 합의를 거쳐 교육, 일자리, 복지 등 다양한 사회 개발 분야에 공정무역 프리미엄이 투자되고, 이를 통해 보다 지속 가능한 지역사회로의 발전을 이룰 수 있다. 이처럼 공정무역은 개발도상국의 생산자들에게 가장 직접적인 이로움을 안겨다 준다.

　다음으로 공정무역은 중간 거래자와 제조업자에게도 긍정적인 영향을 미친다. 여기서 중간거래자(수출입업자)와 제조업자는 공급망 내에서 공정무역 원료를 수입, 수출하거나 가공하여 유통망을 통해 소비자에게 판매하는 역할을 하는 기업들을 일컫는다. 공정무역을 통해 중간거래자 및 제조업자가 얻을 수 있는 첫 번째 이점은 바로 긍정적인 브랜드 이미지이다. 2019년 글로브스캔(Globe Scan)의 연구*에 따르면, 대다수 응답자가 공정무역 인증 마크가 브랜드 전체 이미지에 긍정적인 영향을 준다고 답했다고 한다. 공정무역 마크가 세계에서 가장 잘 알려진 윤리적 라벨임을 감안하면 공정무역 마크가 부착된 제품을 취급하여 기업 자체의 윤리성, 신뢰성, 투명성 등을 강조하고 브랜드 이미지를 강화시킬 수 있다. 두 번째, 기업은 공정무역을 통해 제품의 안전성을 보장받을 수 있다. 공정무역 원료는 어디서 어떻게 생산되었는지가 명확할 뿐만 아니라 환경을 생각하여 생산 과정에서의 유해 물질 사용과 유전자 변형 작물 재배를 금지하고, 기후 변화 기준을 철저히 준수하여 재배된 원료인 덕에, 기업은 안심하고 제품을 생산할 수 있다. 마지막으로 기업의 지속 가능한 성장에도 도움을 줄 수 있다. 노동

---

* Globe Scan: 글로브스캔은 글로벌 여론조사기관으로 1997년부터 주로 기업과 기관의 지속 가능성에 대한 사항을 조사하고, 다양한 사항에 대한 여론을 조사, 분석하여 발표하는 기관이다. 본 연구는 2019년 공정무역 소비자들의 인식을 조사하기 위하여 호주, 캐나다, 독일, 인도, 뉴질랜드, 스위스, 영국, 미국 총 8개국의 소비자를 대상으로 진행되었다. 자세한 내용은 아래에서 찾아볼 수 있다.
https:// globescan.com/fairtrade-reflection-consumers-personal-values/

자들의 인권을 보호하고 환경을 생각하며 재배된 원료를 수출입하고 제조하는 과정을 통해 제품의 신뢰뿐만 아니라 기업의 사회적 공헌 활동에도 긍정적인 영향을 미친다. 공정무역 원료를 취급한 제품을 생산하여 기업의 성장을 도모할 뿐만 아니라, 개발도상국의 생산자와 노동자를 지원하여 보다 지속 가능한 상생 구조를 이룰 수 있게 된다.

공정무역을 통해 혜택을 얻을 수 있는 또 다른 주체는 바로 소비자이다. 자신이 소비하는 제품이 어떤 생산자로부터, 어디서, 어떻게 생산되었음을 알 수 있고 까다로운 공정무역 기준과 인증 마크 덕분에 더욱 안전한 먹거리와 제품을 손쉽게 만날 수 있다. 소비자가 하나하나 챙길 수 없는 부분의 모든 생산 과정을 공정무역 시스템을 통해 더욱 투명하고 철저하게 보장받을 수 있는 것이다. 뿐만 아니라, 공정무역 제품을 소비함으로써 자신이 구매한 제품이 사회와 지구에 어떠한 영향을 미치는가를 더욱 직접적으로 알 수 있으며, 이를 통해 제품의 가격 이면에 있는 가치를 생각하는 윤리적 소비자로 성장할 수 있다. 실제로 코로나19 팬데믹 이후, 전 세계적으로 공정무역과 유기농 제품에 대한 관심과 선호도가 높아졌다. 이는 소비자들이 개인의 소비와 선택이 사회와 지구에 직접적인 영향을 미칠 수 있다는 것을 자각하게 되었으며, 더욱 지속 가능하고 건강한 먹거리와 제품을 찾고 있다는 것을 의미한다. 예를 들어, 공정무역 기준은 원료를 생산할 때 가장 까다롭기로 소문난 유럽연합(EU)의 사용 금지 농약 기준을 지키도록 명시하고 있으며, 전 세계 국가가 금지하고 있는 인체에 해로운 화학물질 혹은 유전자 변형 물질 등의 사용을 일절 금지하고 있다. 실제로 공정무역 인증 생산자 조합 중 50-70% 이상은 이미 유기재배 농가이며, 국제공정무역기구는 유기농 정책을 제정하고 생산자 조합의 유기농 재배로의 전환을 장려하고 있다. 이에 따라, 소비자는 공정무역을 통해 더욱 친환경적이고 안전한 먹거리를 쉽게 찾을 수 있고 소비할 수 있게 된다.

마지막으로 공정무역은 위의 사례들처럼 사람뿐만 아니라, 무역의 모든 단계가 펼쳐지는 무대, 바로 지구에도 이로운 영향을 미친다. 먼저, 국제공정무역기구의 공정무역 기준 내용의 27%는 환경 보호와 관련된 기준이다. 공정무역 기준은 생산자들이 생산 과정에서 토양과 수질을 개선하고 병충해를 관리하며, 유해 화학 물질 사용을 하지 못하도록 명시하고 있다. 그 밖에도 기후 변화에 가장 취약한 개발도상국의 생산자들에게 기후 변화에 직접 적응하고 대응할 수 있는 다양한 교육과 훈련을 제공하고 있다. 이를 통해 지구는 더욱 지속 가능한 환경을 가질 수 있게 되는 것이다. 또한, 국제공정무역기구는 2003년 세계자연기금(WWWF)과 다른 환경 NGO들이 기후 변화에 적극적으로 대응하고 엄격한 기후 기준을 제정하기 위해 설립한 국제기구인 골드스탠다드(The Gold Standard)와 협력하여, 공정무역 기후 기준을 따로 제정하였으며, 각 공정무역 인증 생산자 조합이 지구를 위한 다양한 환경 프로젝트에 참여하도록 장려하고 있다. 생산자 조합은 환경 프로젝트를 통해 생산 방식이나 생활 방식에서 배출되는 탄소를 줄여 탄소 배출권을 생성하고, 기후 변화 대응에 기여하고자 하는 기업들은 공정무역 생산자 조합으로부터 탄소 배출권을 구매함으로써 생산자들이 진행하고 있는 환경 프로젝트에 투자할 수 있다. 국제공정무

에너지 효율 프로젝트

국가: 레소토
재정 지원: 공정무역 탄소 배출권
후원: DHL 그룹

이 프로젝트는 지난 25년 간 야외에서 불을 지펴 요리하는 관행으로 숲의 2/3을 잃은 국가인 레소토의 마을들에 10,000개의 에너지 효율 레인지를 제공했다. 만약 현재의 장작 사용이 수그러들지 않고 계속 된다면, 15년 안에 이 국가는 삼림을 완전히 잃을 것이다. 더 효율적인 장작 화로는 가구들이 요리를 할 때 더 적은 연기에 노출됨을 의미하며, 장작 사용량과 그로 인한 온실가스 배출량을 80%까지 줄인다.

국가: 에티오피아   품목: 커피
생산자 조합: OROMIA   재정 지원: 공정무역 탄소 배출권
FLO ID: 897

김비(GHIMBI) 지역에서는 커피 재배 공동체의 20,000 가구에 40,000개의 에너지 효율 스토브가 제공되었고, 새로운 스토브는 에티오피아식 요리에 사용되는 돌 세 개로 불을 피우는 전통적인 방식을 대체했다. 야외에서 불을 피워 요리하는 것과 비교해 새 스토브는 이산화탄소 배출량을 최대 70퍼센트까지 줄였다.

재식림 프로젝트

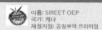
이름: COOCAFE   FLOID: 718
국가: 코스타리카   생산물: 커피
재정 지원: 공정무역 프리미엄

공정무역 프리미엄은 재식림 프로젝트에 투자되었다. 5000 헥타르에 나무가 다시 심어졌고, 농부들은 커피 농장에 그늘 나무를 심고 있는데, 이는 탄소 포집을 도울 뿐만 아니라 커피의 품질 또한 향상시킨다.

이름: SIREET OEP   FLOID: 4711
국가: 케냐   생산물: 차
재정지원: 공정무역 프리미엄

조합원들은 양묘장을 만들고 삼림 벌채를 줄이는 교육을 제공하는 데에 공정무역 프리미엄을 사용했다.

이미 150,000 그루 이상의 나무를 심었다.

공정무역 환경 프로젝트 사례 예시

역기구가 기후 변화 대응을 위해 이행하고 있는 프로그램으로는 재식림 프로젝트, 기후 변화 방지 교육, 야생동물 보호 프로젝트 등이 있다.

공정무역과 여성, 어린이

조사에 따르면, 여성은 농업 생산 활동의 43%를 차지함*에도

불구하고 토지, 기술, 시장 등의 자원 접근성에 있어 차별을 받고 있다고 한다(WEF, 2018). 대부분 여성은 농장 소유주가 아닌 노동자로 고용되어 농업에 종사하는 경우가 많으며, 임금과 농장 소유권 측면에서 차별 대우를 받고 있다. 뿐만 아니라 교육 및 고용에 대한 기회가 남성보다 현저히 적다. 이에 따라 여성은 농업 관련 지식이나 기술을 접할 수 있는 기회가 상대적으로 적고, 노동조합에 가입하고 싶어도 그 기회를 갖지 못하는 경우가 대다수이다.

이러한 문제점을 해결하고자 국제공정무역기구는 여성 보호와 역량 강화를 위한 다양한 방안을 제안하고 이행하고 있다. 첫째, 국제공정무역기구는 성 불평등을 방지하기 위한 특별 조항을 공정무역 기준에 포함시켰다. 즉, 생산자 조합 내에서 성적으로 위협적이고 착취적인 상황과 행동을 방지하고 제재하기 위한 규칙 등이 명시되어 있는 것이다. 둘째, 생산자 조합 내 여성들의 역량을 키워주는 훈련과 교육을 통해 여성 리더 양성에 힘쓰고 있다. 한 예로 지역사회의 주요 수입원인 코코아 사업인 코트디부아르에서의 여성 리더십 양성을 꼽을 수 있다. 이 지역은 전체 코코아 생산자 중 68%가 여성 노동자이며, 이 여성들의 인권을 신장하기 위해 국제공정무역기구는 공정무역 여성리더십학교(Fairtrade Women's School of Leadership)를 설립하였다. 이 프로그램에 24개 공정무역 코코아 생산 조합에서 약 5천여 명의 여성 노동자들이 참가했으며 농업, 금융, 협상, 의사결정 등의 기술에 대한 실질적인 교육을 이수하였을 뿐만 아니라, 지역 내의 남성들에게도 교육을 제공하여

---

* 세계경제포럼 World Economic Fourm(WEF), *Innovation with a Purpose: The role of technology innovation in accelerating food systems transformation*, 2018, 6.

지역사회에서의 성평등에 대한 인식을 제고하였다. 그 밖에도 국제공정무역기구는 공정무역 프리미엄을 사용하여 여성이 운영하는 지역 사업을 지원하는 데 사용하기도 하고, 새로운 성 격차 프로그램을 개발하여 여성과 남성이 모두 존중받는 지역사회를 만들고자 노력하고 있다.

마지막으로 국제공정무역기구는 아동 노동을 근절하기 위해서 다양한 노력을 이행하고 있다. 국제공정무역기구가 정의하는 아동 노동은 아동의 건강과 복지에 해롭거나 교육, 여가 및 발달에 지장을 주는 일을 말한다. 국제공정무역기구는 이러한 아동 노동에 대해서도 몇 가지 구체적인 기준을 정해두고 있다. 먼저, 공정무역 인증 생산자 조합들은 15세 이하 어린이는 고용하지 않으며, 18세 이하 청소년에게 교육이나 성장에 방해되는 일은 시킬 수 없다. 다만, 아이들은 오직 가족농장에서만 엄격한 조건 아래 부모의 일을 도울 수 있다. 마지막으로 아동 노동이 일어나기 쉬운 지역의 생산자 조합은 아동 노동을 근절 또는 경감시키는 계획을 공정무역 개발 계획(Fairtrade Development Plan)에 포함하도록 권장하고 있다. 또한, 만약 생산자 조합이 조합 내에서 아동 노동이 일어난다고 인식했다면, 그에 대한 해결과 재발 방지를 위한 정책을 수립해야 한다.

예를 들어, 코스타리카의 한 협동조합은 공공기관들과 협력하여 공정무역 프리미엄으로 행복의 집(Casa de la Alegría) 아동센터를 설립했다. 매년 코스타리카 커피 수확 시기에는 파나마의 응가베부글레(Ngäbe-Buglé) 원주민 부족 천 오백여 명 이상이 커피 수확 일을 위해 국경을 넘어오는데, 이때 아이들도 함께 데려온다. 공정무역 인증 생산자 조합은 이 부모들과 함께 온 아이들의 노동을 방지하기 위해 프리미엄을 활용하여 행복의 집(Casa de la Alegría) 즉, 유아보호소를 설립하였고, 아동 노동 문제에 대해 합법적이면서도 실질적인 해결책을 제공하였다.

국제공정무역기구 한국사무소와 함께한 지난 10년의 세월을 돌아보며

지난 10년간 많은 소비자, 시민, 학생, 기업의 구매담당자들로부터 "공정무역 인증원료인 만큼, 가격이 부담스럽겠네요?" 혹은 "납품가격이 좀 있겠네요?"라는 질문을 많이 받아왔다. 흔히, 공정무역 제품의 소비자가격이 비쌀 것이라는 추측을 던지는 것이다. 필자는 이러한 질문을 받을 때마다 우리에게 고정관념이 있지는 않은가 생각한다. 우리는 자본주의 체제 속에 살고 있다. 자본주의의 시스템 아래, 소비자 가격은 최종 상품 브랜드 또는 유통점 브랜드에 따라 정해지고 소비자들은 이 값을 지불한다. 소비자가는 초기 원료 가격과 무관하게 결국 브랜드에 의해 책정되는 것이다. 실제로 소비자가격 속 공정무역 원료가 차지하는 원가 비율은 그리 크지 않다. 소비자가에는 공정무역 원료의 가격 외에도 기타 원료 가격 그리고 수입 및 통관, 가공 및 제조, 유통과 홍보 마케팅 및 인건비 등 다양한 요소가 종합적으로 포함되어 있으며, 최종적으로 제조사는 브랜드 정책 또는 유통사별 마진 등을 고려하여 소비자가격을 책정한다. 필자는 그동안 공정무역 원료의 가격이 제품의 소비자 가격과 거의 연관되지 않는 것을 경험하였다. 오히려 공정무역 인증 원료를 사용한 제품이 사람과 지구를 살리는 제품으로 소비자에게 인식되어 있는 만큼, 중·장기적으로는 제품의 경쟁력을 높이고 매출을 극대화하여 기업의 이윤 창출과 지속 가능한 성장 발전에 긍정적인 효과를 미친다고 생각한다.

국제공정무역기구는 이러한 고정관념을 깨고 시민, 학생, 소비자에게 공정무역을 알릴 수 있도록 다양한 캠페인을 추진하고 있다. 또한 공정무역 관련 기업과 유통사에 공정무역 원료 현황 및 제품 안내를 통해 원료 구매를 지원하고, 공정무역 제품 제조와 인증을 위한 행정절차를 돕고 있으며, 판매를 위한 유통사 등을 지원하고 있다. 국제공정무역기구의 목표는 이러한 활동을 통해 안전성, 윤리성, 지속 가능성이 담보된 공정무역 인증 제품을 더 많은 기업이 생산하고 유통하게 함으로써, 최종적으로는 전 세계의 소비자와 개발도상국의 생산자들을 돕고 지속 가능한 지구를 만드는 것이다.

더불어 최근 국내 공정무역 관련 기업과 단체들의 노력으로 초, 중, 고등학교 그리고 대학에서 공정무역 교육과 실습이 활성화되고 있어 감사 인사를 전하는 바이다. 비대면 교육 활성화를 위해 금번 국제공정무역기구 한국사무소 역시 위의 기고 내용을 기반으로 다양한 자료와 비디오 등을 더해 온라인 교육 강의를 제작하였다. 구독자 및 시민·학생들에게 공정무역을 보다 쉽고 명확하게 알리기 위해 무료로 온라인 교육을 제공하는 만큼, 이를 통해 더 많은 대중이 공정무역에 대해 관심을 갖고 성원해주시길 기대한다. 자세한 사항은 국제공정무역기구 한국사무소 홈페이지(www.fairtradekorea.org)에서 만나 볼 수 있다.

"공정무역인증마크 제품을 소비하시는 소비자 여러분! 여러분은 사람과 지구를 살리는 글로벌 시민입니다. 필자 또한 독자 여러분과 함께 공정무역 활성화와 홍보에 노력을 다할 것입니다.

일본 페어트레이드 톺아보기

신명직

(구마모토 가쿠엔 대학 교수)

1. 방글라데시 의류공장 붕괴사고는 누구의 책임인가?

페어트레이드 활동을 하다보면 늘 듣는 질문이 있다. 우리도 먹고 살기 힘든데, 왜 먼 나라 사람들까지 도와줘야 하느냐, 혹은 누군가를 도와줘야 한다면, 먼저 가까운 이웃부터 도와야 하는 거 아니냐는 질문이다. 이 질문에 답하기 위해서는 이와 같은 물음의 전제라 할 수 있는 "도와준다"라는 표현이 과연 합당한 표현인지 먼저 검토해야만 할 것이다. 페어트레이드가 개발도상국 생산자를 그저 '도와주는 것'이란 말속엔 많은 사실관계가 무시되거나 생략된 선진국 중심주의가 숨어 있다. 방글라데시 의류공장 붕괴사고 책임이 누구에게 있는지를 꼼꼼하게 따져보다 보면 이 문제는 어쩌면 저절로 해결될지도 모른다.

1) 셔츠 인건비 '9천 대 260'

2013년 4월 방글라데시 수도 다카 부근 사바르(Savar)에서는 의류공장 붕괴사고가 일어나 지상 8층인 라나 플라자(Rana Plaza)가 그대로 무너졌다. 이 사고로 1,129명이 사망하고 2,500여 명이 부상을 입었다. 의류공장 화재 및 붕괴사고는 방글라데시 수도 다카 인근에서만 6개월 동안 4건이나 발생했다. 4월에 발생한 붕괴사고는 결코 우연한 것이 아니었다. 이미 예고된 것이었지만, 그냥 방치한 채 3천여 명이 그대로 작업을 하다 대형 사고를 당한 것이다.

이와 같은 사고가 발생하게 된 배경은 무엇일까? 먼저 잘 알려져 있지 않지만 방글라데시가 중국에 이어 세계에서 두 번째로 의류 수출을 많이 하는 나라란 점을 들 수 있다. 최근 5년 동안 방글라데시 의류 시장은 급성장했다. 방글라데시 의류산업은 전 수출 산업에서 80%를 차지할 정도로 그 비중이 높다. 결론부터 이야기하자면 바로 이와 같은 의류산업 급성장이 의류공장 붕괴사고를 불러일으켰다고 할 수 있다.

국제노동인권협회가 조사한 것을 미국 씨엔엔(CNN)이 보도한 바에 따르면, 셔츠 한 장을 만드는데 미국에서는 원재료비 6천 원(5$), 세탁비 9백 원(0.75$), 인건비 9천 원(7.47$), 도합 1만6천 원(13.22$)이 드는데 비해, 방글라데시에서는 원재료비 4천 원(3.3$), 세탁비 240원(0.20$)에, 인건비 260원(0.22$)을 더해 총 4,500원(3.72$)이 든다. 이 가운데 가장 크게 차이가 나는 것은 인건비이다. 셔츠 한 장을 만드는데 드는 인건비가 9천 원(미국) 대 260원(방글

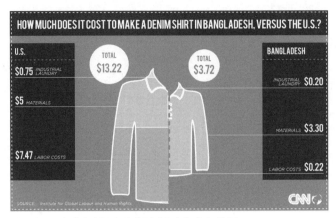

데님셔츠 1장 생산비용 비교(미국/방글라데시) © CNN

방글라데시 의류공장 붕괴(2013년) 현장. © The Rana Plaza Arrangement

라데시), 방글라데시 인건비는 미국 인건비의 2.8%에 불과하다.

일본 대학생들에게 미국 인건비 9천 원(9백 엔)을 이야기하면, 모두 자신의 아르바이트 시급과 비슷하다고 한다. 학생들에게 그럼 "누군가가 너희들 아르바이트 시급을 260원(26엔)밖에 줄 수 없다고 한다면 너희들은 어떻게 하겠느냐"고 물으면, 학생들은 즉

시 "말도 안 된다"며 모두 피식 웃는다. 하지만 이 말도 안 되는 35배의 격차(글로벌 양극화)가 방글라데시 의류공장 현실이었고, 이와 같은 사실이 그곳 의류공장 붕괴사고를 불러일으켰다. 하청의 재하청을 반복하면서 임금은 점점 더 싸질 수밖에 없었고, 마스크와 환기는 물론 안전한 공장 부지조차 확보하지 못한 탓에, 의류공장은 붕괴될 수밖에 없었고, 수천 명의 목숨 또한 연기처럼 사라져버리고 말았다.

여기서 한 가지 짚고 넘어가야 할 것은 '9천 대 260'의 구조를 무너뜨리지 않고 유지할 수 있도록 하는 그 힘은 과연 어디에서 나오는가 하는 것이다. '공정하지 않은(unfair)' 기울어진 운동장을 계속해서 유지할 수 있었던 힘은 바로 '국경'이었다. 어떤 이들은 국경만 없애면 곧바로 운동장이 평평해질 수 있을 거라고 말하곤 하지만, 국경이 사라지는 순간 소수의 도시는 넘쳐나는 사람들의 지옥으로, 대다수 지구촌 마을들은 황량한 지옥으로 변모되어 운동장 자체가 사라져버릴지도 모를 일이다. 국경을 없애는 것이 아니라 국경을 유연화, 민주화할 필요가 있다. 페어트레이드는 이처럼 국경을 넘나드는 사람들 간의 교역을 유연화, 민주화해서, '9천 대 260'이라는 기울어진-불공정한 시스템을 바로잡기 위한 새로운 시스템이라 할 수 있다.

2) 의류공장 붕괴, 누구 때문인가?

아래 사진 한 장을 주목해보자. 방글라데시 의류공장 붕괴사고가 나자, 뉴욕의 청년들이 대표적인 글로벌 패스트패션 업체인 갭

방글라데시 붕괴공장의 원청회사 GAP 반대시위 "죽음의 트랩 없애라"
© Justin Sullivan-Getty Images

(GAP)에게 사고 책임을 묻는 시위 장면이다. 이들은 왜 방글라데시 공장 책임자에게 붕괴 책임을 묻는 대신, 글로벌 패션업체인 갭에게 항의를 하는 것일까? 갭이 방글라데시 의류공장에 하청을 준 명품 대기업 가운데 하나였기 때문이다. 물론 갭만이 아니다. 리바이스(Levi's), 나이키, 이탈리아 베네통, 스페인 망고(Mango) 등, 명품 브랜드를 보유하고 있는 40여 개 기업이 붕괴사고가 난 방글라데시 의류공장에 하청을 주고 있었다.

대표적인 패스트패션 업체 H&M도 예외는 아니었다. 글로벌 지점 5천여 개를 소유하고 있는 H&M 본사는 스웨덴에 있다. 그곳 스웨덴에서는 방글라데시 의류 붕괴 사고로 가족을 잃은 소녀가 "얼마나 더 많은 희생자가 필요한지"를 H&M 회장에게 묻는 포스터도 등장했다.

물론 일차적인 책임은 공장 책임자에게 있다. 하지만 그가 그

붕괴공장에서 H&M 제품도 발견되었다. H&M 회장과 가족을 잃고 우는 소녀
© AVAAZ.org

곳에서 일하는 사람들을 죽음으로 몰아넣은 것은 다름 아닌 글로
벌 패스트패션 회사들의 임금 깎기였다. 9천 대 260도 모자라,
260 이하로 임금을 쥐어짜려 했기 때문이다. 의류공장 붕괴의 숨
겨진 진짜 책임자들은 바로 글로벌 패스트패션 기업 대표들이다.

　그게 전부가 아닐 수 있다. 붕괴사고 직후 뉴욕 타임스는 사고
현장에 널부러진 유명한 브랜드 명품 옷들을 비춰주며 이런 제목
을 붙여놓았다. "문제는 당신의 피부가 맞닿아 있는 곳에 있다."
공장 안전 책임자 뒤에 보다 값싼 생산비만을 추구하던 글로벌 명
품 패스트패션 기업 대표들이 있었다면, 그들 뒤엔 명품 브랜드로
포장된 값싼 패스트패션만을 좇는 소비자들이 있었음을 뉴욕 타
임스는 잊지 않았다.

　문제는 생산자들에게만 있는 것이 아니라 소비자에게도 있음
을, 붕괴사고 책임은 갭(GAP) 사장에게만 있는 것이 아니라 이를
비판하는 청년들 자신에게도 있을 수 있음을 신문은 지적하고 있
었다. 문제 해결 방식 역시 멀리 있는 것이 아니라, 바로 우리 소비
자에게 피부가 맞닿은 곳, 바로 소비가 이루어지는 아주 가까운
곳에 있음을 지적한 것이다. 적정한 가격을 지불한 소비, 9천 대

260이라는 기울어진 운동장이 아닌, 조금은 더 유연하고 민주적인 국경에 기초한 교역, 페어트레이드에 기초한 소비가 이루어질 때, 제2, 제3의 의류공장 붕괴와 희생은 사전에 막을 수 있다.

여기서 한 가지 분명히 짚고 넘어가야 할 점은, 그렇게 만들어 낸 명품 패스트패션 제품 가격이 과연 저렴한가 하는 점이다. H&M과 갭(GAP), 유니클로와 같은 패스트패션 제품들을 찾는 가장 큰 이유는 디자인성이 뛰어나면서도 값이 저렴하다는 점이지만, 따지고 보면 반드시 그런 것도 아니다. 필요에 의해 옷을 생산해내는 것이 아니라, 일단 유행에 맞춰 옷을 만들어 놓다보니 라벨을 뜯지도 않고 곧장 소각로로 가는 옷만 해도 연 10억 벌(2018년/일본)이나 된다. 엄청난 양의 패스트패션 제품들을 지속 생산해낸 결과, 화학섬유 염색과정에서 바다에 뿌려진 플라스틱은 생수병 500억 개 분량(매년)이며, 공기 중에 배출된 탄소량은 국제선 비행기와 선박이 뿜는 탄소를 합한 것보다도 많다.

생산되자마자 버려지는 의류 생산비용과 소각 비용, 거기에다 바다와 하늘을 오염하는 비용까지 보태면, 패스트패션 생산 비용은 가히 천문학적일 수 있다. 결코 싸다고 할 수 없다. 적정한 생산 가격과 지속 가능한 소비, 페어트레이드만이 유일한 해결책일지 모른다.

3) 식탁 앞에 마주 앉은 아시아인 ─ 우리 '안'의 페어트레이드

페어트레이드는 물론 국경을 넘는 교역에만 해당되는 것은 아니다. 한 번은 네팔 커피마을로 가는 어느 산속 마을에서 아이들을

네팔 산골에서 만난 아이 뒤로 코카콜라 간판이 보인다.

만난 적이 있다. "나마스테"하며 두 손 모아 인사하는 아이들 뒤로 벽면 가득 빨간 글씨로 쓴 코카콜라 간판을 발견할 수 있었다. 그때 문득 만약 이 아이들이 이 마을을 떠나 카트만두에서 아동 노동을 하게 된다면, 아마도 저 코카콜라 간판이 이 아이들을 카트만두로 불러들였을 것이라는 생각이 들었다.

카트만두로 간 그 아이들은 어찌 되었을까. 청년이 되자 하나, 둘 한국으로, 일본으로, 중동으로 이주 노동을 떠났을지 모를 일이다. 히말라야 산골짜기까지 찾아 들어선 그 코카콜라 간판이 아이들을 카트만두로 아동 노동을 하도록 유인해냈다면, 카트만두의 삼성과 도요타 간판은 그 아이들을 다시 한국과 일본으로 유인해 냈음이 틀림없다.

도시의 값싼 (아동) 노동을 위해 산골마을 아이들을 카트만두로 불러들인 것도, 값싼 노동력이 부족해 방글라데시, 네팔, 파키스탄

일본 나가노현의 고랭지 레터스(양상추) 산지의
외국인 기능실습생 ⓒ朝日新聞

일본 미야자키현의 가쓰오 잡이와 외국인 기능실습생
ⓒ 朝日新聞

청년들을 한국과 일본으로 불러들인 것도, 따지고 보면 9천 대 260의 기울어진 운동장을 유지하고, 신자유주의를 확대시키기 위해 글로벌 자본들이 기획한 것이라 할 수 있다. 그렇게 한국 이주 노동자와 일본 기능실습생이 된 그들에게 글로벌 자본은 자신들이 매겨놓은 먹이사슬의 맨 아래쪽, 가장 힘들고, 가장 위험하며, 가장 더러운 임무를 부여했다.

우리의 일용할 양식이 만들어지는 과정 또한 마찬가지다. 농사일 가운데 가장 힘들고 고통스러운 일들은 말할 것 없이 여전히 이들의 몫이다. 일본에서 고랭지 양상추(레터스) 재배로 유명한 나가노현에는 한때 중국 동북 지방에서 온 사람들 없이는 재배가 불가능했다. 지금은 베트남, 캄보디아, 필리핀 사람들이 그 자리를 대신하고 있다. 그들의 고통 없이 속이 꽉 차고 부드러운 고랭지 양상추 맛을 보기란 쉽지 않다. 어촌도 마찬가지다. 시즈오카나 미야자키현이 자랑하는 참다랑어(가쓰오)도 인도네시아 수산고등학교를 갓 졸업한 이주 노동자들 없이는 언감생심 엄두도 내기 힘들다.

미야자키현 난고마을 경우 20년 전에 비해 어부 숫자가 4분의 1로 줄어들었다. 그렇게 된 데는 아무리 좋은 조건을 제시해도 일본 청년들이 거들떠보지도 않기 때문이다. 그 바람에 수도권에 위치한 이바라키현의 경우 전체 농업인구 절반이 농업 이주 노동자들이 되어버렸고, 새로 농촌으로 진입하는 40세 이하 농업인구의 절반 정도가 이주 노동자들이다. 이쯤 되면 이주 노동자들 없는 일본 식탁은 상상조차 하기 힘들다고 할 수 있다.

그뿐 아니라 일본 이주 노동자(기능실습생)들은, 한국보다 더 열악한 제도적 조건에, 정주권이 주어지지 않는 한도기일까지 노동력을 사용하고 나면 마지막엔 일회용 소모품처럼 버려지고 말 뿐이다. 기능과 기술을 배워 고향으로 돌아가 고향을 일으켜 세우려는 노력은 애초부터 가로막혀 있었던 셈이다.

이와 같은 시스템을 극복하기 위해서는, 이들이 농장 경영자들과 함께 만들어 낸 친환경 농산품에 적정한 가격을 지불하는 국경 내(우리 안의) 페어트레이드가 이루어질 필요가 있다. 그럴 경우 농장 경영자들은 농업 기능실습생(이주 노동자)들에게 제대로 된 농업 기술을 지도하고, 이들이 고향에 돌아가 농업인으로 자립 자활할 수 있도록 도울 수 있을 뿐 아니라, 스스로 안정적이고 지속 가능한 친환경 농산물을 생산해낼 수 있을 것이다. 고향으로 돌아간 농업 이주 노동자들은 한국과 일본에서 배운 농업기술로 친환경 농산물을 만들어내고, 이들 농산품은 '국경을 넘나드는' 새로운 페어트레이드, 새로운 로컬 간 네트워크를 탄생시키게 될 것이다.

양배추 한 통과 참다랑어 한 마리를 구입할 때, 이들에게 돌아갈 적정비용(몫)을 다시 한번 생각해보고, 이들의 자립과 자활이 어떤 방식으로 보장될지를 되묻는 과정은 말 그대로 공정한 교역-페어트레이드의 전제조건이라 할 수 있다. 페어트레이드 현장은 바다 멀리에만 있는 것이 아니라, 이미 우리 안에 들어와 있고, 들과 바다는 물론, 편의점, 공장 할 것 없이, 힘든 현장이라면 그 어디에도 있다.

방글라데시 공장 붕괴 책임이 우리 피부가 맞닿는 곳(소비자)에도 있었듯이, 오늘 마주한 식탁이 풍요로웠다면 차가운 논물과 바닷물 속에서 길고 긴 사투를 벌여온 아시아인(생산자) 덕분이라는 것을 잊지 않아야 한다. 우리가 또 다른 아시아인과 식탁을 마주하고 앉았다는 것을 인식하는 순간, 페어트레이드는 이미 시작되었다고 할 수 있다. 우리의 피부가 맞닿은 곳에서 방글라데시 공장 소녀를 떠올리는 순간 페어트레이드가 시작되는 것처럼 말이다.

타국 농촌에서 고된 노동과 적은 보상을 감내하는 대신, 제대로 된 농업기술을 익혀 고향을 자립 자활이 가능한 마을로 만들어가고, 그렇게 해서 농업기술을 일러준 마을과 돌아온 고향마을이 또 다른 페어트레이드로 연결되는 꿈. 그것은 산골 마을을 떠나 낯선 도회지에서 이루어지던 아동 노동과 그 아이가 커서 해외로 떠나 이루어지던 이주 노동을 넘어서는 바로 그 길에 맞닿아 있다.

2. 일본의 페어트레이드

1) 유럽형 페어트레이드와 일본 생협형 페어트레이드

피플트리가 인도 생산자들과 만드는 패션 스톨

페어트레이드 인증 라벨로는 유럽의 대표적인 인증라벨인 국제공정무역기구(Fairtrade Labelling Organizations, 약칭 FLO) 라벨과 세계공정무역기구(World Fair Trade Organizations, 약칭 WFTO) 라벨 등이 있다.

구마모토가쿠엔 대학 페어트레이드 서클 학생들이 동아시아공생영화제
에서 피플트리 의상으로 패션쇼를 진행하고 있다. ©ShinMJ

일본 페어트레이드 기업 가운데 인정받은 기업이 많이 있지만 그
중에서도 소비자들로부터 많은 사랑을 받고 있는 기업은 피플 트
리(People Tree)라는 기업이라 할 수 있다.

피플 트리를 처음 시작한 것은 영국 출신의 사피아 미니(Safia
Minney)이다. 그녀가 처음으로 친환경 섬유를 기반으로 한 회사
'글로벌 빌리지'를 설립한 것은 1991년. 방글라데시 여성들이 만
든 손가방과 옷 등을 출시한 뒤, 도쿄 지유가오카(自由が丘)에 매
장을 연 것은 1998년이다. 1996년 국제공정무역연합(IFAT: 2009
WFTO로 개칭)에 가입한 뒤, 1997년부터는 유기농 면을 사용한 페
어트레이드 패션 사업을 본격화했다.

피플트리는 유기농 섬유 인증인 국제오가닉섬유기준협회(GOT
S, Global Organic Textile Standard)를 2008년 세계 최초로 획득했으
며, 뉴욕, 런던, 도쿄의 유명 패션 디자이너들과 콜라보 제품들도
선보이기 시작했다. 영국 여배우 엠마 왓슨과의 특별 공동 기획(20
10년) 제품을 출시하기도 하고, 'WSGN 글로벌 패션 어워드 2010'

ATJ의 출발점인 필리핀 마스코바도 사탕수수 농원 ©ATJ

에서 '최우수 지속 가능한 브랜드 및 리테일러 상'을 수상하는 등, 글로벌 페어트레이드 브랜드로 급성장했다. 현재 영국 ASOS(850개 이상의 패션 화장품 브랜드를 전 세계 200여개 국가에 공급하는 온라인망) 등을 통해 전 세계 500여 매장에서 이 제품들이 판매되고 있다.

최근에는 페어트레이드 초콜릿 부문에서도 일본 최고 초콜릿으로 성장했는데, 피플 트리 초콜릿이 2017년 SPA(Social Products Award) 대상을 수상하기도 했다. 세계 최초로 2013년에 페어트레이드 라벨 인증을 획득하는 등, 라벨 인증을 중시하는 일본의 유럽형 페어트레이드 기업으로 우뚝 서 있다.

구마모토 가쿠엔 대학 페어트레이드 카페(Felicha/동아시아 공생 북카페) 학생들은 피플트리의 유기농 면으로 만든 제품들로 이루어진 패션쇼를 동아시아 공생 영화제(같은 대학에서 매년 개최되는)에서 선보이기도 했다.

일본 페어트레이드 또 한 축은 생협 등을 중심으로 한 ATJ(Alter Trade Japan)다. 페어트레이드란 이름 대신 민중교역(People to People)이란 용어를 사용한다. 한국의 4개 생협이 중심이 되어 설립된 피플스 페어트레이드 협동조합(PTCoop)도 같은 생각이지만, 민중교역이란 용어뿐 아니라 페어트레이드라는 용어도 함께 사용한다.

일본과 한국의 생협 등이 참가해 건립한 '호혜를 위한 아시아 민중기금' ©APF

ATJ 출발은 1987년 필리핀 네그로스섬에서 마스코바도 설탕을 수입하면서부터이다. 설탕 국제가격이 폭락하여 기아 상태에 빠진 네그로스섬 사람들을 구조하기 위해 기존 무역과는 다른 대안으로 직접 풀뿌리 민중 교역을 시작하자는 취지에서 만들어졌다. 정식 기업으로 출범한 것은 1989년. 1989년에 필리핀 바랑곤 지역 바나나 수입, 1992년에 인도네시아 에코 새우 수입, 1993년에 자연농업으로 재배된 한국 남도김치 수입, 영국 페어트레이드 단체인 트윈(TWIN)과 함께 남미(1996년), 르완다(2005년) 커피를 수입하였고, 아시아 커피 컬렉션으로 라오스(2005년), 동티모르(2007년) 커피를, 2004년엔 팔레스타인 올리브유를 들여오기 시작했다. 최근엔 인도네시아 파푸아 지역 원주민으로부터 카카오 콩을 들여와 파푸아 초콜릿(2013년)을 선보이기도 했다.

ATJ가 이룬 가장 큰 성과는 한국과 일본의 생협 등이 중심이 되어 호혜를 위한 아시아민중기금(Asian People's Fund)을 탄생시켰다는 점일 것이다. 2008년 일본 후쿠오카에서 설립준비위원회를 만들어, 2009년 서울에서 일본, 한국, 필리핀, 팔레스타인, 인도네시아, 동티모르, 파키스탄, 인도네시아 파푸아 등 총 7개국 300

여 명이 참석해 정식
설립총회를 가진 뒤
출범되었다. 한국과
일본의 참가 생협 조
합원 수는, 한살림
생협(약 66만), 두레
생협(약 20만), 일본
의 파르시스템(약 152
만), 그린코프(약 42만),

ATJ와 함께 동아시아 공생문화센터(구마모토)가 만들
어 공급하는 커피 '라오스의 향기'

생활 클럽(약 40만)만 해도 320만 명 이상이 참가하는 거대한 페어
트레이드(민중교역)가 탄생한 것이다.

구마모토 가쿠엔 대학 페어트레이드 카페와 NPO 동아시아 공
생 문화센터에선 ATJ를 통해 구입한 라오스 생두를 가공해 '라오
스의 향기'라는 커피를 학내 편의점과 학생들이 운영하는 학내 페
어트레이드 카페, 지역 생협 등에 공급하고 있다.

2) 일본의 다양한 페어트레이드

일본에선 이 밖에도 다양한 형태의 페어트레이드 기업이 존재
하고 있다. 그 중 대표적인 곳을 세군데 꼽으라면, 파시크(PARCIC)
와 제삼세계 숍 그리고 마더 하우스를 들 수 있다.

(1) PARCIC: 민제교역(民際交易)

파시크(PARCIC)는 1973년 설립된 파르크(PARC, Pacific Asia

Research Center)가 그 전신이라 할 수 있다. 파르크(PARC)는 남쪽과 북쪽 사람들이 대등하고 평등하게 살아가기 위한 대안(Alternative) 사회를 만들어가기 위해 활동을 시작한 이래, 파르크(PARC)자유학교, 잡지 알터(Alter) 등을 발간해 왔다. 1989년 일본 국내 18곳에서 개최된 피플즈 플랜 21세기(PP21) 국제연대운동을 비롯해, 일본과 아시아가 연대경제를 이루기 위한 대규모 운동을 일본과 태국(1992년), 네팔 등지(1996년)에서 전개했다. 2003년에는 파르크(PARC) 30주년 기념 심포지엄을 통해 연대경제의 주요 목표로서 토빈세, 지역통화와 함께 페어트레이드 과제를 본격적으로 다루기 시작했다.

도쿄 센슈대학에서 개최된 PARCIC 페어트레이드 마르셰 © PARCIC Mボ ラ

그 결과 2007년과 2009년, 필리핀 마닐라 등에서 개최된 아시아연대경제포럼을 통해 파르크(PARC)와 민제협력(Interpeoples' Cooperation: 民際協力)이 결합한 파시크(PARCIC)가 탄생했다. 파르크(PARC)와 파시크(PA-RCIC)는 1980-1990년대 탄생한 민중교역이나 페어트레이드와 달리 70년대 초반부터 40-50년 동안 아시아연대경제 연장선상에서 연구와 활동을 계속해온 오랜 역사를 지닌 단체이자 기업이다.

파르크(PARC) 시절부터 계속해온 동티모르, 스리랑카 등과 민제협력 뿐 아니라, 말레이시아 어민, 팔레스타인, 시리아 난민들과 민제협력, 동티모르 커피, 스리랑카 홍차, 허브티 등을 중심으로 한 페어트레이드(民際交易) 온라인숍 Par Marche도 운영하고 있다.

(2) 제삼세계숍: 커뮤니티 트레이드(Community Trade)

제삼세계숍은 가타오카 마사루(片岡勝) 씨가 미쓰비시 신탁은행(일본 최대은행인 미쓰비시UFJ신탁은행의 전신) 일을 그만두고, 1986년 일본 최초로 설립한 페어트레이드 기업 프레스 얼터너티브(Press Alternative) 산하의 수입-판매 기업이다. 가장 인기 있는 제품은 카레 항아리(壺). 향신료와 소스 등을 다양한 형태로 배합해, 화학조미료, 동물성 원료 등을 섞지 않은 세 종류 스리랑카 카레로,

 많은 이가 즐겨 찾는 페어트레이드 카레이다. 인도 염소 가죽 공예 및 필리핀 수제 종이 제품 등도 인기 상품에 속한다.

제삼세계숍이 가장 중시하는 것은 얼굴이 보이는 관계. 따라서

제삼세계숍에서 가장 인기가 있는 카레 항아리 © p-alt

제삼세계숍은 페어트레이드라는 용어보다는 커뮤니티 트레이드라는 용어를 더 선호한다. 제삼세계숍 파트너들이 처한 어려움이란 '빈곤'에만 한정되어 있지 않기 때문이다. 환경파괴, 전통문화

와 전통기술상실과 같은 다양한 문제가 복합적으로 얽혀있기 때문에, 한 기업이 아닌, 지역 전체(커뮤니티)가 함께 문제를 해결해 나가야만 한다고 이들은 생각하고 있다.

그렇게 해서 제삼세계숍을 통해 탄생한 커뮤니티 단체들로는 여성을 위한 세계은행 일본지부(WWBJapan), CWA(Community Work for Asia), 구스노키 깨끗한 마을 등이 있다. WWBJapan는 26년간 일본 전국에 여성 중심 기업 1천 개 이상을 탄생시켰다. 이들 기업은 현재 대만, 필리핀, 미얀마 등으로 커뮤니티 비즈니스를 확대하는 일을 진행하고 있다. CWA는 캄보디아를 비롯해, 네팔, 미얀마, 필리핀 등에서 사라지는 전통문화를 지키는 일에 앞장서고 있다. 지역 커뮤니티를 중심으로 전통문화에 대한 프라이드를 갖고 이를 소중하게 여기고 있는 각 지역 젊은이들이 중심이 되어 만들어가는 커뮤니티 활동이다.

구스노키 깨끗한 마을은 일본 야마구치현 우베시 구스노키(楠: 녹나무라는 뜻) 마을에 위치한 비영리단체이다. 젊은이들이 중심이 되어 버려진 차밭을 새로 일구고, 자급자족 마을을 만들어냈다. 최근엔 농약과 화학비료를 쓰지 않은 자연 양계, 채소, 과일 등을 재배하면서, 아시아의 다양한 지역 커뮤니티가 만들어낸 물품들을 새로운 가공품으로 만들어내는 새로운 커뮤니티 교역을 진행시켜 가고 있다.

(3) 마더 하우스(Mother House)

마더하우스 홈페이지에 들어가면 제일 먼저 이런 표현과 만나게 된다. "개발도상국이라고 싸잡아 표현하는 곳에도 가능성이 있음을 증명하고 싶다" 이와 같은 슬로건에 걸맞게 마더하우스는 '세계적으로 인정받는 개발도상국 발 브랜드'라는 목표를 내걸고 2006년 방글라데시에서 처음으로 가방을 만들기 시작했다. 현재는 방글라데시, 네팔, 인도네시아, 스리랑카, 인도, 미얀마 등 6개 국가에서 생산하고, 일본을 비롯한 4개 국가에서 판매하고 있다.

마더하우스 대표 상품은 가방이다. 기업 출발점이기도 한 방글라데시에서 주로 가방을 생산하고 있는데, 현재 방글라데시 직원만 250명이 넘는다. 방글라데시 공장에서 현지 특유의 가죽과 마를 사용해 가방과 가죽제품들을 만들어내고 있다. 네팔에서는 실크와 울, 캐시미어 등 다양한 천연소재를 사용해 어깨에 걸치는 긴 스톨을 생산해내고 있다. 인도 콜카타의 마더하우스 직영 공장에선 전통방식으로 수제 양복을 만들어내고 있고, 인도네시아와 스리랑카, 미얀마 등지에선 전통 세공기술을 활용한 귀금속 제품들이 생산되고 있다.

이들 제품생산과 관련해 주목해야할 점은, 이들 제품 모두 각 생산지 특성을 살린 소재를 발굴하고, 그 지역 전통방식으로 제품들을 생산해내고 있다는 점이다. "개성에는 우열이 없고 모두 각각 아름다움을 갖고 있다"는 신념을, 아시아 다양한 생산현장에서 구체화된 제품들로 증명해내고 있는 셈이다.

이와 관련하여 마더하우스가 특히 강조하고 있는 부분은 '일하는 환경'이다. 겉보기엔 좋아 보이지만 금방 싫증이 나서 자원을 낭비할 뿐 아니라, 값싼 제품을 만들기 위해 자연을 파괴하고 값싼 임금을 강요하는 패스트패션과 달리, 조금 비싸더라도 오래 쓰고 값어치 있는 제품을 만들기 위해 마더하우스는 노력한다. 그렇기 때문에 급여체계 역시 싼 임금을 강요하기보다, 연금, 의료보험, 여가활동 등 현지 최고 노동환경을 갖추고 있거나 그런 환경을 갖추기 위해 노력하고 있다. 뿐만 아니라 다소 비싸지만 한 번 구입하면 오래 사용하는 물건을 만들겠다는 신념하에 소셜 빈티지 개념을 도입해서 수리, 케어, 회수와 리사이클이라는 3단계 서비스를 마더하우스는 실천에 옮기고 있다.

이를테면 제품 케어 관련 전문지식을 가진 케어 마이스터 제도를 두고, 이들을 통해 제품 케어와 수리가 언제나 가능하도록 해, 늘 새로운 제품을 쓰는 것 같은 상태를 유지하는 제도를 마더하우스는 도입했다. 뿐만 아니라 더 이상 사용할 수 없게 된 제품은 회수하여 해체한 뒤 리메이크를 통해 새로운 제품(Rinne:輪廻/윤회)으로 만들어내기도 한다. 제품 회수에 협력한 사람들에게는 다른 제품 구매 시 1,500엔을 할인해주고 있고, 1,000엔분은 개발도상국 공중위생사업에 사용하는 등 자원 재활용과 재생산까지 염두에 둔 시스템이다. 말 그대로 소셜 빈티지 개념을 현실화시켜낸 것이라 할 수 있다.

3) 일본 대기업 중심으로 진행되는 페어트레이드

(1) 이온(AEON)

일본 최대 슈퍼/쇼핑몰 기업인 이온은 지속 가능성(Sustainability)을 기업 이념에서 중요한 축으로 생각하고 있는 기업 가운데 하나이다. 2020년도에 30번째를 맞이하는 이온 환경활동 조성사업(이온 환경재단 주관)의 경우 전국 94개 환경단체에 9,198만 엔(약 10억

AEON의 페어트레이드 제품 제휴판매 매장 © fairy's favourite

원), 지금까지 누적 28억 엔(3,153단체)에 달하는 조성 기금을 지급하는 등 환경활동에도 아주 열심이다.

슈퍼마켓을 베이스로 하고 있는 기업답게, 매출구성비 5%를 유기농 농산물로 조달한다든지, 식품 폐기물을 줄이기 위한 캠페인, 혹은 재활용 소재를 사용한 자체 브랜드 상품 용기개발 등, 다양하고 구체적으로 지속가능개발목표(SDGs) 프로젝트들도 진행 중에 있다. 페어트레이드는 이러한 지속 가능성을 구체화하기 위한 이온 프로그램 가운데 하나이다.

이온 자체 브랜드인 톱밸류(TOPVALU)가 개발한 페어트레이드 제품만 해도 15가지나 된다. 남미 커피(4종류), 유기농 초콜릿(6종류), 유기농 잼(4종류), 유기농 바나나(1종류) 등이 그것이다. 뿐만 아니라 요정의 즐겨찾기(Fairy's Favourite)라는 페어트레이드 직영 매장을 수도권과 나고야 지역 등에서 운영하고 있다. 관련 제품은 국제공정무역인증기구와 세계공정무역기구 인증 제품, 국제오가

닉섬유기준협회(GOTS) 인증 제품, 기타 페어트레이드 활동 제품 등이다.

이온 페어트레이드 매장에 가면 다양한 페어트레이드 제품 시리즈들도 함께 만나볼 수 있다. 인도 자수 패션제품으로 유명한 이토바나시(itobanashi) 소품 시리즈, 오랫동안 네팔지역과 페어트레이드 활동을 해온 네팔리 바자로가 네팔 사람들과 동북 지진피해자를 연결해 만들어 낸 화장품 구네(Kune) 시리즈, 1991년부터 인도와 탄자니아에서 유기농 면화 기지를 구축해온 비오리(bioRe) 프로젝트 관련 제품 시리즈 등이 이에 해당된다. 그 밖에 페어트레이드 운동화 베자(VEJA) 비오 호텔(Bio Hotels)이 개발한 운동화, 제삼세계숍 관련 인도의 거울 자수와 염소 가죽 공예, 피플트리 관련 재활용 샐리와 수제패션 등 일본 페어트레이드 관련 제품들도 함께 판매하고 있다. 이온 페어트레이드 매장(Fairy's Favourite)은 이들 기업 이외에도 25곳이나 되는 페어트레이드 파트너 단체/기업들과 제품 연계를 꾀하면서 다양한 형태로 판매촉진활동을 꾀하고 있다. 자체 브랜드인 톱밸류에서 개발한 페어트레이드 초콜릿을 통해, 중미지역 도미니카 카카오 생산자 단체인 코코나도(Coconado)와 함께, 페어트레이드 프리미엄 가격을 활용, 마을에 우물을 설치하고 학교시설을 정비하는 등 지역사회 전반의 생활향상도 도모하고 있다.

(2) 무인양품(無印良品)

한국에도 브랜드 이미지가 널리 알려진 대기업 가운데 하나인 '무인양품'도 페어트레이드 상품들을 선보이고 있다. "만드는 사람이 행복해야 맛있는 커피나 홍차를 마시는 사람도 행복하다"는 취지에서 2006년 페어트레이드 커피를 출시한 이후, 2007년 홍차, 2009년 페어트레이드 꽃, 어머니날 선물 등을 판매해왔다. 2010년부터는 전국 16개 점포에서 운영하는 카페 식사 MUJI 매장에서 페어트레이드 커피, 초콜릿 등 페어트레이드 상품 판매를 확대해 왔다. 2010년도 초반 국제공정무역기구 인증 마크를 단 페어트레이드 밀크초코와 화이트초코를 입힌 커피콩 등을 선보이기도 했다. 커피 이외의 음료로는 2000년대 후반부터 제공하기 시작한 인도 산 페어트레이드 얼그레이 홍차, 차이 브랜드 홍차(티백)를 비롯해, 페어트레이드 캔커피, 페트병 밀크티 등도 출시되었다.

현재 무인양품 온라인숍에서 페어트레이드 상품은 검색되지 않는다. 밸런타인데이를 전후해서 수제 초콜릿 키트(가토 쇼코라) 원자재로 벨기에 산 크베르츄르 규격 페어트레이드 초콜릿이 사용되는 정도이다. 하지만 이 제품에서도 2010년대 중반까지 붙어 있었던 국제공정무역기구 인증마크가 사라졌다. 기업의 지속 가능성, 특히 페어트레이드 부문의 지속 가능성은, 기업 마인드에 의해서만 이루어질 수 있는 것이 아니라는 것, 소비자들이 끊임없이 요구하고 소비할 때만 지속될 수 있다는 것을 우리에게 일깨워준다.

(3) 카르디(Kaldi)

일본에서 페어트레이드 제품을 취급하는 또 다른 대기업으로 카르디(Kaldi)를 들 수 있다. 카르디는 현재 대만 9개 점포를 포함해 일본 전국 460여 점포에서, 1만1천여 명(임시직 9천4백 명 포함, 2020년 8월)을 고용하고 있는 대기업이다. 1977년 원두 판매로

무인양품 수제 초콜릿 만들기 키트. 오른쪽 위에 있던 FLO 인증마크가 사라졌다. © 無印良品

과테말라 여성 생산자를 위한 브랜드 우먼즈 핸드 페어트레이드 커피 © KALDI

시작해, 2000년 이후 급성장한 커피, 와인 등 식자재를 수입 판매하고 있다. 최근에는 홋카이도 요이치에서 포도 재배와 포도주를 생산하는가 하면, 장애인들과 함께 식품 포장을 하는 회사 코웨이크(KOWAKE)를 따로 설립하는 등 사업을 다각화하고 있다.

주류를 이루는 커피 사업의 미션 가운데 하나는 지속 가능성(Sustainability)이다. 지속 가능성을 실천하기 위해 탄생한 프로젝트는 모두 4가지. 하나는 철새 서식지인 숲을 보호하기 위해 스미소니언 철새 센터가 중심이 되어 추진하고 있는 커피 분야의 환경보호 프로그램인 ① 버드 프렌드리(Bird Friendly) 커피 프로그램이다. 현재 자체 브랜드 커피 5종류를 생산 판매하고 있다. 또 다른 하나는 ② 도이퉁(Doitung) 개발 프로젝트인데, 세계 2위의 아편재배 지역이던 태국 북부 치앙라이주 도이퉁 지역에서 2009년부터 아편 대신 커피를 재배해서 수입 판매하고 있다.

그 밖에 ③ 우먼즈 핸드 커피 프로젝트가 있다. 과테말라의 한 지역에서 여성 생산자를 지원하기 위해 2012년부터 시작한 프로젝트로 이들의 인증 커피를 일본에서 처음으로 들여와 판매하고 있다. 카르디는 커피와 함께 와인 판매에도 힘을 기울이고 있다. 포도재배와 와인 수입판매 관련 소셜 프로젝트로는 ④ 산 파트리냐노(San Patrignano) 프로젝트가 있다. 약물중독에 빠진 이탈리아 청년들이 농업, 원예, 임업 등을 통해 지역사회에 안착해가는 프로젝트로 40년간 2만6천여 명 청년에게 도움을 준 프로젝트이다. 카르디는 이 프로젝트에 합류, 이곳에서 생산해낸 포도주를 일본에 판매하는 일을 하고 있다.

카르디 전체 규모에 비해 페어트레이드 커피 사업은 매우 미약하다는 평가를 받기도 한다.

(4) 스타벅스

페어트레이드 커피와 대척점에 서 있는 커피로 종종 스타벅스 커피가 그 예로 거론되고 있지만, 스타벅스 커피가 페어트레이드 커피 사업을 추진하지 않는 것은 아니다. 스타벅스는 페어트레이드라는 표현보다는 윤리적 커피라는 표현을 주로 사용한다. 커피와 농부의 공정함(C.A.F.E.: Coffee And Farmer Equity) 실천 프로젝트가 그것이다. 이 프로젝트는 커피공급업체가 노동환경 개선, 아동노동 규제, 토양침식과 오염방지, 생물 다양성 보전 등을 실천하는 프로그램으로, 이 지침이 제대로 준수되는지는 제3의 기관(국제환경 NGO 단체 CI)에 의한 평가를 받고 있다고 한다.

스타벅스 보고서에 따르면, 윤리적 커피(C.A.F.E.) 실천 프로그램

윤리적 커피 공급 99% 달성을 기념하는 스타벅
스 '윤리적 커피 데이'(매월 20일) © starbucks

은 2004년부터 본격적으로 실시되었고, 2015년에 이미 사용하는 생두의 99%(약 2억5천만kg)를 객관적 심사와 승인을 거쳐 윤리적 커피를 공급하고 있다는 판정을 받았다고 한다. 25개국 30만 명의 커피 생산자가 17만 헥타르 이상의 커피 농지에서 노동조건 개선과 지속 가능한 재배 방법으로 커피를 생산하고 있다.

　그뿐 아니라 스타벅스는 국제공정무역기구 라벨 인증을 받은 커피의 최대 구매자이며, 커피 잎 녹병 등을 개선하기 위해 2025년까지 커피나무 1억 그루를 제공하고, 생산지 교육과 물, 위생 등을 해결하기 위해 25만 명의 여성과 가족을 위한 리더십 기회를 제공하겠다는 목표도 세우고 있다. 커피 매장에서도 매월 20일을 윤리적 커피의 날로 잡고, 커피와 농부의 공정함(C.A.F.E.) 실천을 하고 있는 윤리적 커피로 드립 커피를, 페어트레이드 인증 이탈리안 로스트 커피로 아이스커피를 제공하고 있다고 한다. 특히 2015년 윤리적 커피 구매율 99% 달성을 기념해, 매년 9월 9일을 커피 생산자에게 감사하는 날로 지정, 99를 그려 넣은 커피를 제공하기도 한다는 것이 스타벅스의 설명이다.

하지만 페어트레이드 카페가 있는 구마모토 가쿠엔 대학 바로 앞에 위치한 스타벅스 커피숍에서 페어트레이드 커피가 판매되는 모습을 본 적이 없다. 매월 20일 '윤리적 커피의 날'이 개최되는 것을 보지도 못했다. 왜 그런 것일까.

3. 맺는말

문제는 커피잔이 맞닿는 우리의 입에 있다. 세계 최초 페어트레이드 대학인 옥스퍼드 브룩스 대학 안에 있는 스타벅스 커피숍에선 커피뿐 아니라, 바나나, 쿠키, 음료수에 이르기까지 국제공정무역기구 인증 마크가 붙어 있는 페어트레이드 상품만을 판매하고 있다. 소비자들의 까다로운 지적과 소비패턴이 대학 내 스타벅스 커피숍 운영방침을 바꾸었기 때문이다. 구마모토 가쿠엔 대학 앞에 있는 스타벅스가 윤리적 커피의 날조차 운영하지 않는 것은 아직 구마모토 가쿠엔 대학 페어트레이드 운동이 미약하다는 것을 입증하는 것과 마찬가지라 할 수 있다.

방글라데시 의류공장 붕괴사고 원인이 '우리 피부가 맞닿은 곳'에 있다고 지적했던 뉴욕타임스 기자 글은, 우리 대학교 앞에 있는 스타벅스 커피숍에도 곧바로 적용된다. 대기업 커피메이커와 커피숍들이 "99퍼센트 윤리적 커피 소비" 운운하고 있지만, 정작 우리의 입이 닿는 곳에선 아무런 변화가 일어나고 있지 않는 것은 우리 바로 소비자들의 책임이 크다. 무인양품이 2010년대 초반 페어트레이드 제품을 다양하게 선보이고, 카르디가 다양한 지속 가능한 커피 제품들을 선보였다가 결국 흐지부지되고 만 것 역시 소비자들의 소비패턴 변화 없인 아무것도 이루어지지 않는다는 뼈아픈 교훈을 우리에게 다시 한번 상기시켜 준다.

물론 그것이 전부는 아니다. 페어트레이드가 지속 가능한 교역이 되기 위해서는, 1차 생산자와 2차 생산자들이 소비자 마음을 움직일만한 상품들을 지속 개발해낼 때 가능한 것이기도 하다. 제삼세계 숍이 개발한 카레 항아리, 혹은 마더하우스가 개발한 소셜 빈티지 Rinne(윤회)처럼, 공정무역기업들이 소비자 마음을 사로잡을 페어트레이드 상품과 시스템을 개발할 때 지속 가능한 공생 교역은 자리 잡을 수 있기 때문이다.

생산지 개발에서 WFTO 가입까지

조여호

(카페티모르 대표)

동티모르, 로투투마을을 만나다

동티모르(Timor Leste)는 오스트레일리아 바로 위에 있는 섬나라이다. 티모르섬은 16세기부터 20세기까지 4세기에 걸쳐 포르투갈 식민지를 경험하고, 2차 세계대전 때는 일본에게 침략당했으며, 1976년에는 인도네시아에 다시 강점되었다. 인도네시아 정부는 동티모르를 27번째 주로 편입시켰지만, 독립에 대한 동티모르 국민의 열망이 강하게 일어나서 끝없이 투쟁이 일어나면서 세계적인 조명을 받게 되었다. 이후 유엔 감시하에 동티모르 독립을 위한 국민투표를 실시하게 되었으며, 독립 찬성표가 80%로 2002년 '동티모르 민주공화국*'이 탄생하게 되었다. 이 과정에서 인도네시아 군과 이를 지지하는 민병대에 의해 자행되는 약탈과 방화,

---

* 피스커피 홈페이지에 동티모르 역사와 산지 등이 자세히 소개되어 있다.

동티모르 전통 가옥. 시골로 가면 실제로 사람들이 많이 살고 있다.

살인의 끔찍한 상황을 겪기도 했으나 그 결과 티모르섬 동쪽은 독립국가인 동티모르가 되었다.

　동티모르는 21세기에 최초로 독립한 국가이지만, 열강들의 강점과 그에 따른 민족 내부의 갈등을 겪는 아픔을 간직하고 있는 나라라는 점에서, 어찌 보면 우리나라와 비슷한 역사적 궤적을 가지고 있다. 동티모르는 인구 1,066,409명(2010년), 국민총생산(GDP) 1,054백만 달러(2011년), 1인당 국민소득 649달러(2011년)인 최빈국으로 국가 크기는 우리나라 경상북도 규모인 14,609㎢ 정도다. 종교는 97%가 가톨릭이고, 2% 개신교, 기타 소수 무슬림으로 구성되어 있고, '테튬'이라는 자체 언어를 사용하고 있다. 식민지 영향으로 포르투갈어와 인도네시아 언어를 섞어 사용하고 있다.

　독립 이후 2004년 당시 동티모르 대통령인 사나나 구스마오가

사나나 구스마오 전 대통령(오른쪽) 2004년도 한국 방문

한국에 왔을 때, 필자가 근무했었던 한국기독교청년회전국연맹(이하 '한국YMCA'로 표기)을 방문하였다. 사나나 대통령이 "동티모르에도 젊은이들이 희망을 가질 수 있도록 적극적인 도움을 요청합니다"라는 호소에 응답하여 한국YMCA와 일본기독교청년회동맹, 아시아·태평양기독교청년회연맹이 함께 동티모르 지원계획을 수립하여 지원하기 시작하였다.

한국YMCA는 총 3년 지원 계획을 세웠고, 이 가운데 첫해는 전국 회원들이 모금하여 동티모르를 도왔다. 그러나 지속적이고 장기적인 협력 구조를 갖추기 위해서는 모금을 넘어서는 방식이 필요함을 느끼고, 동티모르기독교청년회를 설립하게 하여 이 동티모르기독교청년회가 자기 나라에서 건강하고 지속 가능한 비영리단체(NGO)로 자립할 수 있게 지원하는 것이 가장 좋은 방법이라는 결론에 이르게 되었다.

동티모르에 비영리단체(NGO) 설립과 더불어 지원하기로 했던 분야가 바로 농촌 개발 사업이었다. 동티모르는 나라 전체 인구의 80% 이상이 농업에 종사하고 있다. YMCA는 이에 따라서 수도 딜리에서 120여 킬로미터 떨어진 곳에 위치한 사메(same) 지역 로투투, 카브라키 마을을 만나게 되었다. 오래전 동티모르에 들어와 커피 사업과 협동조합 설립 사업을 지원해 오고 있었던 일본 비영리단체 파룩 시스(PARC-SIS)라는 단체의 도움으로 이 마을과 협력 관계를 구축하게 되었다. 동티모르에서 유일하게 해외 수출이 가능한 작물은 바로 커피이다. 커피로 로투투, 카브라키 마을 사람들을 만나면서 농촌 개발사업과 공정무역 운동이 시작되었다.

공정무역의 가능성을 엿보다 ─ 피스커피(Peace Coffee) 탄생!

커피를 조상 대대로 이어서 수확하고 있었던 사메 지역 로투투, 카브라키 마을과 만남으로 한국YMCA에서 커피 프로젝트가 시작되었다. 한국기독교청년회와 일본기독교청년회가 협력하여 담당 간사를 현지에 파견하고 그 비용을 분담하기로 하였다. 이후 한국YMCA는 오늘에 이르기까지 협력자를 파견하여 동티모르기독교청년회와 함께 영어교실, 한글교실, 축구교실 등 사회개발 프로그램을 진행하고 사메 커피 사업을 지원하고 있다.

동티모르 국가 총 수출 규모가 16.4백만 달러(2010년)인데, 그중에서 커피 수출이 97.5%를 차지할 정도로 커피 생산이 국가 경제에 중요한 위치를 차지하고 있다. 여느 공정무역 커피 산지가 그렇듯이, 동티모르 역시 자본 논리에 힘없이 커피 열매를 값싸게

(왼쪽) 동티모르 커피 채집. 농장에서의 재배가 아닌, 뒷산에 널려있는 커피를 때가 되면 따온다.
(오른쪽) 커피 선적. 30kg 마대로 한국으로 온다.

내어주고 있는 상태였다. 자연에 있는 커피나무에서 열매를 따서
수집하여 중간상에 커피체리* 상태 그대로 넘겨주고 있었다. 가
공시설을 약간 설치하고 기술을 접목하면 커피 파치멘트** 까지 생
산할 수 있고, 그렇게 되면 좀 더 많은 부가가치를 창출해 낼 수
있는데도, 가공 능력과 가공 시설이 열악하기 때문에 커피체리를
그대로 판매하고 있었다.

우리가 커피 생산지로 처음 만난 사메 지역은 동티모르에서도
오지로 통하는 지역이다. 마유파이도에서 거의 중앙에 있는 사메
지역 카브라키와 로투투는 수도 딜리에서 남동쪽으로 120km, 자
동차로 7시간 이동해야 도착하는 전형적인 산촌 마을이다. 이 지
역은 500여 가구, 주민 6천여 명이 거주하며 커피, 옥수수, 감자

---

* 레드 체리라고도 한다. 커피나무 열매이며 이 체리의 과육을 제거하고 체리 가운데
  있는 씨앗을 잘 말려서 파치멘트라고 하는 씨앗을 싸고 있는 껍질을 제거하면 생두
  가 된다. 생두까지 많은 시간과 과정이 필요하다.
** 커피 체리에서 과육을 제어하고 남은 생두를 둘러싸고 있는 딱딱한 각질, 이것을
  벗기면 우리가 수입하는 생두가 된다.

정수장. 커피 가공을 위해 물이 필요하다.

등 농산물 재배를 주산업으로 하고 있다. 커피 경우에는 재배라기
보다는 뒷산에서 자연의 힘으로 자란 커피 열매가 익으면, 주민들
이 가서 커피체리를 따오는 방식이어서 거의 채집에 가깝다. 물론
가구별로 전통적인 방법으로 커피를 관리하기도 하지만, 대부분
은 때가 되면 채집하는 채집 커피이다. 이렇게 딴 커피체리를 가구
개별로 2시간 거리 사메 읍내까지 직접 운반하여 판매하는 방식으
로 작은 규모의 소득을 올리고 있었다.

이 카브라키마을과 로투투 마을을 통하여 동티모르를 돕기 위
한 '모금상품'으로 한국YMCA는 커피 수입을 시작하였다. 첫해 모
금상품의 커피 이름을 '피스커피'(Peace Coffee)로 정하였다. "한 잔
의 커피, 한 잔의 평화"(A Cup of Coffee!, A Cup of Peace!)라는 슬로건
도 만들었다. 그 당시 동티모르는 독립을 기점으로 친인도네시아
국민들과 독립 지지 국민들 사이에서 반목과 갈등이 뿌리 깊게 드

최초 모금상품. 피스커피 이름으로 모금하다(왼쪽). 초기 피스커피 제품. 드립백커피(오른쪽)

리워져 있었다. 한 마을에서도 인도네시아에 협조했던 주민들과 독립을 지지했던 주민들 사이에 싸움과 갈등이 빈번하게 발생하고 있었고, 친 인도네시아족 일부 군인, 시민들은 산으로 들어가 독립된 동티모르 정부에 대항하는 반군을 만들어 활동을 하는 상황이었다. 동티모르 국가에서는 '치유와화해위원회'를 만들어 이런 갈등을 화합으로 만들려고 노력도 하고 있다. 우리는 이런 상황들을 참조하여 마을에서 커피를 통해 평화를 이루어 보자는 의미를 가지고 '피스커피'(Peace Coffee)라는 이름으로 시작하게 되었다.

이 시기 한국에서는 공정무역(2002), 사회적 일자리(2006), 사회적 경제(2006)라는 용어들이 생겨나기 시작하면서 공정무역을 추진하는 단체와 운동도 태동하게 된다. 동티모르에서 커피 프로젝트를 진행하는 과정에서 공정무역 원리와 가치 사슬을 그대로 적용하고 채택하면서 피스커피도 공정무역 운동을 추진하게 되었다.

○ 피스커피(Peace Coffee) 주요 역사는 다음과 같다.

년도	사메(로투투, 카브라키)	한국 피스커피
2005	생두 10톤 수매	─ 제품명 '한 잔의 평화'(A Cup of Peace). 분쇄 원두 200g(지관포장/세트) 출시(11월)
2006	1. 시설 지원 생두 보관 창고 1개, 건조장 2개, 가공공장 1개, 승합차 1대 (그린 빈 기준 20톤 규모, 카브라키) 2. 생두 20톤 구매	─ 한국노총과 관련 사업 양해각서(MOU) 체결 (12월)
2007	1. 시설 지원 발효 수조 1개, 물탱크 1개(카브라키), 생두 보관 창고 1개, 건조장 2개, 가공공장 1개, 1톤 트럭(로투투) 2. 생두 24톤 수매	─ 제품명 'Peace Coffee'로 변경 ─ 원두커피 티백 세트 출시(15백*4갑) ─ 카페티모르 사업단 청소년 프로젝트 진행
2008	1. 시설 지원 업무용 모터사이클 3대(카브라키), 반자동 탈곡기 3대, 파치멘트 건조대, 건조장 개축(로투투) 2. 생두 25톤 구매	─ 피스커피 쇼핑몰 오픈 ─ 현대백화점 입점 ─ 한국방송공사 '착한 소비전' 참가 ─ 공정무역의 날 참가(~현재까지)
2009	1. 시설지원 묘목장 설치(로투투) 2. 생두 26톤 수매	─ 공정무역 Peace Coffee 상표 출원 ─ 공정무역커피콩 1% 사용 캠페인 (1호 기업 동원데어리푸드) ─ e마트 입점 ─ CJ올리브영 입점
2010	1. 생두 31톤 수매 2. 태양광 발전소 지원	─ 생산지 보고회(서울, 아산, 천안, 광주, 여수, 부산, 구미) ─ 드립용 홀빈 패키지 리뉴얼 ─ 기독교서회, 생명의말씀사, 두란노서점 입점 ─ 피스커피 쇼핑몰 리뉴얼 ─ 피스커피 블로그 오픈
2011	1. 생두 500Kg 수매 산지 자연재해로 인해 생산량 급감 (비 공정무역마을, Parcic 통한 대체 수매 22톤) 2. 태양광 발전소 지원	─ 개인 커피숍 판매 집중 ─ 기업체(특판) 판매
2012	1. 생두 30톤 수매 2. 소규모 공동체 사업(수익금 기부)	─ 사회적기업 주)카페티모르로 피스커피 사업 이관
2013	1. 생두 35톤 수매 2. 현지 사회적기업 피스커피 설립 3. 소규모 생산자 조합(9개)	─ 사회적기업 카페티모르 피스커피 통합

탈학교·생활 어려운 청소년들의 자활 직업교육 — 바리스타 학교

사회 양극화가 심화될수록 취약계층 취업은 더 어려워진다. 특히 탈학교 청소년들은 열악한 노동 조건과 사회적 위험에 노출되어 위기 상황을 맞게 된다. 이들은 아르바이트라도 제대로 할 수 있다면 위기 상황으로 내몰리지 않을 수 있다. 필자는 2006년 당시 한국YMCA에서 청소년 팀장으로 일하고 있었다. 청소년 권리를 옹호하고, 청소년을 온전한 인격체로서 대우하고 존중해야 한다는 인식하에서 청소년 권리 사업, 소외 청소년 지원 사업 등에 참여하고 있었다. 필자는 특별히 탈학교 청소년에 대한 관심이 많았다. 이들을 위한 각종의 프로그램과 지원 사업을 하고 있었으며, 길거리 청소년 상담, 아르바이트 부당 처우 개선, 청소년 직업학교 등에 관심을 가지고 있었다. 동티모르에서 커피가 한국으로 들여오기 시작하면서, 필자는 평화를 추구하는 커피와 한국 청소년 권익 사업을 연결해 보면 좋겠다는 생각으로 탈학교 청소년들에게

탈학교 청소년과 여성 가장 대상으로 한 '바리스타학교' 수업

건전한 직업교육과 공정무역 실천으로 접목한 '청소년 바리스타 학교'를 개설하였다. 이때부터 오늘날까지 지속해서 필자는 소외계층, 취약계층을 위한 바리스타, 공정무역 확산 사업을 펼치고 있다.

2006년 5월 갈 곳 없는 청소년 12명을 모아 YMCA 지하 2층에서 '바리스타 실무 교육'을 하기 시작하였다. 45시간짜리 교육 커리큘럼으로 개설된 교육과정이었다. "커피에 대한 이해", "바리스타 숙련과 소양", "카페 메뉴", "공정무역과 국제교류" 등이 그 주요한 과목이었으며, 민간공인자격인 바리스타 자격증 취득 지원 등의 사업을 진행하였다. 한국에 원두커피 문화가 본격적으로 퍼지기 시작한 무렵이라 바리스타 실무과정은 탈학교 청소년뿐만 아니라 실업 상태인 청년들, 여성 가장, 장애우 등 사회 소외계층에게도 인기 있는 교육과정이었다. 교육생 10여 명을 모집했는데 무려 50명이 넘는 사람들이 수강을 신청하는 정도였다.

그 당시 이름 있는 프랜차이즈를 찾아가 기본 소양교육을 받은 친구들인데 알바라도 좋으니 일할 기회를 달라고 부탁하였다. 우리가 뒤에서 이 친구들을 지원하겠다고 하면서 설득하였다. 그 결과 친구들 몇 명이 실제 커피숍에서 근무하게 되었는데, 무척 기뻤던 기억들이다. 이들 중에 장래에 동티모르를 방문하여 커피 산지에서 커피 공부를 더 한 다음 귀국하여 본격적인 커피 사업가가 되겠다고 한 친구들도 있었다. 필자는 그런저런 이야기와 비전을 나누면서 동티모르 커피와의 인연을 이어갔고, 커피를 매개로 하는 공정무역과 국제교류 사업을 한동안 재미있게 진행하였다.

프랜차이즈에서 일하던 친구들이 실제로 2개월 이상을 견디지

카페티모르 1호점

못하였다. 스스로 그만두거나 그만두기를 강요당하고 돌아오는 친구들이 생겨나기 시작하였다. 스스로 그만둔 친구들은 좋은 경험을 축적한 인생 수업을 하였다고 직장에서 해고된 마음을 정리할 수 있었으나, 타의에 의해 그만두게 된 친구들은 상처를 많이 받았다. 그 몇몇 친구들과 대화를 이어나가는 와중에서 필자는 청소년이 직접 커피숍을 운영해 보면 어떨까를 생각하게 되었다. 기왕에 동티모르로부터 커피 원료도 들어오고 있었으니, 국제개발 커피와 청소년 일자리를 직접 연결해서 청소년 자활사업으로 추진해 보자는데 나와 친구들은 의기투합하였다.

"그래, 그럼 직접 사업을 해보고, 스스로 조직해 보자." 중지가 모여져 드디어 2007년 6월에 청소년 4명으로 아현동 굴레방다리에 4평짜리 카페티모르 1호점의 문을 열게 된다. 모 대기업으로부터 개설자금을 지원받았고, 추가 교육은 카페티모르 사업단에서 하고, 카페 인테리어 공사는 지역 기독교청년회가 운영하는 지역 자활센터(그 당시는 자활후견기관이었다) 사업단의 도움을 받아서, 카폐 문을 열게 되었다. 나중에 임대 보증금 1천500만 원을 갚으면 그 카페의 소유권을 네 명의 이름으로 이전하게 해 준다는 말에 친구들은 자기들이 사장이 되었다고 용기백배하였다.

한국YMCA의 동티모르 커피 한국 내 사업은 이렇게 탈학교 청소년을 중심으로 청소년 직업교육 차원으로 진행되는 한 축과 '카페티모르 사업단'을 중심으로 하는 카페 사업을 또 다른 축으로 저변을 확대하게 되었다. 아현동 1호점 개설에 힘을 얻어, 여성 가장과 탈학교 청소년들이 힘을 합쳐 개설한 카페티모르 2호점(남대문점, 2008년 3월 개설)과 실업 청년들이 중심이 된 카페티모르 3호점(이대점, 2008년 8월)이 잇달아 개점하면서 자연스럽게 동티모르 커피를 국내에 널리 알리는 계기가 마련되었다.

또한 개인 카페를 대상으로 동티모르 원두를 판매해 보기로 하고, 그 당시 한국YMCA가 있었던 중구 소공동 회관 지하 2층에 로스팅 공장을 개설하였다. 스타벅스 마케팅을 연구한 홍순명 전문가의 도움으로 고가의 로스팅 머신을 빌려와 로스팅을 시작하였다. 바리스타 학교를 졸업한 청년 로스터가 직접 로스팅한 커피를 처음으로 주문 받던 날, 로스팅 머신 옆에서 한국 커피 시장에 당당하게 진입한 것을 축하하면서 꿈에 부풀었던 날도 기억이 새록새록하다.

사회적기업으로 가보자

카페티모르 3호점 개설까지 진행하면서 필자는 커다란 꿈에 부풀게 되었다. "공정무역 커피매장의 전국 프랜차이즈화가 곧 바로 가능하고…", "그렇게 되면 동티모르에서 커피를 생산하는 마을 숫자가 더욱 더 늘어나서 그야말로 생산자와 소비자가 같이 웃을 수 있고…", "커피를 통한 사회 개발 운동의 큰 전형을 만들 수 있겠다…." "이 모델을 보고 많은 관심 있는 개인과 조직들이 들불처럼 번져 나갈 수 있겠다." 필자는 이런 환상을 가졌다. 우쭐해진 것이다.

세상 모든 일이 술술 계획대로만 잘 풀려나간다면야 무슨 걱정이 있겠는가마는 피스커피의 한국 내 사업도 호락호락 청사진대로만 진행되지 못했다. 그때는 그것이 시련이라고 생각하였지만 사실은 우리의 준비 부족으로 인한 실패라고 봐야 정확할 것 같다. 큰 기대 속에 출발한 커피숍 운영이 지속 가능하지 않게 되었다. 우리가 시장을 너무 만만하게 본 것이었다. 공정무역으로 이국만리 동티모르에서 고생고생해서 들여온 커피를 한국 탈학교 청소년들이 판매한다고 하면 모든 소비자가 줄서서 커피를 구매해 줄 것이라고 생각했는데, 소비자들은 우리의 기대에 전혀 부응하지 않았다. 설상가상으로 사무실이 밀집되어 있는 소공동 회관 지하에서 커피콩을 볶다가 실수로 스위치를 내리지 않았는데, 기계가 계속 작동하여 생두가 너무 많이 타 연기가 자욱해지자 이웃이 화재 신고를 해 소방차가 출동하는 난리를 겪은 적도 있었다.

커피숍과 원두 로스팅 사업이 왜 실패를 하였는가를 정리해 본 결과는 정확한 주제와 목표 설정이 너무 약했던 것이다. 또한 커피에 대한 전문성과 품질관리, 마케팅 능력 부족 등 모든 부분에서 우리가 너무 설익은 준비로 덤볐던 것이었다. 이 사업이 지속 가능한 것일까에 대한 의문이 들기 시작하면서, 사업 추진 방향에 대한 재검토가 필요하게 되었다.

우리는 전문성을 더 확보하고, 사업 운영 능력을 더 업그레이드하는 과정이 필요하다는 결론에 도달하게 되었다. 그래서 (예비) 사회적기업을 지정받고, 전문적인 커피 로스팅 공장을 설립하고, 바리스타학교를 커피아카데미로 재정비하고, 사회적기업 인증 과정을 밟았다. 2009년 "사회적기업을 설립하자"라고 결심할 당시 카페티모르 사업단의 사업 방향은 1) 국내 취업 취약 계층 일자리 창출을 통한 중장기 자립 모델 구축, 2) 공정무역을 통한 제삼세계(동티모르) 농가 지원, 지역 개발 사업의 공익적 목적 실현, 3) 사회적 경제 목적에 부합하는 사회적기업 실현과 확장 등으로 잡았다. 이 사업 방향은 이후 카페티모르가 한국YMCA로부터 별도 독립법인화된 오늘날까지도 이어지고 있다. 이 역시도 과연 제시된 방향을 충실히 수행하고 있는가에 대해서는 여전히 되짚어 보아야 할 사항들이 많이 있음을 필자는 고백할 수밖에 없다.

2009년 발족한 법인 내 사업단 '카페티모르 사업단'은 2010년 12월에 노동부 사회적기업 인증을 받게 된다(2010-124호). 2012년 6월 1일부로 ㈜ 카페티모르로 전환되어 피스커피 공정무역 사업을 이어받아 본격적인 사회적기업으로서 활동을 전개하게 되었다.

동티모르 현지 사회적기업 피스커피를 설립하다

동티모르 사메 마을과 수도 딜리를 배경으로 추진되어온 농촌 개발과 공정무역 사업은 크게 두 가지 흐름을 가진다. 2004년 동티모르 대통령이 방문한 것이 계기가 되어 현지 농촌 개발 운동

측면에서 진행된 로투투, 카브라키 마을 커피 개발 사업, 그 이후에 한국기독교청년회 현지 철수 전략으로 진행되고 있는 현지 사회적기업 피스커피 설립이 그것이다. 2012년까지 동티모르 지원 사업은 주로 농민 역량을 강화하기 위한 농업교육, 커피 품질을 향상하고 유지하기 위한 커피 품질 향상 지원, 생산 능력 확대를 위한 장비 보강 사업을 중심으로 이루어졌다. 2013년부터는 현지 농민 조직과 사업조직을 정비하여 스스로 자립 기반을 갖추고, 지속 가능성을 확보하기 위한 현지 사회적기업을 설립하는 것으로 정리할 수 있다. 현지 사회적기업 설립 사업에는 경희대학교 국제개발협력연구센터가 결합해서 코이카* 지원으로 추진되었다. 2014년까지 2년간 진행된 사업을 통해서 결과적으로 현지에 사회적기업**인 피스커피를 설립하게 되었다.

현재 한국 사회적기업인 카페티모르는 이 피스커피와의 유기적인 교류와 협력으로 공정무역 사업을 이어나가고 있다. 그동안 현지 사메 마을 2개 소그룹 생산자조합을 꾸준히 늘려 9개의 생산자 소그룹이 형성되었다. 피스커피는 9개 소그룹을 중심으로 교육, 구매, 무역 등을 지원하고 있다. 10명에서 15명 정도로 구성되는 생산자 소그룹은 그 자체로 지도자를 뽑고, 그 지도자를 중심으로 정관을 만들어야 하고, 민주적인 의사결정 과정을 갖추게 된다. 이렇게 형성된 그룹을 피스커피와 지역사회 인사가 자체 심사를

---

* 코이카(Korea International Cooperation Agency, KOICA)는 정부 차원의 대외 무상협력사업을 전담하여 실시하는 기관이다.
** 동티모르에는 사회적기업법이 존재하지 않는다. 한국에서 말하는 사회적기업의 취지와 내용을 현지에 맞게 접목하여 진행하되, 현지 협동조합법의 규정에 의거해서 기업을 설립하였다.

생산자 소그룹 회의 모습. 현재 9개의 소그룹이 활동 중이다.

하여 공정무역 소그룹으로 인준하면, 피스커피는 소그룹에게 커피 가공이 가능한 소형 기계 장비 지원, 공동작업장 설치 지원, 커피 구매 등을 해주고, 피스커피가 진행하는 각종 교육훈련을 받을 수 있게끔 지원한다. 이 9개의 소그룹은 사메 지역 공정무역 커피 생산에서 핵심적인 역할을 수행하고 있다.

피스커피는 수도 딜리에서 자국 청년들에게 원두커피 문화를 소개하는 커피숍 1개소와 사메 마을에서 커피체리를 생두로 만드는 커피 가공공장 1개소, 사무실 1개소를 운영하면서 동티모르 청년 10여 명을 채용하고 있다. 현지 청년들이 운영하고 있는 커피숍은 동티모르국립대학교 인근에 위치하고 있다. 대학생들 모임 공간, 세미나 공간, 소규모 공연, 화랑 등의 역할을 수행하면서 많은 주재원과 외국인들도 애용하는 맛집(?) 역할을 톡톡히 하고 있다. 바리스타로 참여하는 청년들은 '한 부모 가정의 가장' 또는 '10

명 이상의 부양가족을 책임져야 하는 조건을 충족하는 사람' 중에서 채용하게 된다. 그 일자리는 장학금이기도 하고, 생활자금이기도 하다. 이 제도를 바탕으로 대학에 진학한 친구들도 있다. 한국 일자리 제공형 사회적기업 방식과 비슷한 유형으로 진행되고 있다.

필자는 현지 사회적기업의 대표인 조디 다 코스타(Jody da costa)와 매년 만나서 피스커피와 카페티모르, 생산지와 공정무역 등에 대해서 이야기를 나눈다. 2-3년간 계속 의견이 일치하지 않은 부분이 있다. 동티모르 현지 피스커피의 아메리카노 가격에 대한 견해에 차이가 쉽게 좁혀지지 않는다. 현지 피스커피 아메리카노 한 잔 가격이 75센트인데, 인근 에스프레소가 있는 커피숍에서 아메

피스커피 매장(수도 딜리에 있는 커피숍)

리카노 한 잔은 1.8달러에서 2달러 정도이다. 필자는 가격을 조금 더 현실화해도 된다고 생각하는데, 조디는 다르게 생각한다. 필자 생각은 생산자 직거래, 철저한 품질관리, 공정무역 추진 등을 잘 설명하면서 가게 운영도 효율적으로 하자는 취지이고, 그는 자기 나라에서 생산되는 커피를 자기 나라 국민도 저렴하게 즐기고 느낄 수 있어야 한다고 주장한다. 가난한 대학생 주머니에서 나오는 돈을 더 받기보다는 차라리 피스커피가 좀 더 다른 노력으로 이를 메꾸어 나가는 것이 더 좋다는 취지이다. 이런 가격에 대한 토의가 매년 농담 반 진담 반으로 진행되고 있다. 기분 좋은 실랑이(?)지만, 국제교류와 공정무역의 만남으로 만들어지는 뿌듯한 일화일 것이다.

(공정무역의 가치와 체계를 좀 더 견고히 하기 위해)
세계공정무역기구*에 회원으로 가입하다

2004년부터 쉼 없이 진행되어 온 피스커피 사업을 통해 동티모르 사메 마을 농민들과 한국 소비자가 직접적으로 만나고 있다.

---

* WFTO(World Fair Trade Association, 세계공정무역기구)는 1989년에 설립되었다. 처음에는 대안무역국제연대(International Federation for Trade, IFAT)로 세워졌는데, 2009년에 명칭을 WFTO로 변경하였다. 세계공정무역기구는 현재 약 70여 개 회원국으로 구성된 공정무역 네트워크로서 무역이 환경 파괴를 일으키지 않으면서 가난한 사람들의 생계를 향상시켜야 한다는 믿음을 가진 생산자, 수출업자, 수입업자, 소매상이 회원으로 참가하고 있다. 이 기구에는 전 세계 400여 개 공정무역 단체가 회원으로 가입하였으며, 회원국들은 아프리카, 아시아, 남아메리카, 유럽, 북미와 환태평양 지역 등 다섯 개 지역 협의체로 나뉜다. WFTO의 3분의 2는 생산자 단체이고, 26개의 네트워크 단체도 포함되어 있다. 지역 사무소는 태국 방콕, 파라과이 아순시온, 케냐 나이로비, 네덜란드 룩셈부르크에 있다.

원시림에서 자란 커피 열매를 정성을 다해 수확하고, 여기에 품질 향상을 위한 노력이 7년여 동안 더해져서, 생두는 깨끗하고 안전한 상태로 한국으로 들여오고 있다. 사회적기업 카페티모르는 이 생두를 한국에서 로스팅하고, 제품으로 만든다. 이런 과정을 거쳐 만들어진 원두는 공정무역 취지에 공감해 주는 기관과 개인, 카페 등에 공급을 한다. 또한 취약계층과 함께 교육하고 확산하면서 그 과정의 가치를 최대한 전달하고자 하고 있다.

전 세계적인 공정무역 기구인 세계공정무역기구(WFTO)가 제시하는 '공정무역 10원칙'이 있다. 공정무역을 추구하는 단체나 기업이라면 최소한 이 원칙에 합의하고 원칙을 구체적으로 실천하도록 하는 약속이다. 피스커피가 한국 소비자에게 도달하는 전 과정을 비추어 볼 때, 우리는 이미 이 원칙을 충분히 또는 성실히 수행하고 있다고 본다. 기왕에 농촌 개발의 결과물로 출발한 것이고, 그 역할과 효과가 공정무역 가치를 담고 있다면, 그것만으로도 공정무역 운동에 동참하고 있다고 해도 충분할 터이다.

세계 공정무역 흐름 중에는 민간 차원의 인증, 마크 등을 부착하여 그 공신력을 높이고자 노력하는 단체나 생산자조합, 판매회사 등이 있다. 지난 20년간 공정무역 신뢰도와 소비자의 투명성과 책무성에 대한 요구를 충족시키기 위해 채택된 인증제도는 상품에 중점을 둔 접근과 단체에 중점을 둔 접근 등 두 가지이다. 국제공정무역 상표기구(FLO)*는 각 상품에 기준을 정의하고 라벨을 허가해주는 단체로서, 생산자들이 인증을 받고자 요청을 하면,

---

* 국제공정무역상표기구(Fairtrade Labelling Organization International)는 1997년 창립되었고 후에 Fairtrade International로 명칭을 변경하였다.

FloCert(FLO의 독립된 평가팀)에서 나오는 감사관이 방문한다. 이러한 감사가 방문한 결과 요구 기준에 충족되면 평가 받은 상품에 라벨을 붙여준다. 단체 중심의 접근은 단체 자체가 공정무역 단체의 자격을 갖추었는지 평가하는데 그 의의가 있으며, 세계공정무역기구(WFTO)에 의해 시작되었다. 단체 중심 접근은 다음과 같은 특성을 갖추어야 한다. 첫 번째, 평가 과정은 직접적으로 평가된 생산자 제품을 파는 수입 단체에 의해 이루어진다. 두 번째, 어떤 특정 제품 라벨이 있지 않으며, 판매 단체 트레이드 마크를 제외한 어떤 특정 제품 라벨이 제품에 사용될 수 없다. 세 번째 단체가 긍정적으로 평가되면, 모든 속한 제품은 공정무역 제품으로 판매될 수 있다. 네 번째, 기준과 관련 요건은 항상 WFTO 10원칙에 근거하며, 특정 제품이 아닌 단체에 적용된다. 따라서 일반적으로 가격에 대한 언급은 없다.

한편 그러한 외연적인 모습보다는 실제로 그것을 추진하는 과정에서 스스로 높은 도덕적 기준과 철저한 지침 준수 등을 더 의미 있게 생각하여 굳이 인증, 마크 등을 부여받지 않고도 공정무역을 진행하는 곳도 많이 있다. 심지어 기존 인증체계*에서 탈퇴하여 자기만의 길을 걸어가는 곳도 생겨나고 있다.

카페티모르는 한국에서 활동하는 소규모 공정무역 회사이긴 하지만, 공정무역이 가지는 평등적 관계에서 상호 교역을 통한 빈

---

* 일반적으로 인증을 위해서는 FLO에 의해 공정무역제품이란 인증을 받거나 WFTO에 가입해서 공정무역 단체로 인증을 받아야 한다. 이런 국제기구로부터 인증을 위해서는 적지 않은 비용과 과정이 요구된다. FLO의 인증을 받기 위해서는 Flo Cert가 직접 현지를 방문하여 조사하여야 하고 매년 품질검사를 해야 하며, WFTO 가입에도 복잡한 절차를 이수해야 한다.

곤 탈출과 저개발된 마을 공동체 발전을 우선적으로 고려하며 사업을 하고 있는 측면에서 세계공정무역기구 참여와 그것의 기여에 동참하고자 세계공정무역기구 회원으로 가입하는 것이 더 좋다고 판단하게 되었다. 우리가 우리 사업을 스스로 공정무역이라고 칭하는 것보다는 제3자가 그것을 인정해 주고 그 과정을 존중해준다면, 제품을 구입하는 소비자들에게는 훨씬 더 믿음을 줄 수 있을 것이다. 소위 제3자 인증을 받을 필요가 있다. 이런 필요로 인해서 그동안의 카페티모르 사업 과정과 경험을 가지고 세계공정무역기구 회원단체로 가입을 추진하였다. 세계공정무역기구가 제시하는 공정무역 단체로서 기준과 조건을 지속적으로 유지하고 있음을 인증해 주고 확인해주는 과정이자, 공정무역 운동의 한 주체로서 스스로를 자리매김하는 과정이다. 우리는 2년간 준회원 단체로 가입하여 활동한 후, 현재 정식으로 가입되어 953번이란 회원 아이디를 가지고 정회원 단체로 활동하고 있다. 세계공정무역기구는 자기들의 정체성을 "사회적 경제기업 + 공정무역"으로 규정하고 이 두 가지 조건을 만족하는 조직을 확인시켜 줄 수 있는 인증제도(Guarantee System, GS)을 운영한다. 자가평가서(Self Assesement Report)를 제출하면 세계공정무역기구가 심사를 통해서 회원으로 가입하는 절차를 가진다.

2015년을 회상해보면 당시 이 자가평가서(SAR)를 작성하면서 직원들과 많은 이야기를 나눈 기억이 난다. 카페티모르, 동티모르 피스커피, 그 당시 한참 신규 산지 개발을 진행하고 있었던 캄보디아 몬돌키리 부슬라 마을 생산 농가들에 대한 기본적인 사명과 목적, 각종 법률적 규정과 정관 등을 하나하나 검토하였고, 세계공정

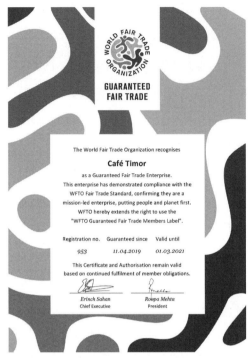

The World Fair Trade Organization recognises

Café Timor

as a Guaranteed Fair Trade Enterprise.
This enterprise has demonstrated compliance with the
WFTO Fair Trade Standard, confirming they are a
mission-led enterprise, putting people and planet first.
WFTO hereby extends the right to use the
"WFTO Guaranteed Fair Trade Members Label".

Registration no.   Guaranteed since   Valid until

953   11.04.2019   01.03.2021

This Certificate and Authorisation remain valid
based on continued fulfilment of member obligations.

Erinch Sahan
Chief Executive

Roopa Mehta
President

WFTO 멤버쉽2020_Membership_Certificate_ID_953

무역기구 10가지 원칙에 의거한 체크리스트에 대한 답변과 증빙 자료 등을 정리하고 제출하였다. 우리가 평소에 공정무역 운동을 한다고 자부해 왔던 내용에 대해서 실제적으로 세세한 사항을 제출하고 증빙하는 과정에서 무심히 흘려 넘겼으나, 실제 적용에 있어서 놓치고 지나간 부분들이 꽤 많이 나와서, 그것들에 대한 답변과 내부정리 등의 시간을 보냈다. 세계공정무역기구로부터의 추가 질의와 추가 자료 요청을 받고, 세계공정무역기구가 선정한 전문가 평가단의 방문 평가와 점검, 동료단체(이미 가입되어 있는 동료 기업에게 카페티모르를 바라보는 동료평가, 의견을 받도록 하는 제도) 보고서도 제출한 후에 준회원으로서 지위를 획득하였다. 추가 질의의 내용에서 원두 포장지는 환경적으로 건강한지에 대한 질의, 동티모르 현지 생산지 노동자에 대한 최저임금 지급, 정당한 노동임금 지급, 차별금지, 양성평등 차원에서 여성 노동자에 대한 대우 등에 추가 답변을 했던 기억들이 난다. 또한 카페티모르를 직접 방문하여 점검을 했던 고 장원봉 박사와 2-3차례 밀접 인터뷰 등을 통해서 자가평가서 항목 하나하나에 대해서 새롭게 정리하고, 수정할 것은 수정하고, 보강할 것은 보강했다. 마치 한 한기 수업을 평가받는 학생처럼 긴장해서 이 과정을 수행하였었다. 회원가입을 위한 절차를 다 마치고 나서, 공정무역의 순수한 의미와 비전을 지켜나가고, 그 확산을 위해 복무한다는 것이 뿌듯한 보람으로 다가오기도 하였지만, 향후 공정무역 단체로서 지속성과 지속 가능성을 확보해 나가는 것이 결코 만만한 일이 아니겠다는 생각을 하였다. 이 글을 쓰는 오늘 그 당시를 떠올려 보면서, 느슨해지고 해이해져 있는 나를 발견하기도 한다. 카페티모르는 올해에 2년에 한 번씩 실시하는 정기 점검을 또 준비해야 한다. "초심으로 돌아가자"라는 말이 자꾸 머릿속을 맴돌고 있다.

세계공정무역기구는 2년마다 국제적인 모임을 갖는데, 짝수년에는 세계를 5개 권역으로 나누어서 권역별 컨퍼런스를 진행하고, 홀수년에 모든 권역이 한자리에 모여서 글로벌 컨퍼런스를 개최하면서 공정무역의 새로운 흐름, 도전과제, 미래를 향한 대응과 전략 수립, 총회 등을 개최한다.

제15차 글로벌 대회는 2019년 9월 15일부터 9월 27일까지 세계 41개국에서 참여하여 페루 수도 리마에서 개최되었다. 세계

공정무역기구 총회는 공정무역 운동의 가장 최신의 소식과 최신의 이슈와 과제, 토론과 결의가 요구되는 사항들을 처리한다. 15차 대회는 '공정한 미래를 향한 혁신'이라는 주제 아래에서 1) 시장 개척 2) 공정무역 심화 3) 공정무역에 관한 새로운 접근 4) 식품과 농업의 네 가지 주제를 3일간 다루었다. 가장 큰 관심과 흐름을 형성했던 것은 공정무역 기업과 단체들이 기후 변화에 취약한 생산자들을 위해 요구되는 지원 방식에 대한 내용을 다루는 것으로 정리할 수 있다. 이 기간 중에 공정무역 열 가지 원칙 중 "10. 환경"에 관한 원칙을 '기후 위기와 지구환경 보호'로 수정하면서 기후 위기가 공정무역 생산자들에게 상당한 위협 요소임에 공감하고, 향후 공정무역 기업들은 제품 디자인, 생산, 포장에 이르는 전 과정에서 기후 위기에 대응하기 위해 노력해야 함을 합의했다. 모든 회원이 "CO_2 배출량 감소, 지속 가능한 생산 방식의 장려, 폐기물 및 플라스틱 감소" 등에 노력하자는 결의를 하였다. 요즘 가장 핫한 사회 해결 과제는 당연히 기후 위기인 것 같다. 이 문제 해결을 위한 노력과 실천이 중요하다고 본다. 나부터라도 할 수 있는 것들을 찾고 시행에 옮겨야 하겠다.

카페티모르는 동티모르 피스커피도 세계공정무역기구에 생산자 단체로 가입하도록 독려하고 지원할 예정이다. 동티모르 피스커피 회사는 이미 십수 년의 과정을 통해서 공정무역을 했고 그 결과물을 가지고 있기 때문에, 세계공정무역기구에 회원으로 가입하는 데에 그렇게 크게 어려움은 없을 것으로 예상된다. 현재 동티모르 피스커피에서 가장 유력한 구매자는 다름 아닌 한국 카페티모르이다. 앞으로는 피스커피가 아시아 또는 세계 시장을 무대로 '동티모르 피스커피'란 브랜드를 가지고, 공정무역 가치를 널리 알리면서 수출과 교역을 당당히 해 나가는 건강하고 지속 가능성을 확보한 공정무역 단체가 될 수 있을 것이라고 본다. 그러한 비전을 실천하고 이루어내기 위한 첫걸음으로 세계공정무역기구에 생산자로 회원을 가입하는 것도 하나의 좋은 과정이 될 수 있다고 생각한다.

카페티모르가 궁극적으로 바라보는 지점은 커피를 생산하는 농민들이 그 노동 결과물로 얻어진 생산품을 정당하고 합리적인 가격과 대우를 받으면서 판매하고, 그 과정에서 마을 공동체 전체가 조금씩 편익을 얻고, 윤택해져 가는 과정을 자기들 스스로 확인하고 스스로 실천해 볼 수 있는 새로운 경험을 같이 나누면서 행복하게 살아가는 것이다.

필자는 공정무역을 통해서 다른 나라, 다른 지역 사람들과 교류하면서 일방적인 지원이 아니라 서로 함께 성장해 나가는 것이라고 믿고 있다.

아래로부터 '세방화'가 이루어지길…
― 내가 만난 세계화와 공정무역

김영철

(하하골마을학교 대표)

1. 들어가는 말

'세계화'와 '공정무역'이란 주제는 따로 보아도 무척 광범위한 내용을 가진다. 그러기에 이 짧은 글에서 다루어질 수 있는 분량은 아니다. 오늘 제목을 "내가 만난 세계화와 공정무역"으로 정한 것은 그래서 그 범위를 상당히 한정한 것이다. 하지만 세계화와 공정무역은 상당한 내용적 연관성을 가진 주제이기도 하다. 특히 1980년대 이후 미국과 영국에서 시작되어 본격화된 신자유주의 세계화(Neo-liberal Globalization)의 두 기둥이 지구적 금융과 무역이다. 공정무역은 그 한 기둥인 지구적 무역에서의 대안적 방향성이라 할 수 있다. 그러기에 "내가 만난 세계화와 공정무역"은 "내가 만난 세계화와 대안적 세계화"라고도 할 수 있을 것이다. 이 글 제목이 암시하는 것은 글 내용이 학술적이거나 논리적이기보다는 서

술적이고 경험적이란 점이다. '내가 경험한 세계화 이야기'라고도
할 수 있다. 이야기의 전개에서 내 삶의 두 가지 정체성이 중요한
관점을 이룬다. 하나는 기독교목회자로서 정체성이고 다른 하나
는 사회운동가로서 정체성이다. 필자는 이런 정체성으로 인해 신
앙적 차원 이야기와 사회 운동적 차원 이야기를 복합적으로 전개
하고자 한다.

2. 세계화와의 첫 만남

1) 민중선교의 세계화(Globalization of Minjung Mission)

세계화의 첫 만남은 1996년에 필리핀 마닐라에서 열렸던 아시
아기독교협의회(Christian Conference of Asia, CCA) 풀뿌리훈련프로
그램(Grassroots Training Program)에서 이루어졌다고 생각한다. 마침
마닐라에서 아시아태평양경제협력체(APEC) 정상회의가 열린 때여
서 입국 때부터 공항에서 검문 검색이 살벌했는데, 회의 참가자들
과 함께 반대 시위에도 참석했다. 이 모임에서 새삼 알게 된 것은
참가자가 속한 10개국 중 일본과 홍콩을 제외한 여러 아시아 국가
상황이 우리나라 산업화 초기와 비슷하다는 것이었다. 그래서 산
업화 과정에서 나타날 사회적 문제(농촌 피폐, 저임금 노동자와 도시
빈민문제)에 대해서는 아직 문제의식이 없었고, 때로는 산업화를
이룩한 한국을 선망의 눈으로 바라보기도 했다. 그동안 한국에서
민중교회를 통해 민중 선교를 했던 경험을 나누는 것이 여타 아시

아 국가의 참가자들에게 도움이 될 것 같았고 이를 발전시켜야 할 필요성을 느꼈다.

2) 1997년 한국 경제위기와 실업극복운동

1997년 외환 부족으로 인한 경제위기가 태국, 인도네시아, 말레이시아, 한국을 강타하면서 우리나라는 국제통화기금(IMF)을 통한 구제 금융과 구조조정정책을 받아들여 국가적 파산을 모면했다. 한국 경제위기에서 직접적 원인은 한국 경제 구조적 한계, 즉국가와 재벌 중심 경제체제, 민간 은행의 과도한 단기 차입으로인한 유동성 위기였지만, 좀 더 본질적으로 보자면 신자유주의 세계화의 영향 때문일 것이다. 우리 국민을 포함해서 나 자신도 삶의현장에서 직접적으로 경험한 세계화 영향이라 할 수 있다. 한국경제위기로 인한 파장은 엄청났다. 수많은 기업이 도산하고, 많은은행이 문을 닫았다. 사회복지제도는 전혀 없는 상황에서 많은 노동자가 실직하고, 서민들은 더욱 힘들어지고, 중산층도 무너졌다. 실업문제가 심각하여 전국적 차원에서 실업극복운동이 활발히 전개되었다. 필자는 인천에서 실업극복운동본부를 만드는데 적극참여하였고, 내가 목회한 고백교회가 실업극복운동서인천지역본부가 되었다. 교회에서 실직자 자녀들을 위한 방과후학교인 어깨동무공부방을 새로 시작했고, 기왕에 있던 인천노회노동상담소프로그램을 실직자 상담과 구제, 구직활동 돕기에 초점을 맞추어진행했다.

3. 북미에서 만난 세계화 — 신자유주의 세계화에 대한 신학적, 교회적 대응의 이론적 정리

1) 세계화와 개혁신앙

국제통화기금 시대에 민중선교를 위해 동분서주하던 중 1999년 세계교회협의회(WCC) 장학생으로 선발되어 1년 동안 미국에 가게 되었다. 1989년 개척한 고백교회에서 목회한 지 만 10년이 되었기에, 나의 목회와 선교를 돌아보며 정리하고 충전도 할 수 있는 좋은 기회가 될 것 같았다. 미국교회협의회에서 소개해 준 학교는 미시간주 홀랜드에 있는 웨스턴신학대학원이었다. 웨스턴신학대학원은 네덜란드 이민자들이 세운 교단인 미국개혁교회소속 신학교였는데 중도적 개혁 성향이었기에 내가 속한 한국 장로교회(예장통합)와 성향이 비슷했다. 이 학교에서 존 헤셀링크(John Hesselink) 교수를 만난 것은 큰 행운이었다. 그는 일본에서 5년 동안 선교를 했기에 아시아지역 학생들에 대한 이해가 남달랐고, 세계적인 신학자 카를 바르트(Karl Barth)의 마지막 제자이었다.

칼뱅 신학에 대한 그분 강의를 들으면서 장로교 목사로서 이제까지 알았던 칼뱅과는 전혀 다른 면을 알게 되었다. 교리적이고 독단적인 신학자로서 칼뱅의 이미지가 아니라, 스트라스부르에서 피난민(Refugee) 목회를 하고, 제네바에서 어려운 사람들을 위해 다양한 사회복지기관들을 설립했던 목회자와 사회개혁자로서 칼뱅의 모습이다. 막스 베버(Max Weber)가 저술한 책 『프로테스탄트 윤리와 자본주의정신』에서 칼뱅의 '직업소명설'이 자본주의를 가져온 토대가 되었다고 하여 "칼뱅은 자본주의 아버지"라는 테제가 상식처럼 통했는데, 이에 대해서도 신학적 문제 제기가 있음을 알게 되었다. 헤셀링크 교수의 수업 과제물을 통해 이를 논증하고, 이를 발전시켜 석사학위 논문을 썼다. 이 논문을 통해 세계화와 개혁신앙의 관계에서 칼뱅은 결코 초기 자본주의를 지지하지 않았고, 탐욕적인 오늘날 세계 자본주의 체제에 대해서는 강하게 반대했을 것이라는 결론을 내게 되었다.

2) 신자유주의 세계화의 명과 암

1년만 공부하고 한국으로 돌아가려던 계획을 변경하여 캐나다 토론토대학 낙스칼리지에서 박사학위 과정에 입학하였다. 낙스칼리지는 토론토신학대학원 일곱 개 학교 중 하나로 박사과정을 여러 교파 신학교 연합으로 운영했다. 다양한 신학적 입장을 공부할 수 있는 이점이 있었고, 더구나 토론토대학은 캐나다에서 가장 큰 명문대학으로 일반학부 관점도 공유할 수 있었다. 내가 박사학위 주제로 정한 세계화는 정치학, 경제학, 사회학 등 사회과학적 관점에서 조명도 필요한 것이었다.

세계화는 사실 한 면으로 이해할 수 있는 것이 아니다. 세계화는 대단히 복합적인 현상이기도 하고 다양한 세계화가 있다. 영어로는 세계화를 globalizations라고 항상 복수로 표현한다. 내가 박사 학위 논문에서 다루려고 하는 세계화는 이른바 "신자유주의 경제세계화(Neo-liberal Economic Globalization)"이다. 이는 1980년대 영국 대처리즘과 미국 레이거노믹스로 대변되는 작은 정부 지향의 시장주의와 자유무역정책이 특징이다. '자유로운 시장'을 통한 경제성장이 세계적인 빈곤을 제거하고 경제발전을 이룰 수 있다고 본다. 시장이 언제나 국가보다 효율적이라 여기고 세계 경제로 통합이 궁극적으로 모든 국가에 이익을 가져다줄 것이라고 주장한다. 세계적으로 사회주의 국가들이 몰락하면서 더 이상 대안이 없다는 이념의 종말(프랜시스 후쿠야마)을 말하기도 했다.

하지만 이러한 분홍빛 청사진과는 달리 신자유주의 경제 세계화는 빈익빈, 부익부의 세계적 양극화를 강화시켰다. 아프리카, 아시아, 남아메리카 여러 제삼세계 국가에게 빚의 질곡을 안겨서 세계적인 부채 위기를 가져왔고, 제1 세계의 자원 독점과 지나친 에너지와 물자 소비로 인한 기후 변화와 생태계 파괴를 촉진하여 세계적인 환경문제를 만들었다.

3) 신자유주의 세계화의 두 기둥

신자유주의 세계화의 두 기둥은 지구적 금융과 지구적 무역이다. 오늘날 경제 세계화의 가장 큰 특징 하나는 금융 세계화다. 전 세계 외환 거래는 하루 평균 1조5000만 달러가 넘는다. 새로운 금융상품 개발, 국가 금융 시장의 탈규제, 세계적 은행과 금융기관 성장으로 지구적 금융 체제가 탄생했다. 금융자본주의 특징은 이른바 제로섬 게임이라는 것이다. 아무런 생산품도 만들지 않지만 금융 거래로 인해 천문학적 이득을 얻게 된다. 그래서 미국의 재무장관이었던 토빈이 "금융 거래로 인한 이득에 세금을 내게 하자"는 토빈세(Tobin Tax)를 주장하기도 했다.

또 다른 한 기둥은 지구적 무역이다. 모든 나라들이 국제적 교역을 하며 전 세계 생산량 약 20%가 무역으로 거래된다. 지구적 무역의 기본적인 철학은 '자유무역'이다. 자유무역규칙의 영향력을 강화하고 확대할 목적으로 1995년 세계무역기구(WTO)가 만들어졌다. 세계무역기구는 세계에서 다양한 자유무역협정(FTA)을 체결하고자 했는데 이는 주로 사유화, 규제철폐, 자유화 정책에 의존하고 있는바, 이러한 것들이 신자유주의적 구조조정 프로그램의 핵심적 내용이다. 거의 모든 영역에서 경쟁 원리가 협동 원리를 대체하고, 공공 부문은 사적이고 독점적이며 다국적 성격의 기업에게 자리를 내어주고 있다. 세계무역기구 규칙은 주류 강대국들의 지배를 반영하고, 남반구 관심사에 주의를 기울이는 개발 의제(Doha Agenda)는 무너지고 있다. 주류 강대국들은 자국 정치와 경제 이해관계에 따라 세계무역기구 조항을 따르든지 함께 무시하든지 한다.

사실 무역은 모든 인류의 땅과 필요를 충족시키기 위한 재화와 용역에서 윤리적이고, 지속 가능하며, 평등한 생산, 교환과 소비를 위해 봉사하는 것을 궁극적 목표로 삼아야 한다. 그러기에 이제 자유무역에서 연대와 지구의 돌봄을 동기로 하는 정의로운 무역이 되어야 한다. 이를 위해 제1 세계에서도 공정무역 운동이 다양하게 전개되고 있다.

4) 신자유주의 세계화에 대한 신학적 교회적 대응
— 아래로부터의 세방화(世方化, Glocalization from Below)

나의 박사학위 논문 지도교수였던 리 코미(Lee Cormie)는 가톨릭 평신도 신학자로 해방신학과 사회윤리학을 전공했는데 신자유주의 세계화에 대해 대단히 비판적이었다. 그는 신학자이면서 사회참여적인 지식인으로 캐나다 개신교-가톨릭의 반세계화운동 연합체인 카이로스 캐나다(Kairos Canada)와 세계적인 반세계화운동 중심이었던 세계사회포럼(World Social Forum)에도 깊이 관여했다. 논문을 쓰는 과정에서 함께 토론하며 알게 된 것은 신자유주의 세계화에 대응하는 한국과 캐나다의 운동적, 교회적 상황들이 상당히 유사하다는 것이었다. 지도교수와 많은 공감대가 형성되었고 여러모로 배려와 도움을 받았다. 아마도 나이 마흔이 넘어 시작한 늦깎이 박사학위를 무사히 마칠 수 있었던 것도 그 덕분인 것 같아 감사드린다.

신자유주의 세계화에 대한 신학적 대응에서는 세계 에큐메니칼 운동의 대표적 이론가인 독일 하이델베르크대학 사회윤리학 교수였던 울리히 두흐로(Ulich Duchrow)와 화란자유대학 경제학 교수였던 밥 하웃즈바르트(Bob Goudzwaard) 이론에서 많은 도움을 받았다. 두흐로 교수는 신자유주의 경제체제를 사탄의 체제요 경제적 '나치 가스방'이라고 강력하게 비판하면서, 자본주의 세계경제체제의 대안을 제시하고자 했다. 개혁교회 입장에서 세계 경제 문제에 대해 권위 있는 하웃즈바르트 교수는 "모든 세계화가 나쁜 것이 아니고 어떤 세계화인가가 중요하다"고 말하며 세계화에 대한 균형적 관점을 제시하기도 했다.

교회적 대응은 세계적 에큐메니칼운동 기구인 세계교회협의회(WCC)와 세계개혁교회연맹(WARC) 그리고 루터교세계연맹(LWF)의 기구적 대응을 중심으로 정리했다. 세계교회협의회와 세계개혁교회연맹은 함께 연대하여 신자유주의 세계화에 대한 대륙별(동북아시아, 서남아시아, 북미, 남미, 서유럽, 동유럽) 협의회를 개최하여 세계화의 실체적인 진행과 교회적 대응을 논의했다. 이러한 대륙별 논의 과정은 지역별 이슈와 특징을 잘 보여주었고, 세계화 이슈에 대해 지역적 인식을 높여주는 자리가 되었다. 루터교세계연맹은 루터교 교리 중심인 성만찬론을 토대로 신자유주의 세계화를 비판한 것이 특징이었다. 신자유주의 세계화는 성만찬으로 하나되는 세계와 인류를 분열시키고 온전케 하지 못하는 것이 가장 핵심적인 문제라고 지적했다.

이러한 신학적, 교회적 대응의 핵심적 방향은 내 논문 제목이기도 한 "아래로부터 세방화"라고 한마디로 정리할 수 있다. 여기에서 '아래로부터'라는 것은 신자유주의 세계화로 인해 가장 피해를 받는 가난한 자, 여성, 자연의 관점으로 세계화를 본다는 뜻이다. 그리고 세방화(Glocalization)는 일방향의 세계화가 아닌, 세계화와 지방화의 쌍방향(Globalization + Localization) 세계화가 되어야 한다는 것이다.

4. 생명과 평화의 위기 속에 세 갈래 생명평화운동을 만나다 — 생명과 평화를 여는 작은교회 운동, 평화교육 운동, 공정무역 운동

1) 생명과 평화의 위기

'아래로부터 세방화'라는 대안적 세계화를 고민하면서 생명과 평화라는 두 단어를 만나게 된다. 생명과 평화는 시대 화두요 복음 핵심이기 때문이다. 이 말은 역설적으로 신자유주의 세계화 시대에 생명과 평화가 가장 위협받고 있음을 말하기도 한다. 21세기는 생명 위기, 평화 위기로 집약된다. 전 세계는 지구온난화로 인한 기후 변화로 총체적 생명 위기 앞에 서 있다. 이제 인류는 동과 서, 남과 북을 떠나 지구와 인류의 생존에 기로에 서 있다. 냉전 시대 종식 이후 전 세계 곳곳에서 민족 간, 종교 간 갈등으로 인한 국지전이 벌어지고, 9·11 사태로 미국이 주도하는 "테러와의 전쟁"이 시작되면서 아프가니스탄 전쟁, 이라크 전쟁이 이어져 세계 평화는 전면적으로 위협받았다. 지난 30여 년 동안 진행된 경제적 신자유주의와 정치·군사적 패권주의는 세계인의 자유와 인권, 민중 생존권, 민족 자결권, 나아가 모든 생명체의 생명권을 억압하고 있는 실정이었다.

2008년 8월에 10년간의 북미 생활을 정리하고 서울 새민족교회 담임목사로 귀국하게 되었다. 당시 한국 상황도 이러한 세계적 상황과 다를 바 없었다. 이명박 정부는 이전 10년간 김대중, 노무현 정부에서 추진한 남북한 협력에 의한 사회복지적 신자유주의 정책을 부정하고, 남북한 대립에 기초한 신냉전정책과 친기업 감세정책을 추진하며, 국토개발에 의한 경제부양정책(4대강 사업)을 추구했다. 이러한 정책을 추진함에 있어 국민들의 이견이나 토론 과정이 무시되고, 언론의 비판적 기능을 막으려 하며, 심지어 사법부까지도 장악하려 했기에 민주주의 위기가 심각했다. 무한경쟁의 신자유주의 경제정책 속에서 사회적 양극화는 매우 위험한 지경에 이르렀다. 국제금융기금 체제 이후 10년 동안 비정규직노동자는 50%를 넘어섰고, 청년실업은 절박한 사회문제가 되었다. 자본의 이익만을 위해 진행되고 있는 도시재개발 사업은 가난한 세입자들을 거리로 내몰면서 용산참사와 같은 비극을 일으켰고, 제2, 제3의 용산참사를 예고하고 있었다. 이른바 '4대강 살리기 사업'은 민중의 생활 터전과 생태 질서를 파괴하고 생명에 대한 근본적인 존중과 경외감을 말살하고 있었다.

당시 한국 사회는 세계적인 추세와 비슷하게, 그보다도 더 심하게 생명과 평화가 근본적으로 위협받는 위기 시대였다고 할 수 있다. 이런 상황에서 신앙인들에게는 생명과 평화를 향한 "신앙고백적 선언(status confessions)"과 활동이 절실했다.

2) "생명과 평화를 여는 그리스도인 선언"과 작은 교회 박람회

(1) 2010 생명과 평화를 여는 한국 그리스도인 선언

내가 목회하게 된 새민족교회는 1986년에 세워지면서 '민족과 역사에 책임지는 교회', '자기 신앙고백을 가진 교회', '신학운동과 교회운동을 함께하는 교회'를 천명했다. 당시 신학대학원생이었던 필자는 신학운동을 위해 새민족교회와 함께 시작한 제삼세계신학 연구소 창립회원이기도 했다. 30년 뒤에 교회 담임목사로 오게 되니 감회가 깊었다. 그동안 새민족교회는 참신한 예배와 등대교회(소모임공동체), 민주적인 의사결정구조를 가진 평신도 중심 교회로 성장해 있었다. 대외적으로는 평신도연대운동과 에큐메니칼 선교에도 열심히 참여하며 생명평화운동에 헌신하는 실천적 교회이기도 했다.

내가 부임했던 2008년 연말에 향린교회, 청파교회 등 뜻을 같이하는 다른 교회들과 함께 생명과 평화 위기 속에 "촛불을 켜는 그리스도인 기도회"를 시작했다. 기도회는 용산참사가 일어난 남영동 현장에서 매주 목요일 드렸는데 용산참사의 사회적 해결이 될 때까지 몇 년간 지속되었다. 4대강 사업을 '4대강 죽이기'로 규정하고 이에 저항하는 사순절 금식기도회 등 다양한 모임과 집회에도 참석했다. 이런 중에 2010년 부활절에 "생명과 평화를 여는 2010 한국그리스도인 선언"에도 동참하게 되었다. 여러 신학자와 목회자들의 자발적인 활동에 의거하여 여러 번의 준비모임을 통해 발표했는데 나도 준비위원으로 참석했다. '2010 선언'은 1973 한국그리스도인 신앙선언과 1988년 민족의 통일과 평화에 대한 한국기독교회선언 등과 같이 민족의 고난과 희망에 참여하기 위해 예수 그리스도를 따라 악의 세력에 저항하고 투쟁해 온 전통을 이어가려는 노력이었다. 나아가 '2010 선언'은 이러한 위기의 시대에 무기력하게 자기 확대에만 골몰하는 한국교회의 개혁과 새로운 운동을 위한 선언이었다. 자발적이고 비공식적 차원에서 시작되었지만 천여 명의 기독교인들이 참여하고, 심지어 해외동포

기독교인들도 적극적으로 호응해 주었다. 이것은 교회 개혁과 새로운 운동을 향한 한국 기독교인의 열망이 드러난 것이라 하겠다.

(2) 생명평화마당과 작은교회박람회

생명과 평화의 복음운동을 위한 '2010선언'은 이 운동의 기본적 신앙고백이자 출발점이 되었다. 아울러 필자는 이 운동의 체계적 확산을 위해 "생명과 평화의 기독교운동"을 제창했다. 이것은 '생명평화신학'을 정립하여 '생명평화교회'를 세우고 '생명평화선교'를 실행하자는 세 가지 내용으로 집약됐다. 이를 조직적으로 추진하기 위해 〈생명평화마당〉이라는 조직이 구성되었고, 내부에 세 가지 위원회, 즉 신학위원회, 교회위원회, 사회위원회를 두었다.

2013년에는 신학위원회와 교회위원회가 연합하여 생명평화교회운동으로서 "작은교회박람회"를 시작했다. 무조건적 성장을 추구하며 생명평화를 파괴하는 세력에 저항하기는커녕 도리어 동조하는 한국교회 분위기에서 종교개혁 500주년을 몇 년 앞두고 제2의 종교개혁이 필요하다고 생각했기 때문이었다. 더구나 그해 10월에는 매 7년마다 열리는 세계교회협의회 총회가 부산에서 열릴 예정이었다. 세계교회의 이후 7년의 방향을 정하는 에큐메니컬 축제를 준비해야 한다는 당위성도 있었다.

생명평화마당은 작은교회박람회를 통해 교회 가치가 규모에 의해 평가되는 한국교회 현실 속에서 한국교회 갱신과 건강한 성숙을 향한 새로운 대안을 모색하고자 탈성장, 탈성직, 탈성별의 세 가지 '탈'(脫)을 기치로 "작은 교회가 희망이다"라는 슬로건을 내걸었다. 작은교회박람회는 그야말로 작은(대안) 교회들의 축제

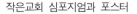

작은교회 심포지엄과 포스터

요, 성도들에게 다양하고 건강한 교회를 소개하고, 목회자와 신학생들에게 대안적 목회 방향을 소개하는 한마당이었다. 당시 작은교회박람회 집행위원장으로서 전체 박람회 실무를 맡았는데 처음으로 진행한 행사여서 어려움이 많았지만 보람도 많았다. 작은교회박람회는 이후 2017년까지 매년 계속 개최되어 그야말로 작은교회운동의 요람이 되었다.

3) 생명평화연구교육협동조합과 평화교육네트워크

2013년에 새민족교회를 사임하고 한국기독교사회문제연구원(기사연) 부원장으로 부임했다. 기사연은 한국 에큐메니컬 운동 싱크탱크지만, 1970-1980년대에는 「기사연리포트」라는 이름으로 정세분석과 운동 방향을 설정해 주는 시민사회운동 싱크탱크이기도 했다. 물론 당시 위상은 예전과 많이 달라졌지만 기사연을 통해 생명평화운동을 위한 사역에 좀 더 열중하게 되었다.

(1) 연구교육협동조합 생명평화 설립

생명평화마당이 생명평화기독교운동을 중시하는 단체라면 일반적인 생명평화담론과 교육 실천을 위해 또 다른 기구가 필요했다. 세계적인 민중신학자인 김용복 박사를 이사장으로 모시고 시민사회운동가들과 함께 창립발기인으로 자본과 권력, 왜곡된 연구와 교육관행으로부터 자유로운 학술 연구와 고등교육체계를 실현하기 위하여, 참여자 모두가 책임적인 주체가 되며 국내외 다양한 연구 교육기관 및 시민사회와 협력 교류하면서 글로벌 학문공동체를 지향하는 연구교육협동조합을 설립하게 되었다.

2013년 7월 기사연 이제홀에서 열린 창립총회 정관에는 이러한 대목이 있다. "더 나아가 상생과 협동을 통한 지역사회경제 실현이야말로 생명 평화의 위기를 극복할 수 있는 유력한 대안임을 참가자들을 확인했다. 연구교육협동조합 활동을 통해 지구촌의 생명평화 실현과 평화로운 인류 공동체 건설에 기여하고자 한다."

생명평화연교협은 연구위원회와 교육위원회를 두고 연구사업, 교육사업을 추진했는데 2013년 10월에 안병무홀에서 "사회적 금융 국제 세미나"를 창립행사로 개최했다. 이 세미나에 강사로 나의 박사학위 논문에 이론적 기반을 주었던 두흐로 교수(Ulich Duchrow)와 세계교회협의회 정의평화국 책임자로 오랫동안 일했던 아프리카 가나 출신 무슈나 박사(Rogate Mshana)가 오셨다. 세미나를 통해 사회적 금융정책과 제도, 하부구조와 기관에 관한 담론을 지구적 금융지배에 대한 대안으로 제시하며 지방정부와 중앙정부의 사회적 금융정책에 관한 연구와 토론을 실시했다. 국가적·세계적 차원에서 사회적 금융의 네트워크 형성에 관한 진로도 모색했다.

(2) 한국생명평화교육네트워크(KLPEN)

2016년 11월 말 지리산 피아골 향토원에서 개최된 평화를 위한 국제학술대회에서 참가자들이 북유럽-한국간 평화 프로젝트 진행을 위한 대화가 있었다. 이전에 이미 화천지역과 노르웨이 간의 평화의 종 프로그램을 진행했던 생명평화연교협 김용복 이사장 제안으로 평화교육을 위한 네트워크를 결성하기로 하고 피스보트 프로젝트(Peace Boat Project)로 남북한 학생 초청 평화교육, 국제 평화시민대학 설립, 북유럽 시민대학을 소개하고 경험을 나누는 국제 컨퍼런스 개최를 준비하자고 결의했다.

스칸디나비아(덴마크, 노르웨이, 스웨덴)에는 1860년대에 덴마크 그룬트비 목사 사상을 따라 시민대학들(Folk High School, 평민 대학으로도 번역)이 세워졌다. 그룬트비와 그의 사상을 따르는 사람들은 전통적인 학교를 전문가 교사들이 고루한 지식이 담긴 교재 내용을 다음 세대에 전수하는 수단일 뿐이라며 거부했다. 시민대학들은 음악, 운동, 연극, 문학, 예술 등 더 폭넓고 역동적인 분야에 대한 다양한 공부 방식을 추구하면서 많은 젊은이를 끌어들였다. 여기에서는 공부하는 방법, 함께 살아가는 동료들뿐만이 아니라 나를 둘러싼 사회가 함께 성장하는 방법을 가르쳤다. 나아가 평등과 평화로운 공존, '타자'에 대한 열린 마음, 타문화와 환경을 존중하고 인정하는 것들이 시민대학 핵심 개념들이다.

2017년 4월 29일 (토)부터 5월 3일 (수)까지 한국생명평화교육네트워크 코디네이터로 오슬로를 방문하였다. 평화활동가인 존 존스(John Jones) 박사와 피스보트 프로젝트와 국제 심포지엄에 관해 협의했고, 노르웨이평화네트워크 대표인 알렉산더 하랑(Alexander Harang)과도 만나서 협력과 교류 의사를 나누었다. 마지막 날에 오슬로 근교에 있는 시민대학 링거리케 시민대학(Ringerike Folk High School)을 방문했다. 이 학교에는 학생 120명과 교사 14명이 있고 학생들은 8가지 전공(Art, Dance, Music, Design, Sports, Comic, International Solidarity)으로 공부하며 다양한 선택과목이 있었다. 피난민 학생 8명을 받아 같이 공부하고 있었고, 고교졸업생이 대부분이지만 중퇴생 8명도 있었다. 함께 놀고 협력하는 공부 방식을 대부분 채택하여 전공보다는 학생들에게 관심이 많고 열의가 많은 것에 초점을 맞추어서 교사들도 채용했다. 채용된 교사들은 시민대학연합회에서 훈련하는 코스에 참여하여 일정한 교육을 받았다.

(3) 한국-북유럽 시민/평화교육 국제 컨퍼런스

스칸디나비아에서 시민교육과 평화교육에 일하는 세 명(Une Irene Aasdalen, Geir Helgesen, John Y. Jones)이 방한하는 기간을 통하여 오슬로에서 협의했던 "시민평화교육 국제 컨퍼런스"가 2017년 6월 17일부터 25일까지 개최되어 새로운 시민/평화교육의 가능성을 구체화했다. 노르웨이시민대학연합회와 한국생명평화교육네트워크가 공동주최하여 양국 시민교육과 평화교육 경험을 나누고 지역 단위에서 시민학교와 평화교육의 가능성을 모색하고 제고하고자 했다. 이를 위해 지리산, 광주, 대전, 서울에서 지자체나 교육기관과 협력하여 심포지엄을 개최했는데, 자연스럽게 지역단체들이 연합하여 지역행사를 주관했다. 광주에서는 광주시민자유대학, 지혜학교, 지역공동정책플랫폼광주路 등 27개 단체가 참여

했다. 충남에서는 충남대 사범대학, 충남도청 평생교육원이 주관
했으며, 서울에서는 대안교육연대와 서울혁신파크, 은평혁신미래
교육추진단 등이 주관했다. 이렇게 지역별로 시민교육과 평화교
육에 대한 다양한 논의를 통하여 한국에서의 생명평화교육의 진
일보와 지역에서의 시민대학 설립을 모색하고자 했다.

4) 트립티와 공정무역 운동

2018년 트립티*가 사회적기업으로 10년을 맞이하는 시점에
서 트립티의 새로운 도약과 공정무역 운동의 확산을 위해 연구와
교육사업이 필요하다는 의견이 모아졌다. 자연스럽게 트립티공정
무역연구소 설립이 논의되었고, 생명평화연교협 활동을 같이 하
면서 동참하게 되었다.

공정무역 운동은 신자유주의 세계화의 양대 기둥 중 하나인 지
구적 무역의 대안적 방안이다. 자유무역에 대응하는 개념으로서
공정무역은 대화와 투명성, 존중에 기반을 둔 무역 파트너십으로
서 보다 평등한 국제 무역을 추구한다. 특히 남반구의 소외된 생산
자들과 노동자들에게 더 나은 무역 조건을 제시하고 그들의 권리
를 보장함으로써 지속 가능한 개발에 기여하고자 하는 것이다. 그

---

* 개인적으로 트립티 최정의팔 대표와 인연은 오래되었다. 캐나다에 가기 전에는 지역
  과 교단은 달랐지만 민중교회를 목회하는 동역자였고, 민중교회운동연합체인 〈한
  국민중교회운동연합〉의 임원을 같이 하기도 했다. 귀국 후에 생명과 평화를 위한
  다양한 활동을 하면서도 같이 일하는 기회가 많았는데, 특히 트립티 카페는 그러한
  회의와 교육을 위한 소중한 터전이 되기도 했다. 트립티가 하고 있는 이주 노동자들
  을 통한 아시아지역 연대와 공정무역 운동에 대해서는 대안적 세계화와 생명평화운
  동 관점에서도 깊은 관심을 두고 있었다.

런 면에서 트립티가 하고 있는 이주 노동자들을 통한 아시아지역 연대는 공정무역 운동의 중요한 성과였다. 또한 어려운 여건 속에서도 사회적기업으로 10년을 나름대로 성공적으로 운영해 오며 사회적 약자들에게 많은 일자리를 제공하고 있는 것도 사회적기업가 정신이 필요한 생명평화운동 진영에 소중한 자산이었다. 그동안 많은 협동조합과 마을기업, 사회적기업들이 정부의 지원에만 의존하다 독립하여 발전하지 못하는 것을 많이 보았던 터여서 실제적 사업을 통한 일자리 창출과 국제적 연대는 대안적 운동을 고민하는 이들에게 꼭 필요한 일이었다.

최근 공정무역 운동에서 새로운 흐름 가운데 하나가 '로컬페어트레이드'(이하 로컬페어)이다. 국제무역과 관련된 개념인 공정무역(페어트레이드)과 지역(로컬)을 합친 말이다. 공정무역 대상을 저개발국 생산자뿐만 아니라 소비국(선진국) 농민으로까지 확장한 개념이다. 이 개념은 유럽과 북미에서 자국과 인접 국가의 소외된 농민들에게 공정한 거래를 보장하기 위해 10여 년 전에 등장했다. 공정무역 원칙에 따라 생산한 자국 농산물과 공정무역 수입품을 혼합해 새로운 제품을 만드는 것을 예로 들 수 있다.

공정무역연구소 소장 일을 시작하면서 급변하는 세계와 한국 사회 변화에 트립티가 능동적으로 대응하고, 활동가와 실무자, 연구자가 실천적으로 협동하여 공정무역 운동의 혁신적인 실천을 이론화함으로써 공정무역 운동의 양적, 질적 발전에 기여하고자 하는 바람이 있었다. 우선 시작하게 된 것은 트립티가 여러모로 함께하고 있는 핵심적 역량들이 함께 모여 공정무역에 대한 스터디 모임을 만드는 것이었다. 마침 한국에 안식년 차 대전에 교환교수로 와 있던 일본 구마모토 가구엔 대학 신명직 교수를 통해 일본 공정무역 운동에 대한 대해 강의를 듣고 토론하는 모임을 가졌다. 일본 공정무역 운동은 사실 우리나라보다는 많이 앞선다는 느낌을 받았다. 일본은 공정무역(Fair Trade)보다 민중교역(People's Trade) 역사가 길고, 생협의 입지가 탄탄한 편이다. 20여 년 전 예장 생협 주최로 간사이(關西) 지역 생협 견학에서 필자는 일본 생협의 위력을 보았었다. 일본 사례에서 특히 인상 깊었던 것은 일본에 공정무역 도시(Fair Trade Town)들이 많다는 점이다. 신교수가 사는 구마모토시는 아시아에서 첫 번째, 세계에서는 1,000번째 공정무역 도시였고, 나고야, 즈지시, 시즈오카시도 공정무역 도시로 활발한 활동을 하고 있었다. 물론 한국은 서울과 인천 같은 대도시가 공정무역 도시에 등록은 되어있지만 사실 활동 내용은 미미하다. 공정무역 도시운동은 현재 한국에서 다양하게 진행되고 있는 '마을만들기운동'과 결부하여 대단히 중요한 의미가 있고, 앞으로 한국에서 활성화되어야 할 새로운 운동이다.

공정무역 스터디 모임은 공정무역독서모임으로 계속 이어졌는데 『공정무역이란 무엇인가 ─ 세상을 바꾸는 착한커피 이야기』, 『공정무역 사회적기업, 원칙과 시장 사이에서 길을 묻다』 같은 책을 읽고 함께 토론했다.

앞의 책의 결론 부분을 마침 내가 발제하게 되었는데, 공정무역에 있어서는 영웅적 참여보다는 '작은 행동'이 중요하다고 말한 것이 인상적이었다. 그 작은 행동에 공정무역의 소비도 포함된다고 저자가 강조했다. 이는 사회적 책임 의식이 있는 소비는 의미 있는 실천적 삶으로 이끄는 관문이 될 수 있다는 것이다. 그러기에 공정무역을 하는 사람들을 도와주려면 공정무역 물품을 조금 더 많이 사라는 결론으로 이어진다. 또 하나 흥미롭게 보았던 부분은 공정무역 운동에 어떤 물품이 효과적이냐는 저자 판단이다. 미국 필라델피아 지역에서 활동했던 저자는 커피와 관련된 사업(예: 인디펜던츠커피협동조합)보다는 수공업 관련된 사업(예: 텐사우전드빌리지 Ten Thousand Village)이 공정무역 운동에 더 효과적이라고 주장했다. 그 이유가 재미있는데 2008년 경제위기 속에서도 잘 버틸 수 있었던 것은 공정무역 제품의 '스토리텔링'을 강조, 생산품이 나올 수 있는 배경 이야기들이 많기 때문이라는 것이다. 이런 점에서 운동을 논리나 당위보다는 삶의 이야기로 풀어나가야 함을 깨달을 수 있었다. 필자는 커피 이야기로 스토리텔링할 수 있는 부분도 많이 있다는 반론을 제시했다.

저자가 강조한 대로 공정무역 운동의 가장 큰 역설은 체제 내적인 운동이라는 점이다. 공정무역 제품을 소비하는 사람들은 세계 낙후된 여러 지역에서 빈곤과 환경 파괴가 점점 늘어나는 것을 신자유주의적 세계화 영향으로 보고, 그것에 반대하면서 동기를 부여받는다. 하지만 공정무역은 사회정의와 환경의 지속 가능성을 추구하면서 자유 시장에서 비롯된 바로 그 문제들에 대해 시장 중심 해결책을 쫓고 있다. 체제를 비판하면서도 체제 안에서 운동을 촉진하고 있다는 것이다. 공정무역이 시장접근성과 생산지 수공업자와 농민 생활의 질을 높이기 위해서는 공정무역의 주류화가 필수적이다. 그렇다면 공정무역의 중산층화, 공정무역의 대형화가 불가피하지 않은가 라는 질문이 여전히 우리의 숙제로 남는다.

5. 전환의 시대에 영국에서 만난 대안적 세계화 현장

1) '전환의 시대'의 에큐메니칼 목회아카데미

2018년 이후에 '전환의 시대'란 화두가 본격화되었다. 제4차 산업혁명이라는 기술적 변화, 세월호 사태와 이어진 촛불혁명이라는 정치·사회적 변화, 한반도 평화 시대의 도래라는 남북관계 변화 속에서 우리의 모든 사고와 행동을 전환하여야 한다는 의미에서였다. 한국교회와 에큐메니칼 운동 또한 예외가 될 수 없었다.

협력과 공유의 시대인 전환 시대에 목회와 선교의 패러다임도 전환되어야 한다. 2018년 한국기독교교회협의회(이하 교회협) 교육위원회 부위원장으로서 "에큐메니칼 목회아카데미"를 주관하는 프로그램 코디네이터를 맡게 되었다. 나의 기본적인 발상은 지역교회와의 유기적 결합이나 에큐메니칼 기관들의 연대와 네트워크를 위해 에큐메니칼 교육훈련이 강화되고 재구성되어야 한다는 것이었다. 더구나 저성장 인구절벽 시대에 직면하여 한국교회가 지역사회에서 에큐메니칼 협력 목회의 내용과 구조를 발전시켜야할 필요성이 제기되고 있었다. 개교회중심주의와 교파중심주의에 기반을 둔 양적 성장 중심 모델을 건설적으로 극복하고, 한 지역사회를 섬기도록 부름받은 지역교회들이 상호의존성을 강화하며 공동의 협력 목회 문화를 형성하는 과정을 만들어야 했다. 이를 위하여 일차적으로 에큐메니칼 목회론과 목회구조 형성을 위한 동기를 부여하기 위한 일련의 교육 세미나 과정을 개설해야 했다. 그래서 2018년 에큐메니칼 목회아카데미 프로그램을 구체화했다.

이 프로그램은 4단계로 이루어졌다. 1단계로 교회협과 관련된 10개 지역교회협의회와 협력하여 지역별 에큐메니컬 목회 세미나를 개최했고, 2단계로 10개 지역교회협 의회의 연합세미나를 통해 상호 배움의 장을 만들고 한국교회 에큐메니컬 목회 방향과 내용을 제공하며, 3단계로 지역별 세미나 이후 후속 과정으로 국내 현장 탐방(현장 캠프 훈련)으로 마을 목회의 부천 새롬교회와 대안 교육목회의 대전육아정에서 이루어졌고, 4단계로 "사회적 경제, 전환마을, 공동체"를 주제로 영국에서 해외현장탐방 프로그램을 진행했다.

2) 영국에서 만난 대안적 세계화 현장

영국 해외 현장 방문에는 교육 위원 5명(남3, 여2)과 함께 런던에서 대안교육을 공부한 하태욱 교수가 통역을 겸해서 동행했고, 영국 브리스톨에서 사역하고 있는 김보현 선교사가 안내를 맡았다.

(1) 브롬리 바이 바우 센터(Bromly-By-Bow Centre)

센터가 위치한 영국 런던 동부의 브롬리 바이 바우(Bromly-By-Bow) 지역은 지역주민의 37%가 편부모, 57%가 제3국 난민, 50%가 영어를 못하고 실업률이 50%에 달하는 전통적인 빈민 지역이자 이민자들이 많이 사는 곳이다. 1984년 교인이 겨우 12명이 남은 교회로 부임한 앤드류 모슨(Andrew Mawson) 목사는 교인과 지역 주민들의 관심과 요청을 바탕으로, 교회 공간을 기초로 건강센터, 춤 교실, 목공 교실, 보육 교실, 조경 사업 등을 진행한다. 모슨 목사는 "작은 것이라도 자발적인 주민 의지에 기초해서 시작한다"는 원칙을 세웠다. 모슨 목사는 사람이 지닌 가능성을 바라보고자 했다. 모슨 목사가 만난 지역 주민들 가운데 비슷한 출신 배경과 경험을 가진 이는 없었다. 모슨 목사는 다양한 주민들이 가진 잠재 가능성을 발견하는 눈을 가졌고 사람들을 연결시켜서 서로에게 도움이 되도록 하는 것을 중요하게 생각했다. 이 생각이 사업 전략으로 발전했다, 즉 ① 융합(integration) ─ 사람들 간의 결합에서 오는 혁신과 시너지 활용하기, ② 탁월(excellence) ─ 주민의 강점에 기반하고 성공을 기대하면서 일하는 자존감 고양과 영감 개발, ③ 연대(partnership) ─ 개인과 공사영역을 총망라한 파트너십, ④ 통합 ─ 건강, 직업 창출, 교육훈련, 환경문화, 예술의 통합이었다.

(2) 전환마을운동 현장 ─ 토트네스(Totness)마을

① 전환마을운동 시작

2006년 아일랜드 킨세일(Kinsale)과 영국 토트네스에서 시작된 전환마을운동은 10년도 되지 않아 세계적인 운동으로 확산되었다. 전환마을운동네트워크(www.transitionnetwork.org)에 따르면 2014년 11월 현재 세계적으로 43개국 1,196개 조직이 전환마을운동단체로 등록되어 있다.

토트네스는 이러한 전환 마을을 하기에는 매우 적합한 규모와 분위기였다. 영국 남서부 데본주에 위치한 인구 8,500명의 농촌마을이다. 시내 한가운데 우뚝 솟은 토트네스성을 향하는 완만한

토트네스마을센터에서 워크숍을 마치고(왼쪽에서 네 번째가 필자)

토트네스 지도

경사로로 이루어진 시가지 길을 오르면 아기자기한 카페와 식당, 수공예품과 특산품을 파는 가게, 수제 맥주를 파는 Pub 등 아름다운 가게들이 즐비하다. 비영리기관(옥스팜과 같은)에서 운영하는 재활용품 가게도 유난히 많다. 하긴 토트네스 마을의 주제가 리에코노미(REconomy)인데, 재사용, 재활용 경제를 뜻한다. 마을 중심에 있는 리에코노미 센터(REconomy Centre)에서 현지활동가와 워크숍을 했다.

② 내적 전환(inner transition)의 중요성

최근 전환마을운동 시초인 토트네스에서 가장 뜨거웠던 화두는 '내적 전환'이다. 에너지 자립 주택, 지역 화폐, 로컬 푸드, 퍼머 컬처 등 눈으로 보이는 외적 전환과 더불어 구성원들 각자의 내면 전환도 함께 중요하다는 의미에서 내적 전환이다. 나아가 외적 전환과 내적 전환이 조화를 이루었을 때 진정한 전환이 이루어진다는 관점이다.

전환이란 점진적, 의도적 변화다. 급진적 혁명이 아닌 자연스러운 변화다. 자연 파괴 문화에서 벗어나 마을 중심, 지역회복력이 있는 문화로 변화하는 것이다.

전환을 세 단어로 요약하면 공동체(community), 회복력(resilience), 지역화(localization)다. 첫째 공동체는 작은 규모이어야 한다. 전환은 공동체 수준으로 지역 주민이 운영할 수 있어야 한다. 둘째 회복력은 전체 시스템에서 나오는 건데 외부 충격을 흡수하고 유지하고 전진하는 것을 뜻한다. 예기치 않은 재난, 기후 변화, 에너지 고갈, 극심한 경제 양극화, 금융위기, 화폐 폭락사태, 공황 등 사건이 일어났을 때 그것을 딛고 일어설 수 있는 힘을 길러야 한다

는 것을 의미한다. 경제 위기와 같은 외부에서 큰 변화가 생기더라도 커뮤니티 스스로 충격을 흡수하고, 유연하게 대처하는 능력을 말한다. 셋째 지역화는 지역 주민들에게 부드럽게 다가갈 수 있다는 것이다. 실질적, 경제적, 물질적 수준에서 지역으로 끌어들이는 것이다. 세계화와 반대로 작은 마을에서는 지역화가 기회가 된다. 청년들이 마을에서 살 수 있도록 일자리를 만들어 지역 청년들에게 기회를 준다는 것이다.

(3) 전환 마을의 이론적 근원: 슈마허대학교(Schumacher College)

『작은 것이 아름답다』의 저자 슈마허(E. F. Schumacher) 정신을 따라 인도 출신 평화운동가이자 녹색환경운동가인 사티시 쿠마르(Sathish Kumar)가 26년 전 슈마허학교를 시작했다. 슈마허학교는 생태주의, 대안 경제, 지속 가능성을 가르치는 대안대학으로 전환 마을인 토트네스와도 연결되어 이론적 토대와 상상력을 제공한다. 세계 20개국에서 온 학생 40명이 공부하고 있었고, 단기체류 학생도 20명이 거주했다. 함께 기숙사 생활을 하면서 농장과 일터에서 일하기도 했는데, 목공 예술 등의 기술 관련 수업들도 있었다. 코로나19로 많이 익숙해진 온라인 과정이 개설되어 있어 한국에서도 수강이 가능하다.

몇 년 전 한국을 방문해서 지리산에서 만났던 전환마을운동네트워크 회장 조나단 도슨(Jonathan Dawson) 교수는 여기에서 생태경제학을 가르치고 있었는데 수업 중이어서 만나지 못해 아쉬웠다. 마침 수업을 마치고 나온 한 교수가 우리에게 반갑게 인사를 건넸다. 그녀는『오래된 미래: 라다크로부터 배우다』라는 책을 쓴

헬레나 노르베리 호지 교수와 슈마허대학교에서

헬레나 노르베리 호지(Helena Norberg Hodge) 교수로 자신도 한국에 자주 간다며 친근감을 보였고, 여러 번 우리에게 사진 모델이 되어 주었다.

(4) 공정무역 운동 원조가 되는 옥스팜 1호점

영국에서 대안적 세계화의 현장을 보는 일정에서 활발하게 진행되는 공정무역 도시를 방문했다. 공정무역 도시(마을)는 저개발국 노동자 삶에 긍정적인 변화를 가져올 수 있도록 일상적으로 공정무역 제품을 사용하면서 공정무역 지원을 위한 실질적인 활동을 벌이는 곳이다. 공정무역마을운동은 전 세계적으로 벌이는 공정무역 캠페인이다. 2000년 영국 작은 마을인 '가스탕(Garstang)'에서 시작된 이 캠페인은 지역사회와 지방정부가 함께 공정무역에 실질적인 기여하는 가장 효과적인 방법으로 통한다. 그 뒤 이웃 나라로 퍼져 지금은 세계 35개국에 2,030개 공정무역 마을이 있다. 유럽에 95% 이상이 몰려 있다. 독일이 687개로 가장 많고,

옥스퍼드의 옥스팜 1호점과 전시 물품

영국(425개), 오스트리아(207개) 등이 뒤를 잇는다. 국제공정무역마을위원회가 제시하는 다섯 가지 목표를 달성하면 심사를 거쳐 공정무역 마을로 등재된다. 다섯 가지 목표는 △지방정부 및 의회의 지지 △지역 내 공정무역 제품 판매처 확보 △다양한 공동체에서 공정무역 제품 사용 △미디어를 통한 홍보와 대중의 지지 △공정무역위원회 구성 등이다. 지방정부의 지지와 지역 내 다양한 커뮤니티 참여를 인증 조건으로 삼고 있는 셈이다. 민과 관이 협력하지 않고는 인증을 받기 어려운 구조다.

이번에 방문한 곳은 옥스퍼드대학이 있는 대학도시 옥스퍼드에서 시작한 옥스팜(Oxfam) 가게였다. 옥스팜은 1942년 2차 세계대전 중반 영국 옥스퍼드 학술 위원회가 기근 구제를 위해 시작한 세계 최대 국제 구호 개발 기구이다. 70년이 넘는 활동을 통해 100여개 국에서 가난 극복을 위해 실용적이고 혁신적인 방법으로 도움을 제공하였으며, 스스로 힘으로 희망의 기회를 찾는 수많은 변화를 이뤄냈다. 특히 옥스팜 1호점은 우리나라 아름다운가게의 모델이 되었다. 다양한 재활용품 상품들이 진열되어 있었고 당연히 공정무역제품들도 많이 볼 수 있었다. 재활용품 제품으로 수입의 40%를 얻고 있다고 한다.

6. 나아가는 말: 포스트 코로나19라는 새로운 세계에서

2020년 2월 중국 우한에서 시작된 코로나19 사태는 우리의 삶과 세계의 모습을 확 뒤바꿔 놓았다. 빠른 전염성과 무증상으로 인한 집단감염자가 속출하고 단시일 내에 확진자가 폭발적으로 증가하였다. 이로 인하여 우리는 예전과는 완전히 다른 일상을 살아가고 있다. 재택근무가 늘어나고 학교에서 온라인 수업이 일상화되었다. 소비트렌드도 전자상거래로 온라인쇼핑이 급증했다. 사회적 거리두기는 전염 확산을 방지하기 위해서 사람 간의 대면 접촉을 최소화하기 위해 나타난 슬로건이다. 이렇게 집에서 보내는 시간이 많아지니 집을 아름답게 꾸미는 사업도 번창한다고 한다.

코로나19는 우리의 일상적 삶만이 아니라 우리 사회와 세계도 바꾸고 있다. 이 글의 주제인 세계화와는 전혀 다른 방향으로 흘러가고 있는데, 세계는 더욱 분절되고 갈라지고 있다. 유럽연합이 균열되고, 미국과 중국은 무한경쟁으로 돌입하고 있다. 코로나19로 세계화의 취약성이 노출되어 생산기지의 본국 회귀가 대대적으로 진행되고 있다. 세계화 시대에 그렇게 자유무역을 강조하며 자유무역협정 맺기를 강요하던 미국이 보호주의로 돌아섰다. 코로나19 확산 속에 경제적 타격과 의료 접근성 측면에서 잠재된 구조적 불평등 표출, 타 인종 및 타 종교에 대한 혐오 증가로 국제사회의 불안정성이 높아지는 것이 염려된다. 비대면 근무가 힘든 저임금 서비스직과 취약계층이 경제적으로 더 큰 위험에 노출되어 사회 내부 갈등을 자극하고 있다.

위기가 기회라는 말이 있듯이 코로나19 상황은 우리의 삶을 돌아보고 미래를 새롭게 구상하게 만드는 계기를 제공하였다. 제4차 산업혁명으로 촉발된 사회적 전환과 미래의 삶이 훨씬 더 앞당겨져 왔다. 이 글의 주제어로 말하자면 포스트 코로나19 사회가 "아래로부터의 세방화"가 이루어지는 방향으로 전환되기를 기대한다.

4부
내일을 향한 공정무역

크로스오버하라
─ 공정한 국제협력을 추구하며

김현수

(들꽃청소년세상 대표)

1. 청소년들의 '거리'

"놀이터에서 잠을 잤는데 몹시 추웠습니다. 성냥을 갖다가 불을 피우고 있었습니다. 그런데 비가 오는 것이었습니다. 우리는 통에 들어가 앉아 있었는데 너무나 추웠습니다. 우리는 00 언니하고 우리 언니하고 재미있는 이야기를 하고 있었는데 00 언니가 갑자기 이불을 가져가서 싸움이 일어났습니다. 싸움은 끝났고 새벽 5시쯤 우리는 잠을 조금 자다가 일어나서 또 장난을 하고…."
_ 1995년 11월 「들꽃」 소식지, "13세 여자 청소년 글"

내가 거리의 아이들을 처음 만난 것은 1994년 여름이었다. 후미진 골목이었다. 몇몇 아이들은 저희끼리 장난을 치고 있었다. 키가 작은 초등학교 3, 4학년쯤이나 되었을까, 아이가 담배를 피며 밖을 흘끔거렸다. 나와 눈이 마주친 아이는 계단 밑 보일러실을 빠져나와 뛰었다. 그 이후로 아이들은 자주 눈에 띄었다. 연탄재를 던졌다며 소리를 지르는 아주머니를 약 올리며 도망가는 모습, 오토바이 뒤에 타고 소리를 지르며 사라져가던 아이들의 모습, 파출소 순경에서 얻어맞던 모습….

어느 날부터인가 그 아이들은 우리 교회를 뚫고 들어와 잠자기 시작했다. 말할 수 없이 많은 사건이 일어났던 밤과 낮이 지나고 아이들과 동거하기 시작했다. 동거 후에도 아이들은 '거리 생활'을 접지 않았다. 필자는 아이들이 거리에서 '집'으로 들어갈 수 있는 방안을 백방으로 찾았다. 집으로 들어가는 것이 가장 바람직하지만, 그렇지 못한 경우에는 보호받을 수 있는 시설로 들어갈 수 있도록 알아보았다. 아이들은 집으로도, 시설로도 들어가지 않았다. 시설로 갔던 아이들은 도망쳐 다시 거리로 나왔다. 아이들은 다시 우리 교회로 스며들었다.

처음에는 11살에서 13살 된 어린아이들을 어떻게 할 수 있겠다고 생각했다. 11살 아이가 담배를 피던 모습을 보고 놀랐는데, 그것은 아무것도 아니었다. 거짓말, 도둑질, 집단폭력, 약물 흡입, 앵벌이, 경찰서 들락날락…. 끝이 없었다. 어떻게든 바로잡아보겠다는 의욕은 아이들을 더욱 엇나가게 하였다. 무엇보다도 내가 만난 아이들은 안산시 원곡동 일대 50여 명에 이르는 가출 청소년 집단과 연결되어 있었다. 이러저러한 것을 알았더라면 언감생심 동거를 엄두도 낼 수 없었으리라. 이웃 주민이 던진 한마디가 뼈아팠다.

"좋은 일을 하려는 것은 알겠는데, 감당할 수 없는 일을 저질러 동네를 이렇게 어렵게 합니까?"

어느 사이, 아이들에 끌려 '거리'로 내몰린 자신을 보았다. 다음 행보가 보이지 않았다. 필자는 망연히 아이들의 소란을 바라보고 있었다. 눈감고 있었다. 며칠 동안 그렇게 있었는지 모른다. 그러던 어느 날, 그래 '갑툭튀'*이었다. 뜬금없이 거리 아이들의 집단이 '나라'로 보였다. 지금까지는 아이들이 저지르는 문제행동이 보였는데, 아이들 세계가 보이기 시작했다. '나라'로 다가왔다. 그 나라 주인공은 당연히 청소년들이다. 나와 우리 사회는 잘 모르지만, 청소년들은 알고 있다. 그들은 자신들의 문제를 풀어갈 주인공들이다. 나와 우리 사회는 '함께'하면 된다. 나의 위치와 역할이 선명하게 다가왔다. 가슴은 평안해졌다. 뜨거워졌다. 나 자신을 향하여 그리고 우리 사회를 향하여 외칠 말이 생겨났다.

"저는 거리에 있는 50여 명의 청소년집단을 통하여 '청소년들의 나라'를 보았습니다."
"청소년들이 자신들의 나라를 세워 가는 주인공이 될 수 있도록 함께 해 주십시오."

거리 청소년 문제를 풀어가는 길은 거리 청소년들이 중심이 될 수 있도록 우리 사회가 함께하면 된다. 그게 궁극적으로 모든 사회

---

* "갑자기 툭 튀어나오다"를 줄여 이르는 말로, 예상하지 못한 사물이나 현상 따위가 나타나거나 생겨났다는 뜻으로 쓰는 말.

문제를 해결하는 방법이다. 청소년 문제는 청소년이 중심이 되고 우리 사회가 함께하면 된다. 난민 문제는 난민이 중심이 되고 우리 사회가 함께하면 된다. 장애인 문제는 장애인이 중심이 되고 우리 사회가 함께하면 된다. 인간 사회의 문제는 어떤 산술적인 '끝'이 없다. 끝없는 '과정'이 있을 뿐이다. 그 과정에서 당사자가 중심이 되고 길잡이가 될 수 있도록 우리 사회가 '함께'하는 것이다. 우리는 모두 그 '당사자'이기도 하고 '함께하는 사회'가 되기도 한다. 그것은 청소년 한 명 한 명을, 청소년 집단을 '나라'로 보아야 하는 이유이다.

지역사회 속에 정착하지 못하고 유랑생활을 하면서도 외칠 말이 있어 힘든 줄 몰랐다. 필자는 우선 아이들 8명과 봉고차를 타고 유랑생활을 시작하였다. 수도원, 농장, 만화가게, 책대여점, 여인숙, 수리산 아래 빈집 등을 전전하였다. 2년여 시간이 지나면서 거리 청소년들이 지역사회 속으로 들어올 수 있는 영역이 생겨나기 시작했다. 그룹홈, 청소년쉼터, 들꽃피는학교, 움직이는청소년센터, 청소년연구소 등등 다양한 형태로 자리를 잡았다. 이를 기반으로 청소년들은 자신들의 이야기를 하기 시작했다. 우리 공동체 내에서뿐 아니라 대학이나 사회단체 등에서 청소년 당사자로서 자기 이야기를 하기 시작했다. 정부 정책토론회에도 참석해서 청소년정책에 대한 생생한 의견을 피력했다. 4·16 참사로 고통을 받고 있는 유가족들을 만나 함께 눈물을 흘렸다. 가슴속에서 우러나는 분노를 쏟았다. 자신들의 나라를 인정받지 못하고 살아가는 고통을 전하며 대안을 이야기했다. 나의 뜬금없는 믿음이 청소년들의 이야기와 활동을 통하여 확인되는 기쁨을 누릴 수 있었다.

그는 더 이상 꿈을 꾸지 않는다고 했다. 절망을 이야기하려는구나 짐작했다. 반전, 자신은 이미 꿈을 이루었기 때문에 더는 꿈을 꾸지 않는단다. 거리 생활의 상처는 크고 깊어 심한 우울증에 시달려 자살 시도를 몇 번이나 했단다. 그러다가 지금의 자신과 같은 거리 생활을 하는 청소년들을 상담하는 일을 하게 되었단다. 그러면서 지금까지는 숨기고 살았던 자신의 이야기를 자신과 같은 청소년들과 나누게 되었단다. 이야기를 나누면 이겨내지 못할 것도 아닌데 꽁꽁 싸매고 구렁텅이로 빠져가는 친구들을 보면, 자신의 모습을 보는 것 같아 말할 수 없는 안타까움을 갖게 된단다. 그런 마음으로 이야기를 나누다 보면 그들도 자신의 이야기를 꺼내게 되고 마음이 나누어진다고 했다.

"통하더라고요. 보람되고 기뻐요"
"저는 꿈을 이루었어요. 더 이상 꿈이 없어요."

이렇게 청소년들이 자신들의 '거리'를 통하여 사회와 소통하는 것을 지켜보면서 또 다른 믿음이 생겨났다. 바로 청소년들의 '거리'야말로 지구촌 차원에서 연결되어야 할 '길'이라고…. 필자는 그것을 '거리'의 인류적 지평이라고 생각했다. 어둡고 막다른 청소년들의 거리는 인류적 지평을 확보해야 한다고.

들꽃청소년들의 첫 해외 교류는 2005년 1월부터 시작되었다. 들꽃피는학교의 학생 24명과 교사 3명이 중국 용정에 있는 보육시설을 찾아 봉사하는 프로그램이었다. 이후로 2007년 필리핀, 태국, 캄보디아, 일본 대안 가정과 대안학교 탐방, 2008년 캄보디아

파트너십을 맺기 시작한 네팔 바글룽 청소년

씨엠립 보육시설 청소년봉사 봉사활동과 싱가포르, 말레이시아, 라오스 해외여행. 2010년 이후부터 네팔, 탄자니아, 몽골 등 세 나라와 협력 파트너십 관계를 맺으면서 정기적인 교류가 시작되었다.

파트너십 관계란 우리가 한국에서 경험한 그룹홈이나 청소년쉼터, 청소년연구소, 대안학교, 지역아동센터 등과 같은 기관이나 시설을 설립할 수 있도록 협력하고 지속적인 관계를 맺는 것을 말한다. 파트너십 관계가 형성되면서 한국과 네팔, 탄자니아, 몽골 청소년들과도 일회적인 관계가 아니라 지속적인 교류와 연대를 맺게 되었다. 청소년들 간 교류와 연대가 지속되면서 청소년들은 자신들의 시야를 넓힌다. 어둡고 막다른 골목이었던 '거리'는 지구적 차원의 거리로 확장된다.

요즈음 '세계 시민성'이란 말을 많이 한다. 거리 청소년들이야말로 세계 시민성을 담보하고 있는 사회구성원이다. 2017년 탄자니아 들꽃 친구들을 만나고 온 청소년들이 전한 소감이다.

우리는 준비를 해갔음에도 불구하고 미흡하고 좋은 말들을 많이 하지 못했는데 탄자니아 친구들이 진정성 있는 모습으로 환영해 주는 한마디 한마디가 감동이었다. 너무 똑똑하고 배울 점이 많은 친구였다. 만약 영어를 잘한다면 더 많은 얘기를 해보고 싶었는데 잘되지 않아서 너무 아쉬웠다. ＿「탄자니아에 피는 들꽃」에서 "청소년 글 1"

오늘 좀 재미있었다. 사람은 꼭 언어가 통하지 않더라도 행동이나 마음이 통하면 그 말들을 잘 알아들을 수 있다는 생각을 했다. 오늘 탄자니아 애들이랑 사진을 많이 찍기도 하고, 대화도 많이 해서 좋았고 이들과 페이스북 친구 신청을 주고받았다. 저녁에는 영어 울렁증이 있는데 영어로 발표했다. 막막했는데 해보니까 별거 아니었다. 역시 해보기 전에는 모른다. ＿「탄자니아에 피는 들꽃」에서 "청소년 글 2"

탄자니아를 다녀온 후, 일단 제가 가진 편견이 사라졌어요, 저는 그 나라가 정말 가난하고 힘든 줄로만 알았어요, TV에서는 그런 것만 보여주니까요. 하지만 그건 사실이 아니라는 것을 알게 되었죠. 제 자신이 부끄러워지더라고요. 그들도 저희와 같은 청소년인데 색안경을 끼고 본 것이지요. 그러면서 빈곤 포르노*에 의한 저의 잘못된 인식을 바꾸고 싶다는 생각이 들었어요. 말이 안 통해도 생각하는 건 똑같잖아요. 해외교류 활동을 통해 엄청 정 많고 착한 친구들을 알게 돼서 좋았어요. ＿「탄자니아에 피는 들꽃」에서 "청소년 글 3"

---

* 모금 유도를 위해 가난을 자극적으로 묘사하여 동정심을 불러 일으키는 영상이나 사진 등을 말한다.

2. '가교'가 되기 위하여

인류적 지평이니 세계 시민성이니 지구 마을이니 공정이니, 이런 말들은 일단 황당하게 들린다. 낭만적이란 말은 좋은 표현이다. 사실 청소년의 나라라는 말도 그렇기는 마찬가지이기에 일상적으로는 나도 이런 말을 쓰지 않는다. '이 양반, 4차원이군'이라고 생각할 것 같으니까. 그렇지만 구체적인 사례와 활동의 맥락을 가지고 이런 이야기를 나눌 수 있을 때는 달라진다. 일상적이고 정형화된 개념보다 오히려 공감 지수가 높아진다. 어쨌든 지난 30여 년에 가까운 세월 동안 청소년의 나라, 청소년 당사자가 중심이 되고 우리 사회가 함께해야 한다는 생각과 이야기를 하며 살아왔다. 그럴 자리가 있기만 하면 말이다.

그렇지만 거리 청소년들의 '거리'는 인류적 지평으로 연결되어야 한다는 이야기를 나누기는 쉽지 않다. 우선 국제협력 사업에 대한 인식을 공유하기가 쉽지 않다. 필자는 공정무역도 그럴 것이라 생각된다. 지금 당장 거리를 전전하며 생존이 다급한 마당에, 학교도 가지 못하고 그렇다고 취업도 제대로 못하고 있는 마당에, 인류적 지평이란 게 무슨 말인가? 사회적으로는 청소년에 대한 논의가 문제행동 수준에서 맴돌고 있는 상황인데 말이다. 그렇지만 필자는 거리 청소년들의 '거리'가 어둡고 막다른 골목이 아님을 수없이 경험해 왔다. 청소년들의 '거리'야말로 인류적 지평을 담지하고 있는 사례들을 필자는 밤새워 이야기할 수 있다.

내가 트립티 최정의팔 대표를 비롯하여 공정무역 활동을 하는 분들과 급속하게 가까워진 저변은 이런 속 이야기를 나눌 수 있었기 때문이다. 물론 이분들과는 이전부터 선배와 친구로 인간적인 교분이 없던 것은 아니다. 활동을 통하여 새롭게 만난 몇 년을 돌이켜보니 훅훅 주마등이다.

2015년이다. 활동을 통하여 두 단체가 만난 것이 말이다. 2015년 5월 네팔에 지진 참사가 났을 때 필자는 들꽃 후원자들께서 모아준 긴급구호금을 가지고 네팔을 방문했다. 지진피해가 가장 심각했던 고르카 지역(1차 진원지)과 신두팔촉 지역(2차 진원지) 등을 방문하여 긴급구호비를 우선 전달하였다. 네팔 현지에서 파트너로 활동하고 있던 윤종수 선교사님과 의논하여 그룹홈 두 개를 추가로 지원하고, 여자 청소년 쉼터와 여자 청소년 자립지원센터를 설립하기로 하였다. 나머지는 청소년 취업과 창업을 위한 자립기금으로 사용하기로 했다.

그런데 ㈜트립티도 지진 참사로 신음하는 네팔을 지원하기 위한 여러 가지 사업을 진행하고 있었다. 2015년 하반기 필자는 트립티 최정의팔 대표와 박미성 상임이사를 만나 네팔에서의 활동을 공유하고 연대를 모색하기로 하였다. 마침 트립티는 '함께일하는재단'과 네팔에 청년 일자리를 위한 카페 설립을 추진하고 있었다. 우리는 조성된 자립기금을 가지고 마이크로크레디트 사업으로 결합할 방안을 모색하였다. 드디어 2016년 1월 30일 신촌 트립티 카페에서 들꽃청소년세상과 트립티간에 처음으로 공식 모임을 갖게 되었다. 트립티 쪽에서는 최정의팔 대표를 비롯하여 박미성, 최헌규, 전호식, 박대원, 김지혜 씨가 참석했다. 들꽃청소년세상에서는 이사회에서 유제필, 정영숙, 조순실과 필자가 참석하고, 네팔 현지에서는 윤종수, 방영숙 선교사가 참석했다. 윤종수, 방영숙 선교사가 네팔 상황과 국제협력사업에 대해 보고하고, 유제필 이사가 탄자니아 상황과 국제협력사업에 대해서 보고했다. 유제필 이사는 탄자니아 들꽃 대표로 활동하고 있었다. 최정의팔 트립티 대표는 트립티와 들꽃청소년세상의 컨소시엄을 '와하하트립티'로 명명하며 그 중 네팔에서 함께일하는재단과 컨소시엄하는 프로젝트 사업 명칭을 '네팔 트립티'로 하기로 했음과 네팔 트립티 운영위원으로 최정의팔, 박미성, 김현수, 윤종수, 목탄 미노드, 케이비 사히가 활동하기로 했음을 보고하였다. 박미성 트립티 상임이사는 트립티가 국제협력사업을 잘 뒷받침할 수 있도록 사업을 더 잘해야겠다는 소감을 피력했다. 참석자들은 한결같이 두 단체가 연대하게 된 것에 기대감을 표시해주었다. 두 단체의 연대와 협력을 공식화하는 자리였다.

사실 들꽃청소년세상과 트립티는 여러 가지 면에서 다르다. 들꽃은 비영리법인이고 트립티는 사회적기업이지만 영리를 추구하는 주식회사이다. 시스템과 풍토가 다르고 활동이 달랐다. 그렇지만 아무런 문제가 되지 않았다. 오히려 서로 다른 데서 오는 긍정적인 자극이 즐거웠다. 특히 최정의팔 대표와 박미성 이사는 이주노동자들을 지원하는 활동과 공정여행 경험이 풍부했다. 해외사업과 활동을 하는 데 서로 의지가 되었다. 무엇보다도 트립티 사람들은 유쾌했다. 국경을 초월하여 사람들을 만나고, 함께 먹고 즐기며 어울리는 것을 좋아했다. 그런 모습이 끌렸다. 어쨌든 트립티와 만나 활동을 공유하고 속 이야기를 나누는 시간이 기쁘고 즐거웠다. 거기에다 인류적 지평이니 공정무역이니 공정 국제협력이니 세계 시민성이니…. 이런 말들도 나눌 수 있었다. 트립티가 초점을 맞추고 있는 귀환 노동자들과 그 자녀들을 위한 활동은 함께 협력할 사항이었다. 그랬다. 트립티 최정의팔 대표를 비롯하여 그들 활동가를 만나는 것이 즐거웠다.

2017년 3월 29일에서 4월 8일까지 '네팔 트립티'의 운영위원들은 네팔 활동 현장을 방문하며 구체적으로 논의하는 시간을 가졌다. 내친김에 우리가 함께 배워야 할 사례들을 찾아 5월 18일부터 24일까지 필리핀을 방문하였다. 필리핀 빈곤 지역 주민과 함께 지속 가능한 마을만들기에 앞장서 있는 국제개발협력 NGO인 '사단법인 캠프'를 방문했다. 우리는 이철용 대표 안내를 받아 산호세 델몬테 시에 있는 강제 철거 빈민 지역인 타워빌에서 일자리, 교육, 농업, 에너지, 친환경 사업 등을 펼쳐가는 현장을 탐방했다. 가난한 사람들과 실질적인 삶을 공유하면서 한국에서 실행된 사회적기업 시스템과 선진 기술들을 현지 사정에 맞게 적용해가는 모습을 보고 깊은 감동받았다. 주체성을 가지고 참여하는 지역 주민들은 자긍심이 높았고, 한국의 '사단법인 캠프'와 이철용 대표는 그들과 함께하는 기쁨을 숨기지 않았다.

밀월이 계속되어 2018년 3월 20일, 국제협력 사업을 하는 법인 '와일드플라워글로벌유스'(이하 와플)를 함께 설립하였다. 트립티 최정의팔 대표께서 이사장을 맡아 주시고, 들꽃청소년세상 조순실 활동가가 상임이사를 맡았다. 두 단체에서 추천한 분들이 이사로 선임되었다. 와플 존립과 전개는 철저히 연대 정신과 실천 위에 두기로 하였다. 두 단체 연대를 기반으로 연대의 폭과 깊이를 확장해 가기로 하였다. 이 땅의 거리 청소년들이, 특히 귀환 노동자와 같은 개발도상국의 청소년들이 인류적 지평을 확보하는데 가교의 역할을 하기로 다짐하였다. 하여, 다음과 같이 선언하였다.

(사)와일드플라워글로벌유스는 국제개발 NGO로서
개발도상국의 청소년들이 함께 교류하고 연대하는
'마당'을 만들어 갑니다.

우리는 아시아, 아프리카 청소년들이
특별히 자기 이야기를 할 수 있도록 함께 합니다.
청소년은 자기 이야기를 나누는 과정을 통하여
자존감과 긍지를 높입니다.

우리는
아시아, 아프리카 청소년들과 함께할 사업과 활동이

와일드플라워글로벌유스 정기총회(2020. 2. 6.)에서 발언하는 필자

무엇인지를 찾아갑니다.

청소년은 사업의 대상이 아니라

중심이 되고 길잡이가 됩니다.

청소년이 행복한 세계를 위해

함께 만들어 갑니다.

이를 구체적으로 실천하기 위한 노선도(Doing Cycle)를 설계하
였다. 그 내용을 요약하면 위의 선언을 실현하기 위하여 5개 영역
의 사업을 한다. 첫 번째는 청소년 이야기 마당이다. 우리의 사업
은 개발도상국의 청소년 당사자가 자신의 이야기를 하는 마당을
출발점으로 한다. 이를 바탕으로 그룹홈이나 쉼터와 같은 지역개
발 사업, 청소년 취업과 창업사업, 청소년 교류연대사업, 세계시민
대학 등의 활동을 전개한다. 가치와 철학과 활동들은 나선형을 그
리면서 진행된다. 이렇게 들꽃청소년세상과 트립티 후원자와 활

동가들이 모여 국제협력사업 법인을 설립하였다.

2018년 3월에 법인을 설립하고 우리는 2018년 6월에 특별한 일정을 짰다. 2010년부터 네팔을 여러 번 방문하였지만 히말라야 트레킹은 생각도 하지 못했다. 보통 일주일이면 카트만두와 바글룽 현장을 방문하기도 빡빡한 일정이다. 히말라야 트레킹을 하려면 적어도 15일은 잡아야 한다. 트립티 최정의팔 대표나 박미성 상임이사도 히말라야 트레킹을 못하기는 마찬가지였다. 와플을 창립하고 팀워크를 다지기 위한 밀봉의 시간공을 만들어야 할 때가 되어서야 히말라야 트레킹을 결정할 수 있었다. 목탄 미노드 네팔 트립티 대표나 케이비 사히 홀리차일드스쿨 교장이나 히말라야 트레킹 경험이 없기는 마찬가지였다. 히말라야 트레킹을 해본 네팔 현지 사람들은 많지 않다고 했다. 가이드나 포터와 같이

건축 중인 홀리차일드스쿨

직업상 경우를 빼고는 말이다. 어쨌든 모두에게 히말라야 트레킹은 로망이었다.

일주일 동안은 평소대로 현장을 찾는 일정이었다. 건축 중인 파더 그룹홈과 홀리차일드스쿨, 그룹홈과 쉼터, 네팔 트립티 카페와 커피 농장을 방문하고, 마이크로 크레디트를 통한 청년들과 미팅 시간을 가졌다. 장애인지원센터와 새로 개소될 포커라 게스트하우스 방문 등의 일정들은 히말라야 트레킹 전후로 짰다.

첫날은 포커라 게스트하우스에서 너야풀까지 차로 이동한다. 너야풀에서 지누간다와 머끼웅을 거쳐 촘롱에서 일박한다. 다음 날은 촘롱에서 출발하여 로우시누, 옆시누와 뱀부를 거쳐 도반에서 1박한다. 셋째 날은 도반에서 출발하여 히말라야호텔과 데우랄리를 거쳐 마차푸차레에서 1박을 한다. 넷째 날은 마차푸차레베이스캠프에서 출발, 안나푸르나베이스캠프에 이르고, 다시 마차푸차레베이스캠프를 거쳐 히말라야호텔에서 1박을 한다. 다섯째 날은 히말라야호텔을 출발하여 도반과 뱀부를 거쳐 엽시누와에서 1박을 한다. 마지막 날인 여섯째 날에는 엽시누와를 출발하여 촘롱과 머키웅을 거쳐 너야풀에서 지프차를 타고 내려와 기다리는 승합차를 타고 바글룽 홀리차일드스쿨로 돌아온다.

드디어 6월 21일 우리는 안나푸르나베이스캠프(안나푸르나베이스캠프)를 향하여 걷기 시작하였다. 일상과 일에서 떠나 자신을 성찰하고 서로를 알아가는 시·공간 속으로 떠났다. 트레킹은 윤종수 선교사가 가이드 역할을 맡았다. 그는 히말라야에 미친 사람이라고 할까, 한국의 수많은 팀을 안내했다. 그는 그것을 자신의 사명으로 여겼다. 우리가 자신을 떠나볼 수 있도록, 일상을 떠나 낯선

히말라야 트레킹을 하는 필자(맨 왼쪽)

시·공간을 경험할 수 있도록 애썼다.

일행은 현지 가이드를 맡은 가지만과 포터로 도와줄 네팔 청년 3명과 네팔 활동가인 목탄 미노드, 케이비 사히, 최정의팔, 박미성, 김오자, 조순실과 필자를 합해 12명이었다.

첫날부터 코스는 단도직입적이다. 공포의 출렁다리와 가파른 경사면을 넘어간다. 필자는 첫날의 초입 단계인 로시누와에서 휴식을 할 때 상점에서 꿀을 시음하였다. 그런데 일반 꿀이 아니었다. 석청이었다. 필자는 배가 뒤틀리는 경련으로 한 시간을 꼼짝 못하고 누워 있어야 했다. 저마다 육체적 한계상황을 따라 첫 숙박지인 촘룽 롯지에 모였다. 저녁 식사를 하고 하루를 돌아보며 이야기를 나누었다. 우리의 일정표는 하루를 걷고 함께 이야기를 나누고 잠자리에 드는 것이다.

우리 모두 설렘으로 히말라야를 하루, 이틀, 사흘을 걸었다. 일과 삶, 일상으로부터 자신을 분리하고 쉼과 성찰을 얻게 된 것에 감사했다. 서로 간에 신뢰를 쌓아 가는 여백을 마련할 수 있음에 안도했다. 점점 모습을 드러내는 설산과 큰 산을 흔드는 바람과 계곡의 물소리, 아름다웠다.

그중에서도 특별한 인상으로 남아 있는 것은 촘롱에서 만났던 원시의 어둠이다. 별빛을 보러 나간 밤하늘은 온통 어둠이었다. 전깃불도, 어떤 불빛도 없는 칠흑 같은 어둠이 도시 문명의 빛에 중독된 나의 영혼을 감싸 주었다. 한없이 푸근하고 가없는 하늘이었다. '품'이었다. 마차푸차레베이스캠프에서 안나푸르나베이스캠프에 이르던 길에 펼쳐진 들꽃 향연, 지금도 눈을 감으면 그 황홀 속으로 들어갈 수 있다. 바람이란 바람은 여기에서 비로소 바람이 되는구나. 햇살이란 햇살은 비로소 여기에서 빛나고 있구나, 절로 탄성이 터졌다.

트레킹에서 내가 경험한 가장 강렬한 인상은 산소결핍증이었다. 마차푸차레베이스캠프에 이르러 깨질 것 같은 두통과 어지럼증이 몰려왔다. 그로 인해 밤새도록 잠을 설쳐야 했다. 산소결핍증은 안나푸르나베이스캠프에 올라 사라져 버렸다. 그런데 또 다른 산소결핍증이 우리 대열을 괴롭혔다. 우리는 함께 걷고 우리에게 주어진 과제와 대의를 토론하면서도 사소한 사건들로부터 걸려 넘어지기 시작했다. 즉 말투라든지, 표정이라든지, 기다려 주는 일이라든지, 잠자리의 배정이라든지, 기억할 수도 없는 사소한 것들로부터 마음이 상하곤 했다. 언젠가 호흡이 맞지 않아 자꾸만 넘어졌던 2인 3각 경주가 불현듯 떠오르기도 했다. 그래, 일 중심으로 살아오면서 우리에겐 공감 능력이 결핍되어 버렸는지도 모른다. 공감이야말로 인간 삶에서 산소인데 말이다. 저산소 지대인 히말라야에서 우리는 보다 더 심각한 산소결핍증에 시달리는 자신들을 성찰할 수 있었다.

뼈저린 깨달음이었다.

공감이란 산소는 단지 수련이나 인간적인 노력을 넘어선 것인지도 모른다. 하늘에 엎드려 간구하고 빌어야 하는 '은총'인지도 모른다. 우리의 갈 길이 아직 멀어 보였다. 넘어야 할 큰 산이 많아 보였다. 그때 윤종수 선교사로부터 들은 고산병을 이기는 방법은 잊히지 않는다. 그것은 천천히 걷는 것이다. 자신의 페이스를 지키며 천천히, 꾸준히 걷는 것이 저산소증을 극복하는 길이다. 청소년들의 거리를 연결하는 '가교' 역할을 하려고 하는 와플에게도 적용되어야 할 것으로 다가왔다.

우리는 2019년 3월에 다시 랑탕 히말라야를 트레킹하기로 하였다. 그런데 2018년 10월 목탄 미노드 대표가 심장마비로 갑자기 우리 곁을 떠났다. 그이야말로 우리가 앞으로 가야 할 국제협력 사업에서 가이드를 맡아 줄 진정한 활동가였다. 그는 한국에서 18년 동안 노동자 생활을 하며 이주 노동자를 대변하는 활동을 하다 추방당했다. 그러나 그는 네팔에서 한국의 많은 국제협력 사업을 기획하고 시작할 수 있도록 도왔다. 그런 가운데 우리 와플과도 협력하여 귀환 노동자들의 자녀와 청년들을 위한 사회적기업 운영을 맡고 있었다.

목탄 미노드를 그리는 마음을 담아 또 다른 우리의 네팔 파트너인 사히 교장선생에게 마음을 쏟았는지 모른다. 들꽃 사람들과 트립티 사람들이 너나 할 것 없이 홀리차일드스쿨을 건축하는 데 힘을 모았던 저변이다.

하루 이틀 사흘이 지나서야

랑탕에 올라
가장 높은 산봉우리는 사람 마음임을 알았다.
랑탕을 내려오며
가장 깊은 계곡은 사람 사이임을 알았다.

일상으로 돌아와
하루 이틀 사흘이 지날수록
모든 것이 꿈결같이 느껴지는 것은
그대 우뚝 솟은 마음을
경이로 바라보고
그대와 사이에 파여진 계곡을 따라
잠잠히 걸어가는 즐거움을
이제야 알아감이라.

일행이 되어 함께
높고 험한 산을 올라 본 사람들은
산을 내려오고 나서
하루 이틀 사흘이 지나서야 안다

고마워라
그리워라

어쨌든 우리는 목탄 미노드 대표 없이 랑탕 히말라야에 올랐다. 랑탕 트레킹에서도 고산증인 저산소증과 공감 결핍을 경험해야 했지만, 함께 연대하는 것과 사람이 얼마나 소중한지를 깨우치는 시간이었다. 랑탕 히말라야를 트레킹하고 시인지 뭔지 마음속에서 떠올랐다.

2020년 코로나 펜데믹이 되고 나서 와플도 멈추어 섰다. 더이상 오고가지 못했다. 와플도 거리두기에 갇혔다. 우리는 출발점인 '연대'를 더욱 확장하는 길을 택했다. 인천 (사)내일을여는집과도 연대하기로 했다. 이준모 대표가 상임이사를 맡아 와플 살림을 맡기로 하였다. 그는 연대활동 경력이 빛나는 사람이다. 청소년들뿐만 아니라 지구마을에서 '거리'를 살아가는 사람들과 함께하려는 사람들과 단체들을 찾아내기에 적임자이다. 한국 국제협력의 새로운 이정표를 써갈 수 있도록 연대의 폭이 넓어지면 좋겠다.

3. 온택트(Ontact) 공간으로

2017년 11월부터 네팔의 그룹홈에서 생활하던 청소년들을 중심으로 청소년 연구 활동을 펼쳐 오고 있다. 그 활동이란 일주일에 한 번씩 만나서 토론을 하고 글을 쓰는 일이다. 책을 읽거나 일상생활 속에서 또는 탐방이나 토론, 연극을 공연하면서 글과 토론의 소재를 얻는다. 이렇게 쓴 글을 온라인상에서 공유한다. 처음 시작한 그룹의 멤버들이 지도력을 발휘하면서 그룹은 4개로 늘어났고, 그룹 청소년 멤버는 17명이 되었다.

카트만두 청소년 연구 모임

이 그룹에 참여한 청소년들은 연구비를 매월 3만 원 정도 받는다. 단지 시설이나 가난한 나라이기에 받는 원조 개념이 아닌 진정한 활동의 대가로서 받는다. 필자는 이들이 그룹에 참여하면서 성장하는 과정을 지켜볼 수 있었다. 여러 가지 학습이나 사회적 성장의 진척을 목격할 수 있었다. 무엇보다 가장 인상적인 것은 '자존감'이었다. 우리가 단지 그룹홈을 방문하고 청소년들을 대할 때, 그들은 어쩔 수 없이 도움과 원조 대상이었다. 그러나 자신들이 바로 개발도상국 청소년 문제를 발굴하고 해결을 찾아가는 활동가가 되면서 자존감을 찾을 수 있었다. 당당한 모습으로 함께 토론하면서 진정으로 우리가 국제협력이란 활동에서 '중심'을 만났다는 안도감을 누릴 수 있었다.

이제 지난 3년을 돌이켜보며 새로운 꿈을 꾼다. 이 꿈은 사실 2020년 글로벌청소년축제를 통해서 이루어졌다. 들꽃청소년세상은 2017년부터 2020년 글로벌 청소년축제를 준비해 오고 있었다. 그동안 함께 파트너십을 맺고 있던 네팔, 탄자니아, 몽골 청소년들과 실무자들을 한국으로 초청하기로 했다. 이를 위해 한국에서도 실무자와 청소년 대표들로 준비팀을 꾸려 대회를 기획하고 상황을 점검해 오고 있던 터였다. 우리는 각 나라 그룹홈에서 하던 자립식이나 글쓰기와 책 출간, 토론 자리와 문화축제, 한국 문화 역사 기행도 계획하였다. 그러나 코로나로 인하여 축제를 계획대로 실행할 수 없었다. 네팔, 탄자니아, 몽골, 어디에서도 올 수 없었다.

나는 와일드플라워의 멤버라고 불리는 것이 자랑스럽다. 와일드플라워는 변화된 존재로서의 내 삶을 적극적으로 지지해 준다. 또 다르게 성장할 수 있도록 돕는다. 사람은 누구나 통로를 찾는다. 자신을 나누고 배우고 가르치고 삶의 길을 변화시키며 정직하게 자신을 대면할 수 있는 플랫폼을 말이다. 나는 네팔 와일드플라워 그룹을 통해서 3년 전에 이것을 발견하였다. 내가 이 그룹에 처음 합류하게 되었을 때 나는 말도 잘하지 못했다. 부끄러움을 많이 탔으며 마음을 여는 것이 두려웠다. 그러나 지금 나는 그렇지 않다.
_ 네팔 와일드플라워 청소년 연구원 1의 글 중에서

나는 사람들이 어떻게 나를 대할 것이고, 내 삶이 어떻게 진전될 것인지를 알지 못한다. 하지만 나는 와일드플라워를 통하여 배운다. 자긍심을 세운다. 더 많이 나누고 더 많이 배우는 것을 통해서 나 자신이 와일드플라워 플랫폼이 될 것을 기대한다. 내가 와일드플라워의 한 멤버라는 것이 자랑스럽다.
_ 네팔 와일드플라워 청소년 연구원 2의 글 중에서

우리는 할 수 있는 길을 찾았다. 우선 각 나라별로 할 수 있는 축제를 진행하기로 하였다. 탄자니아는 지난 8년 동안 그룹홈을 거쳐 간 청년들이 한자리에 모이는 탄자니아 들꽃나무 대회를 열었다. 몽골과 네팔은 코로나로 축제 행사를 하지 못했지만 청소년과 활동가 글을 보내왔다. 한국과 네팔과 탄자니아 몽골 청소년들과 활동가들의 글을 엮어 『시속 독립 KM』이라는 책을 발행하였다. 2020년 11월 27일에는 각 나라별 영상으로 소식을 공유하고, 자립식과 출판기념 행사를 열었다. 이 행사를 계기로 우리는 온라인, 온택트(Ontact) 공간을 통한 청소년 연대와 교류를 발전시키는 방안을 모색하기 시작했다.

이를 위해 매주 수요일에 네팔의 와플청소년연구원 윤종수 대표와 청소년자치연구소 정건희 소장과 필자가 줌을 통한 기획회의를 진행하고 있다. 여기에서 이야기되고 있는 것은 여러 대륙과 나라별 청소년들이 만날 수 있는 온택트 공간을 개설하는 일이다. 이를 위한 프로그램은 단순해야 한다. 일주일은 자기 이야기하기, 일주일은 서로 이야기에 공감과 피드백 주고받기를 6개월 동안 하면서 친교를 쌓아 간다. 이를 바탕으로 지구마을 청소년 교류와 연대, 안전과 행복을 위한 방안들을 토론한다. 브레인스토밍 형식으로 자유롭게 이야기를 나눈다. 이 가운데 떠오르는 제안을 바탕으로 한국 실무자들과 공동작업을 통하여 사업을 계획하고 이를 한국 국제협력 사업에 제안한다. 여기에 참여하는 청소년들에게는 활동가로서의 위치와 역할과 권리를 인정한다.

4. 끝으로

크로스오버(cross over) 음악에 푹 빠졌다. 요즈음 음악은 한 장르만을 고집하지 않는다. 성악 뮤지컬뿐만 아니라 국악이나 재즈, 팝 보컬 등 장르를 가리지 않고 그룹을 형성한다. 하나의 무대를 만들어낸다. 장르가 다른 가수들이 그룹을 형성하는 과정에서 겪는 진통과 도약이 프로그램에서 흥미를 더한다. 필자는 지난 팬텀싱어3 프로그램에서 고영렬, 존 노, 황건하, 김바울의 그룹 '라비던스'의 흥타령을 들으면서 소름이 돋았다.

돌이켜보면 내가 청소년들과 함께 공동체, 즉 그룹을 형성한 것도, 한국 거리 청소년들이 네팔, 탄자니아, 몽골 청소년들과 만나 함께 삶과 꿈을 나누어온 것도, 들꽃청소년세상과 트립티 그리고 내일을여는집 등의 단체들이 함께 국제협력 사업을 추진하는 것도 크로스오버라는 생각이 든다. 연대와 협력이라고도 할 수 있겠지만, 지금은 크로스오버라는 말이 신선하게 다가온다. 한국 국제협력 사업이 인류사회에서 아름다운 크로스오버 무대를 만들어낼 수 있기를 염원한다. 우리 와플도 일조를 할 수 있기를 바라면서, 지나온 여정을 돌이켜본다. 앞날을 꿈꾼다.

살림의 마을을 꿈꾸며…
― 공정무역과 마을운동

최헌규

(성북구 공정무역센터 센터장)

1. 마을 어귀에서

코로나19라는, 우리가 한 번도 경험하지 못한 지난 1년의 경험은 스스로 돌아볼 수 있는 매우 소중한 시간이었다. 보이지도 않는 바이러스가 만물의 영장이라고 스스로 말해온 인간을 제어하고 있다. 지금까지 인간은 자신의 무한한 가능성에 스스로 도취되어 살아왔었는지도 모른다. 인간의 가능성(욕망)은 개발(욕망의 분출)이라는 이름과 짝을 이뤄 지구를 유토피아로 만들기 위해 끊임없이 무엇인가를 하였다. 막중한 사명감 속에서 인간은 지구별을 독점적으로 관리하고 제어해 왔다. 한동안 인간은 자신의 가능성을 환호하며, 멋진 신세계를 꿈꾸었다. 하지만 인간이 꿈꿔온 멋진 신세계는 지금은 그림자라도 보이고 있는가? 오히려 갈수록 황폐해지는 지구의 모습을 보며, 거기에 살고 있는 인간은 이제 산다는 것이 불안과 공포이다. 우리는 지금 그 위기의 정점에서 코로나19를 만나고 있는 것이다.

코로나19의 사자후는 무엇일까? 사람마다 자기가 듣는 코로나19의 사자후가 있을 것이다. 인종과 지역과 문화를 망라하여 그 사자후는 전 지구상에 메아리치고 있다. 지구별에 사는 모든 사람이 반드시 들어야 하는 외침이며, 결코 외면할 수 없는 함성이다. 우리 모두 각자 코로나19의 사자후를 경청하며, 스스로에 대한 진지한 성찰과 그리고 서로의 성찰에 대한 논의가 필요하다. 우리가 단번에 오늘의 위기에 대한 해답을 찾을 수는 없겠지만, 그 해답을 찾는 일을 지체하거나 외면할 수는 없기 때문이다.

내게 들리는 코로나19의 사자후는 "지구를 살리라"는 것이다. 지구가 지금 위기라는 것을 모르는 사람은 없을 것이다. 만년설이 사라지고 있으며, 빙하가 사라지고 있다. 남극 빙하의 경우 2009-2017년 사이에 소멸한 빙하의 양이 1979-1990년과 비교해 6배 이상 증가했다[*]. 최근 10년의 빙하 소멸의 양은 그전 10년의 소멸의 양의 6배가 된다. 1997-2006년간 전 세계 해수면은 평균 연 3.04mm, 2007-2016년 동안 연 4mm씩 상승한 것으로 나타났다. 과학자들은 이런 상태에서 21세기 중반이 되면 작은 섬들이 사라질 것이고, 해변의 크고 작은 도시들은 침수될 것이라고 예측하고 있다. 지금 이대로 간다면 지구 운명의 시간이 그리 길지 않다는 것은 분명하다. 우리의 삶의 태도와 방식을 근본적으로 전환해야 하는 카이로스의 시간이 온 것이다. 이것은 어느 한 나라

---

[*] IPCC(기후 변화에 관한 정부 간 협의체) 보고서

나, 한 지역의 문제가 아니다. 지구 전역의 문제이며, 인류 모두의 문제이다. 지금 우리는 이 거대한 문제를 해결하기 위해서 인간의 거대한 전환이 필요한 시점에 서 있는 것이다. 공정무역도 이 거대한 전환의 한 축에서 그 역할을 감당해야 할 것이다.

세계공정무역기구(WFTO)가 정의한 바에 따르면 "공정무역은 대화와 투명성, 존중에 기초하여 국제 무역에서 보다 공평하고 정의로운 관계를 추구하는 거래기반의 파트너십이다." 공정무역을 쉽게 설명하자면, 일방적으로 어느 한 편만 이익을 보는 그런 거래가 아니라, 모두가 함께 이익을 나누는 그런 거래를 하자는 것이다. 거래의 불공정함으로 인하여 발생하는 생산지와 노동자들의 빈곤과 삶의 질의 문제를 해결하려는 시도가 공정무역이다.

지금까지 공정무역이 해온 일은 높이 평가되어야 한다. 하지만 코로나19를 경험하면서 공정무역에 대한 보다 폭넓고 깊은 정의가 요구되고 있다. 공정무역을 처음 시작한 주체들은 상품을 거래하려고 한 것이 아니라, 사람을 살리기 위해서 동반적 관계의 거래를 한 것이다. '살림'이라는 목적을 이루기 위해서 '공정무역'이라는 방법을 사용한 것이다. 그러므로 공정무역의 가치는 '거래'에 있는 것이 아니라, 사람을 살리는 '살림'에 있다고 생각한다. '살림의 거래'가 공정무역이고, 공정무역의 철학은 '살림'이다. 이 살림의 철학 속에서 공정무역이 무엇을 어떻게 해야 할 것인가를 좀 더 넓고 깊게 고민해야 할 때가 코로나19와 함께 온 것이다.

일찍이 간디는 빌리지 스와라지(Village Swaraj)*에서 근대 산업

---

* 1962년에 인도의 나바지반(Navajivan) 출판사에 의해 'Village Swaraj' 간행. 이 책에는 간디의 방대한 저작물 중 여러 다양한 출처에서 발췌된 글들이 '마을 자치'라는

주의와 그것에 뿌리를 둔 문명이 가져다주는 물질적 풍요는 인류의 행복에 대한 허망한 약속에 지나지 않는다는 것을 역설하였다. 그는 "인도의 참다운 미래는 근대적인 도시가 아니라 자립적인 스와라지(Swaraj)에 달려 있다"고 보았다. 간디가 말한 "자립적인 스와라지(Swaraj)"는 건강한 생산과 건강한 소비가 건강하게 순환되는 마을이다. 간디의 이런 전망은 인도에만 국한되는 것이 아니라, 오늘날 지구상 모든 나라를 향한 동일한 전망이라고 본다.

사람을 살리는 일은 사람이 살고 있는 그 마을을 살리는 일과 관계되어 있다. 우리는 마을이라는 터전에서 산다. 인간의 삶의 터전으로서 마을은 가장 기초적인 공간이다. 지금까지도 그래왔지만, 이제 공정무역은 마을에 더욱 깊은 관심을 가져야 한다. 거래의 관점에서가 아니라, 살림의 관점에서 생산지 마을을 보아야 한다. 마을이 살아날 때 빈곤의 문제도, 생태 환경의 문제도 해결될 수 있다. 어떤 의미에서 공정무역은 오늘 우리가 지구에서 경험하고 있는 모든 문제를 해결할 수 있는 '살림의 열쇠'가 될 수 있다.

이제 한국의 공정무역 역사도 20년이 되었다. 사람으로 치면 청년기이다. 공정무역은 서구 유럽에서 시작되었고, 지금까지는 서구가 중심이 되어 역할을 하였다고 본다. 지금 우리는 공정무역에 있어서 변방에 있다. 하지만 우리가 변방이기 때문에 지구상의 거대한 전환의 시점에서 새로운 공정무역 창조의 전환점이 될 수 있다고 생각한다. 역사의 전환은 언제나 변방에서 시작되었다. 이제 공정무역의 새로운 전환의 역사가 시작되었으면 한다.

큰 주제 밑에서 다양한 항목별로 재배치되어 있다.

2. 마을은 어떻게 탄생하였을까?

기와집, 초가집이 옹기종기 모여 있다. 담이 있기도 하고 담이 없기도 하다. 우리 집과 옆집 사이에는 담장이 없다. 그래서 우리 집 앞마당이 옆집 식구에게는 길이었다. 옆집 끝에 사람 한 명 정도가 지나다닐 수 있는 샛길이 있었다. 우리는 그 샛길을 통하여 나지막한 동산으로 올라갈 수 있었다. 내가 태어나고 자란 마을의 풍경이다. 동산에는 이름 모를 주인공들의 봉분들이 있었다. 봉분도 낮에는 아이들의 놀이터다. 봉분 꼭대기는 항상 민머리였다. 아이들이 거기서부터 미끄럼을 탔기 때문이다. 동산은 마을 사내아이들의 사철 놀이터였다. 겨울에는 미끄럼틀을 만들어서 놀았고, 봄에는 편을 짜서 이름 모를 봉분을 진으로 삼고 진놀이를 하였다. 가을이 지나며 북서풍이 부는 때쯤이면 하늘에는 연들이 점점이 떠 있다. 하지만 무더운 여름에는 동산보다는 들판 가운데 있는 시내 '너머께'가 우리의 놀이터가 되었다. 여름에는 수영하고, 겨울에는 썰매를 탔다.

대부분 우리가 살던 마을의 모습은 사시사철 놀이를 할 수 있는 그런 곳에 자리를 잡고 있다. 놀이는 인간의 본능이다. 마을은 어떻게 생겼을까? 놀기 좋은 곳이 마을이 되지 않았을까 생각한다. 살기 좋은 곳이란, 놀기 좋은 곳이기도 하다. 놀기 좋고, 살기 좋은 그런 곳에 하나, 둘씩 사람들이 그렇게 모이다 보니 마을이 탄생되었을 것이다. 처음 마을에 정착한 사람은 자기에게 필요한 양식을 어렵지 않게 구할 수 있는 곳에 자리를 잡았을 것이다. 사람이 양식으로 삼을 수 있는 것은 들과 산과 그리고 물속에서 자라는 것들이다. 농사를 지을 수 있는 들, 과일과 나물을 구할 수 있는 산, 단백질 공급원이 될 수 있는 물고기가 사는 강이 있는 곳이라면 그곳은 마을이 되기 위한 가장 좋은 입지가 된다. 우리의 전통 마을들은 대부분 그런 곳에 자리를 잡고 있다. 내가 태어나고 자란 마을도 그런 곳이다. 사람은 누구나 태어나서 건강하고 행복한 삶을 살기를 원한다. 건강한 삶과 행복은 동전의 양면과 같은 것이어서 어느 한쪽을 잃어버린다면 곧 전부를 잃어버릴 수밖에 없는 것이다. 선후를 가린다면 건강한 삶이 먼저가 될 것이고, 행복은 거기에 따라오는 것이라고 생각한다.

건강한 삶은 어떤 삶인가? 생명의 성장과 성숙은 생산과 소비의 순환 속에서 일어나는 것이다. 건강한 삶이란 건강한 생산과 건강한 소비의 순환 속에서 일어나는 결과이다. 생산과 소비의 순환 고리가 이상해지면 삶이 이상해진다. 어느 한쪽이 이상해지면 그것은 다른 쪽에서 반드시 문제를 일으키게 되어 있다. 마을은 그렇게 건강한 생산과 소비가 일어나야 하는 곳이다. 인간은 건강한 생산과 소비가 일어날 수 있는 곳에 정착했을 것이고, 자기가 정착한 그곳을 건강한 생산과 소비가 가능한 곳으로 만들기 위하여 부단히 무엇인가를 하였을 것이다.

우리는 여기에서 무엇이 건강한 것인가라는 질문을 할 수 있을 것이다. 건강성의 기준을 만드는 것이 마을 만들기의 핵심이 될 것이다. 건강성의 기준을 찾기 위해서 우리가 해야 하는 질문이 있다. 인간은 왜 생산 활동을 하였을까? 이 질문이 우리가 찾아야 하는 건강성의 기준을 찾는 데 있어서 핵심적인 질문이다. 인간은 살기 위해서 끊임없는 생산 활동을 한다. 그리고 그 생산과 비례한 소비 활동이 일어난다. 인간은 이러한 생산과 소비의 순환 속에서 살아가는 것이다. 다시 말해서 생산과 소비하는 원초적 본능은 건강하고 행복하게 살기 위함이다. 그런데 오늘날에 있어서 생산과 소비는 이러한 원초적 본능을 외면하고 있다. 현대 자본주의 사회에서 대부분의 생산 활동은 자본의 축적을 목표로 두고 있다. 그리고 그 생산의 가치의 효율성도 인간의 원초적 본능은 무시되고 오직 이윤이 결정한다. 돈이 되면 생산을 하고, 돈이 되지 않는다면 생산을 하지 않는 현대 자본주의의 생산양식은 오늘 지구의 모든 문제의 원인이라고 본다.

마을 만들기에 있어서 가장 중요한 원칙은 인간의 원초적 본능을 회복하는 것이어야 한다. 인간의 원초적 생산 활동은 크게 두 가지라고 할 수 있다. 첫 번째로는 생명을 유지하고 보전하기 위해서 생산 활동을 하는 것이고, 두 번째로는 자신이 행복하기 위해서 하는 생산 활동이다. 생명의 보존과 행복이 인간 생산 활동의 원초적 본능에서 두 기둥이다. 마을은 인간의 원초적 생산 활동이 건강하게 지속되어야 하는 곳이다. 지속성과 건강성은 동전의 양면이다. 서로 뗄 수 없는 밀접한 관계가 있다. 생산의 건강성을 잃어버리면, 그 생산은 오래갈 수 없게 될 것이다.

건강한 생산이란 무엇인가? 요즘 생산을 건강하다고 할 수 있을까? 식량의 예만 들어도 오늘 일어나고 있는 생산이 결코 건강하지 않다는 것을 알 수 있다. 식량은 넘쳐나는데, 기아와 빈곤은 해결되고 있지 않다. 건강한 생산이란 필요를 위한 생산이다. 여기에서 필요가 인간의 무한정한 욕망이 되지 않도록 하는 것이 중요하다. 마을에서 인간의 욕망을 어떻게 잘 관리하느냐는 마을의 건강성을 유지하는 데 있어서 매우 중요한 요소가 될 것이다.

3. 마을은 왜 퇴락하였을까?

내가 어렸을 때에 새마을운동이 우리나라에서 농촌 마을을 중심으로 전국적으로 일어났었다. 마을마다 초가지붕을 스레트 지붕으로 개조하고, 흙담을 벽돌담으로 바꾸었다. 마을길을 정비하고, 흙길을 시멘트 길로 포장하였다. 상수도가 들어오고, 방치하다시피 했던 하수로도 정비를 하였다. 여러 가지로 생활환경이 많이 개선되었다. 비만 오면 불편한 장화를 신어야 했는데, 장화를 신지 않아도 다닐 수가 있게 되었다. 마을마다 입구에 자기 마을을 알리는 4H가 들어간 마을 이름이 새겨진 비석을 세웠다. 겉으로 보여지는 마을의 모습은 분명히 이전과는 다른 모습이었다. 새마을운동에 대한 평가는 입장에 따라 다를 수 있겠지만, 새마을운동을 시작한 지 반세기가 지난 지금 분명한 한 가지는 그렇게 새마을운동을 했던 마을들이 지금은 대다수 빈집이 마을을 지키고 있고, 새벽종을 칠 수 있는 사람이 없다는 것이다. 왜 마을에 사람들이 없는 것일까? 여러 가지 이유가 있겠지만, 마을에서 건강하고 행복한 삶을 살 수가 없었기 때문이다. 건강한 생산과 건강한 소비가 마을에서 일어날 수 없었기에 사람들이 마을을 떠난 것이다. 새마을운동이 이뤄낸 것도 있었지만, 마을에 대한 보다 깊은 철학적 고민이 없이 겉모습을 바꾸는 데 치중하였기 때문이라고 본다.

새마을운동이 일어난 시점과 우리나라의 산업화 시점은 맞물려 있다. 1960년대 이후 경제개발과 고도성장으로 산업화와 도시화가 급격히 진행되었다. 산업화가 농촌의 이농 현상을 부추기고, 농촌 마을을 중심으로 일어난 새마을운동도 이러한 이농 현상을 막지 못하였다. 산업화로 이뤄낸 공은 분명하다. 하지만 산업화가 만들어낸 문제도 부정할 수 없다. 가장 큰 문제가 농업의 쇠퇴이다. 농사를 지어서는 건강하고 행복한 삶을 살 수 없게 된 것이다. 농업이 소외되면서 농촌 마을은 퇴락의 길을 갈 수밖에 없게 된 것이다. 마을 만들기에 있어서 가장 중요한 생산과 소비 활동은 농업과 관련되어 있다. 농업은 다른 산업과는 분명히 다른 점이 있다. 그것은 인간의 생명과 직결되어 있다는 것이다. 차를 타지 않고는 살 수 있지만, 먹지 않고 사는 법은 없다. 이렇게 인간의 생명과 직결되는 농업을 소외시키는 것은 인간의 기본권을 무시하는 일이다.

4. 마을 만들기 철학

마을 만들기 철학은 무엇이 되어야 하는가? 마을 만들기 철학은 마을에서 어떻게 건강한 생산과 소비가 지속으로 일어날 수 있는가를 고민하는 가운데서 형성되어야 한다. 일시적인 변화나 운동을 넘어, 마을의 지속 가능성을 담보할 수 있는 철학이 되어야 한다. 모든 철학의 궁극은 인간을 행복하게 하는 것이다. 앞에서 언급한 새마을운동과 반세기가 지난 마을의 모습은 새마을운동의 철학적 고민의 한계이며, 그 결과라고 할 수 있을 것이다. 마을이 인간의 건강하고 행복한 삶의 터전으로서 지속 가능하려면 거기에 대한 철학의 뿌리가 있어야 한다. 지붕을 개조하고 담을 바꾼다고 될 일이 아닌 것이다. 마을 만들기 철학은 이제 '개발의 철학'을 넘어서서 '살림의 철학'이 되어야 한다. 개발의 철학이 목표로 삼은 것이 풍요였다면, 살림의 철학은 생명에 초점을 맞춘다. 살림의 철학은 인간과 자연이 조화롭게 건강한 생산과 건강한 소비가 가능하도록 만드는 철학이다. 살림의 철학은 하늘과 땅과 사람에 주목한다. 인간의 목숨을 넘어 우주적 차원에서 생명을 보는 것이 살림의 철학이다.

1) 살림의 철학에서 보는 자연

개발의 철학에서 자연은 인간의 풍요를 만들기 위한 재료이고 대상이었다. 살림의 철학에서는 이러한 대상화를 중지한다. 자연은 생명을 탄생시키고 생명을 보존하기도 하는 생명의 자궁인 것이다. 자연을 떠난 생명이 어디 있는가? 생명은 자연 안에 있고, 자연 그 자체도 생명인 것이다. 오키나와 사람들은 생명을 탄생시킨 어머니의 자궁으로 들어가는 것으로 보았다. 그래서 무덤을 여자 자궁의 형상으로 집안 마당에 만들기도 한다. 이제 자연을 인간의 욕망을 만족시키기 위한 대상이 아니라, 생명의 품이며 생명 그 자체로 보아야 한다.

2) 살림의 철학에서 보는 농업

필자는 농촌에서 태어나서, 농촌에서 자랐다. 아버지는 농사일 하는 농부였다. 초등학교에 다니면서부터 학창 시절 내내 아버지를 통하여 귀에 못 박히도록 내가 들은 소리가 있다. "너는 땅 파먹지 말라고 공부시킨다"라는 말이다. 이 땅에서 반세기 전에 살던 농부들은 배우지 못해서, 다른 일을 할 수 없어서 농사를 짓는 경우가 대다수였다. 산업화라는 사회의 변화 속에서 농업과 농부는 홀대받았다. 지금도 여전히 일반인들은 농사를 그렇게 중요하게 생각하지 않는 것 같다.

살림의 철학에서는 농업은 인간의 건강한 삶을 위한 가장 기본적인 생산 활동으로 본다. 다른 산업은 사라진다 해도 살 수 있지만, 농업이 사라진다면 인간은 살 수가 없다. 농업은 다른 산업과는 본질적으로 다른 측면이 있다. 바로 생명과 직결되어 있다는 것이 농업의 가장 중요한 점이다. 농업의 제1의 목적은 자기 먹거리를 생산하는 것이다. 농부는 상품을 생산하는 것이 아니라, 자기 먹거리를 생산하는 사람이다. 농사일한다고 농부라고 할 수는 없다. 농부는 나와 가족들과 그리고 마을 사람들이 먹을 수 있는 먹거리를 생산하는 사람인 것이다. 오로지 돈을 벌기 위해서 농사를 짓는다면 그 사람은 농부가 아니라, 산업노동자라고 부르는 것이 맞다.

3) 살림의 철학에서 보는 인간

오늘 인류가 경험하고 있는 위기는 어디에서 기인한 것일까?

코로나나 사스, 메르스와 같은 바이러스가 위기를 만든 것일까? 아니면 자연이 위기를 만들었는가? 지금 인류의 모든 위기는 인간에게서 비롯되었다. 지구 입장에서 보면 인간은 바이러스와 같은 존재일지도 모른다. 인간의 발길이 닿는 곳에서 얼마나 많은 이상한 일들이 벌어져 왔는가? 개발이라는 이름으로 벌여온 일들이 지금은 오히려 인간의 숨통을 조이고 있다. 아마존의 정글을 불태워 사라지게 하고, 인도네시아의 맹그로브 숲을 없애고, 지구적인 입장에서 보면 인간과 접촉한 곳은 생명을 잃어가고 있으니, 인간이야말로 지구 바이러스이다. 그동안 인간은 재앙의 씨앗들을 뿌리며 살아왔다. 모든 개발이 다 그렇지는 않겠지만 인간이 개발이라는 이름으로 한 결과가 재앙이 된 경험을 우리는 지금 하고 있는 것이다. 지금 우리가 직면하고 있는 이 지구적 위기를 해결하는 것도 인간으로부터 시작되어야 한다. 결국은 사람인 것이다. 살림의 철학에서 사람은 지구의 독점적 관리자가 아니라, 지구 생명의 한 지체이다. 지구 생명의 한 부분으로서 다른 생명과 공존해야 하는 존재인 것이다. 서로를 배려하며 협력해야 하는 존재다.

5. 마을 만들기에 있어서 농업

오늘 우리나라의 농촌 마을은 주인 없는 집들이 마을을 지키고 있다. 그리고 생산력이 없는 노인들이 대부분이다. 내가 자랄 때만 하더라도 우리 마을은 모든 연령대가 골고루 살고 있었다. 하지만 지금은 아이들을 찾아볼 수가 없다. 왜 이렇게 되었는지에 대해서 깊은 분석과 연구는 하지 못했지만, 농업의 실패가 가장 큰 이유라고 생각한다. 농촌 마을에 있어서 건강한 생산은 건강한 농업의 지속 가능성이다. 하지만 우리의 농촌은 농부가 농사를 짓고도 수익은 그만두고 오히려 빚을 지는 경우가 많다. 농사를 지어서는 생활을 유지하는 것조차 힘들기에 농부들은 농사를 포기하고 마을을 떠난 것이다.

급격한 도시화는 우리나라 문제만은 아닌 것 같다. 세계 여러 나라에서도 도시화가 가속화되고 있음을 몇 년 전 방문한 아프리카의 에티오피아에서도 보았다. 급격한 도시화의 뒷모습에는 농촌 마을의 쇠락이 있다. 그리고 농촌 마을의 쇠락은 농업의 쇠락과 연결될 수밖에 없다. 도시화로 인한 여러 가지 문제가 우리나라에도 심각하게 일어나고 있다. 그래도 농촌보다는 낫겠다고 도시로 몰리지만, 도시는 과밀로 인한 여러 가지 문제들을 양산하고 있는 것이 지금의 현실이다. 지금 급격한 도시화로 양산된 문제들을 도시가 스스로 해결할 수 있을까? 이것은 매우 어려운 일이라고 생각한다. 더 많은 주택을 짓고, 더 많은 일자리를 만든다고 하더라도 도시의 과밀은 또 다른 문제를 낳을 수밖에 없을 것이다. 도시화의 문제를 해결하는 열쇠는 농촌과 농업에 있다. 농촌과 농업을 살리는 일은 단순히 농촌과 농업을 살리는 일이 아니라, 도시화 산업을 살리는 일이고, 지구의 살림이며, 생명의 살림인 것을 알아야 한다.* 또한 이것은 덤으로 도시화로 양산된 문제들을 해결할 수 있는 가장 현명한 길이 될 것이다.

---

* 다큐 영화 Kiss the ground(2020년 개봉)는 농업이 현재의 지구를 살릴 수 있는 유일한 길임을 과학적으로 입증하고 있다.

지금의 농촌 마을은 퇴락해 있다. 이런 농촌 마을을 어떻게 살릴 수 있을까? 방법론을 말하기에 앞서 농촌을 살려야 하는 이유 (철학)가 무엇인지에 대한 보다 총체적인 안목에서의 논의가 있어야 할 것이다. 농촌을 방치하는 것은 우리 몸의 한 부분을 소외시키는 것과 같다. 왼손이 오른손보다 약하다고 왼손을 소외시킬 수 없는 것처럼, 농촌의 생산성이 떨어진다고 농촌을 소외시킬 수는 없는 것이다. 모든 지체가 소외됨이 없이 한 몸을 이루듯이, 인류는 지구 전체가 한 생명이라는 것을 기억해야 한다.

6. 내가 생각하는 마을 만들기 레시피

마을 만들기 기본은 먼저 철학을 세우는 일이다. 그리고 그 철학을 기반으로 어떻게 마을을 만들 것인가를 찾아야 한다. 철학 없이 방법을 찾는 것은 마치 모래 위에 건축하는 것과 같을 것이다. 내가 생각하는 마을은 '인간의 건강하고 행복한 삶을 살 수 있도록 하는 지속적인 생산과 소비가 가능한 터전이다.' 마을은 생명이 탄생하는 곳이며, 생명을 풍성하게 하는 생명의 보금자리가 되어야 한다. 어떻게 이런 마을을 만들 수 있을까?

1) 레시피 1: 하지 않음으로 시작하기

'만든다'는 단어는 무엇을 한다는 적극적이고 능동적인 의미가 내포되어 있다. 하지만 내가 생각하는 마을 만들기는 우리의 적극적이고 능동적인 어떤 행위로 시작하는 것이 아니라, '-를 하지 않기'로 시작하는 것이다. 오늘 우리가 경험하고 있는 대다수의 문제는 우리의 지나친 행위에서 비롯된 것이라고 믿기 때문이다. 이렇게 문제를 일으키고 있는 일들을 계속한다면 아무리 좋은 일이라고 할지라도 좋은 결과를 가져올 수가 없기 때문이다. 이것은 오염된 병에 아무리 생수를 넣는다고 할지라도 그 물은 마실 수 없는 물이 되는 것과 같다. 그러므로 마을 만들기 첫 번째 과제는 우리가 하지 말아야 할 것이 무엇인지를 찾아내는 것이다.

2) 레시피 2: 소외에서 소통으로

마을에 사는 사람들은 서로를 아는 사람들이다. 내가 어렸을 때에는 옆집에 젓가락과 수저가 몇 개인 줄 안다는 말이 있었다. 마을에 살면서 이웃들의 속내까지도 자연스럽게 알게 되었다. 어른의 생일이면 형편에 따라 이웃들을 초청하여 잔치하였고, 초상이 나면 마을 전체가 죽은 이의 장례를 치렀다. 하지만 오늘은 어떠한가? 수저와 젓가락은 그만두고, 옆집에 사는 사람들이 몇 명인지조차도 알지 못하고 살고 있다. 오늘 도시에 사는 대다수의 사람은 옆집에 사는 이웃에 대해서 아는 것이 거의 없다. 일찍이 마르크스는 자본주의의 미래를 소외*라고

---

* (1930년대 『1844년 경제학철학 수고』의 출판 이후) 소외에 대한 마르크스 저술의 '제2세대'라고 여겨질 수 있는 이 책의 출판은, 소외에 대한 새로운 연구에 일관된 이론적 기반을 제공해주었을 뿐만 아니라, 당시 세계적으로 폭발한 거대한 정치 및 사회 운동에 반자본주의 이데올로기의 기반을 제공해주었다. 소외는 철학자들의 책과 대학 강단을 떠나 거리와 노동자 투쟁 공간들을 점령했고 부르주아 사회 전체에 대한 비판이 되었다.

예견하였고, 그의 예언은 오늘의 현실이 되고 있다. 마을에 사는 사람들이 서로 소통할 수 있는 방안을 찾아야 한다. 마을의 소통에 있어서 두 가지 필수적인 축이 있어야 한다. 하나는 경제적 소통이라는 축이고, 다른 하나는 노동의 소통이다. 이 두 가지 축을 가지고 있는 조직이 협동조합이다.

3) 레시피 3: 놀이가 있는 마을

지방자치제가 되면서 우리나라에도 많은 축제가 생겨났다. 참으로 다행스러운 일이다. 그동안 산업화의 과정에서 앞만 보고 달려 온 우리였다. 한 대통령 후보가 '쉼이 있는 저녁*'이라는 선거 홍보 카피는 그 어떤 광고 카피보다 지친 우리의 마음을 위로했다. 인간의 삶이 생산과 소비의 순환이라고 하더라도, 쉼이 없는 생산과 소비는 기계적이지 결코 인간적이라고 느껴지지 않는다. 인간적이기 위해서는 생산과 소비 사이에 '쉼'이라는 다리가 있어야 한다. 그 쉼이라는 다리를 통해서 인간의 생산과 소비는 건강한 순환이 일어나는 것이다. 그 쉼의 다리에서 우리가 놀이를 하면서 우리는 사람으로서의 행복을 맛보는 것이다. 네덜란드의 역사학자 호이징어**는 인간은 놀이하는 존재라고 하였다. 어렸을 때 필자는

---

* 2012년 손학규 씨가 민주통합당 대통령 후보 경선에 참여하면서 '저녁이 있는 삶'이라는 화두를 던짐으로 자신의 정책을 다른 후보와의 차별성으로 제시한 바 있다.
** '호모 루덴스(Homo Ludens) — 놀이하는 인간'. 네덜란드 역사학자 요한 하위징아(Johan Huizinga)는 정치, 예술, 문화, 노동 등 인간의 영역은 본래 놀이의 형태를 취했으며 인간은 그 속에서 즐거움을 찾았다고 하였다. 인간을 놀이하는 존재인 호모 루덴스로 정의한 그의 말처럼 놀이를 통해 즐거움을 추구하는 것은 인간의 본성에 가깝다.

사시사철 놀 수 있는 마을에서 자랐다. 계절이 바뀌어도 놀이는 끝나지 않았다. 계절에 잘 어울리는 놀이를 할 수 있는 곳이 마을이었다. 겨울에는 눈싸움과 썰매타기를 하였고, 생동하는 봄이 되면 삼삼오오 들판을 거닐며 삐삐를 뽑고, 파릇파릇 돋아나는 새싹들을 보는 것도 즐거움이었다. 여름이 오면 개울가에서 천렵도 하고, 수영을 하며 놀았다. 가을은 농번기여서 놀기가 미안하지만 추수하는 아버지를 돕는 것도 놀이 삼아 할 수 있었다. 다시 겨울로 접어드는 찬바람이 불면 연날리기를 하면서 놀았다. 인간은 놀이를 통하여 관계 맺는 법을 배우고 성장하는 것이다. 내가 생각하는 마을은 이런 놀이가 있는 마을이다.

7. 내가 경험한 생산지 마을

필자는 여러 차례 네팔을 다녀왔다. 공정무역과 관련되어서는 2009년 네팔장애인공동체 판매사업을 위해 한벗조합 부이사장으로서 함께 가서 네팔 커피 산지를 둘러보았고, 2006년 함께 일하는 재단 프로젝트를 위해 트립티 이사로서 다녀왔으며, 2017년에는 홀로 바글룽 커피 산지를 돌아보려고 다녀왔다. 이때 바글룽의 버쿤데* 산골 마을에 보름 정도 묵은 적이 있다. 그곳은 사회적기업 트립티가 바글룽에 있는 홀리차이드스쿨에 다니는 학생들을 위하여 커피나무를 심은 곳이다. 산골 마을에 사는 부모들은 가난

---

* 버쿤데는 바글룽 시에서 집차로 30분 정도 이동한 후 다시 1시간 정도 걸어서 올라가야 하는 산골마을이다. 히말라야 설산들을 전망할 수 있는 곳이다.

트립티 공정무역사업단으로 베트남 커피 산지에서(맨 왼쪽이 필자)

하여 아이들의 수업료를 낼 수 없었다. 학교도 재정적으로 쪼들릴
수밖에 없었다. 학교의 이러한 어려움을 알게 된 트립티는 부모들
에게 커피 묘목을 무상으로 심을 수 있도록 지원을 하였다. 버쿤데
마을은 커피나무가 잘 자랄 수 있는 곳이지만 농부들은 지금까지
커피를 재배하지 않았다. 커피를 마시지 않기 때문이다. 네팔 사람
들은 주로 마시는 음료는 '치아*'다. 따라서 커피 묘목을 무상으로
제공하는 것만으로는 이 사업을 성공시킬 수 없었기 때문에, 현지
의 상황도 살피고, 커피생육 상태도 살피기 위하여 방문한 것이다.

　필자는 마을 이장이면서 커피 재배를 위한 협동조합**에서 임
원을 맡고 있는 빔 바하두르(Bhim Bahadur) 씨 집에서 머무르며 일
을 진행하였다. 산골 마을이지만 중간에 초등학교가 있을 정도이

---

* 네팔의 전통 차에 설탕, 밀크, 생강, 월계수 잎을 넣어 끓인 다음 망에 걸러서 마시는 차
** 커피 재배를 하는 협동조합은 네팔컨선협동조합이다. 이 협동조합은 커피 재배는
　물론이고 마을을 발전시키기 위해 마이크로크레딧 운영, 판매처 운영 등 다양한 사
　업을 펼치고 있다.

니, 마을의 규모는 제법 크다고 볼 수도 있다. 빔 바하두르 씨에게는 세 명의 아들이 있다. 하지만 지금은 노부부만 그 산골 마을에 살고 있다. 하루는 이장님이 자기 마을에 대한 소감을 나에게 물었다. '여기 마을이 어때요?' 필자는 방문객으로서의 소감을 말했다.

버쿤데의 아침

구름이 강물처럼 흐르고
강물은 천둥처럼 소리 지른다.
굴뚝으로 새어 나온 연기는
행복의 노래로 피어나고
피어 놓은 향불은
가난한 자의 기도가 된다.
이른 아침 일어난 농부는
산등성 테라스에 신심을 심고
새들의 아침 인사에
산뜻한 미소를 짓는다.

앞에 소개한 시는 비가 온 다음 날 아침에 빔 바하두르 씨 집 마루에 앉아서 펼쳐지는 풍경을 보고 쓴 시다. 흰 구름이 파란 하늘에 강물처럼 흐르고, 간밤에 내린 비로 갈리간다기*강은 천둥 소리를 내고 있었다. "너무 좋아요"라는 나의 소감을 듣자마자, 빔

---

* 갈리간다기는 바글룽시를 관통하는 강의 이름이다. 갈라간다기는 네팔어로 검다는 뜻인데 강에 토사가 많이 섞여서 물 색깔이 검기에 그렇게 부친 것이다.

바하두르 씨는 "나는 지루해요"라고 말한다. 필자는 그에게 물었다. "왜 지루하죠?" 그러자 빔 바하두르 씨는 이렇게 대답한다. "아이들 소리가 나지 않잖아요", "'아이들 소리가 나지 않는 집은 지루하죠"라고 말을 이어갔다.

빔 바하두르 씨 세 아들은 다 결혼하였다. 아들들이 집에 오는 날은 일 년에 한두 차례라고 한다. 여기 산골 마을에서는 살 수가 없어서 큰아들과 둘째는 카트만두로 가고, 막내아들은 포카라에서 트럭을 운전한다. 그동안 이 산골 마을에 그렇게 달라진 것이 없었을 텐데, 왜 지금은 젊은 사람들이 살 수 없다고 마을을 떠나는 것일까? 그들의 부모는 여기에서 자식들을 낳고 키우고 지금까지도 살고 있는데, 왜 아들들은 자신이 태어나고 자란 그 고향 마을이 내가 살 수 없는 곳이라고 생각하는 것일까? 그들이 마을을 떠나야만 했던 그 이유는 무엇일까? 커피나무를 심는다고 고향을 떠난 아들들이 다시 마을로 돌아올 수 있을까? 이장님의 귓가에 아이들의 소리가 다시 들리게 할 수 길은 있을까? 이런 질문들이 꼬리를 물면서 "너무 좋아요"라고 쉽게 대답해서 바하두르 씨에게 미안한 마음이 들었다.

현재 공정무역에서 농업이 차지하고 있는 부분은 거의 절대적이다. 이것은 공정무역 생산지가 농촌이라는 말이 될 것이다. 공정무역이 생산지에서 마을을 살릴 수 있는 철학이 될 수 있어야 한다. 이것은 공정무역이 생산지에서 건강한 생산을 할 수 있고 건강한 소비를 하며, 건강하고 행복한 삶을 살 수 있는 철학적 근거가 되어야 한다는 의미이다. 지금 공정무역 생산지가 건강한 생산지라고 할 수 있을까? 버쿤데 마을에 커피나무를 심는다고 고향을 떠난 이장님들의 세 아들이 손자 손녀의 손을 잡고 아버지의 집으로 돌아올 수 있을까?

공정무역 생산지에서 생산하는 작물들은 대부분 수출을 위해서 생산을 한다. 코코아를 생산하지만 농부는 그 코코아를 먹지 않는다. 커피를 재배하지만 농부는 자신이 재배한 커피를 마시지 않는다. 농부는 기본적으로 자기 먹거리를 생산해야 한다. 자기 먹거리를 생산하는 것을 포기하고 자신이 먹지 않는 작물만을 재배한다면 그 사람은 농부라기보다는 생산자일 뿐이다. 공정무역은 소비자가 원하는 작물만을 재배하게 하는 것이 아니라, 좀 더 총체적인 관점에서 생산지가 아이들의 소리가 다시 들리는 건강한 마을을 만드는데 어떻게 역할을 해야 할까를 고민해야 할 것이다.

8. 성북구 공정무역센터와 공정무역 마을

1) "힘드시겠어요"

성북구 공정무역센터는 2019년 7월에 재개관을 하였다. 재개관을 위해서 준비하는 중에 마주친 센터 맞은편에 사시는 아주머니에게 "안녕하세요?"라고 인사를 하였다. 인사를 받은 아주머니가 내게 한 인사말은 "새로 들어오셨나 봐요? 힘드시겠어요, 지난번 분들도 많이 고생했는데…'였다.

성북구*는 2012년 11월에 조례를 제정하였고, 2016년 8월 19일 우리나라 최초로 지방자치단체가 세운 공정무역센터를 개관

트립티에서 위탁받아 재개관 행사를 하는 성북구 공정무역센터

하였다. 다른 구에서 조례를 제정한 곳은 적지 않지만, 아직도 공정무역센터를 개설한 자치구는 없다. 성북구는 공정무역센터를 설립할 때 중요한 역할을 하였던 한 공정무역기업에 센터를 위탁하여 운영을 맡겼다. 하지만 위탁 운영을 맡은 공정무역기업은 계약 기간을 채우지 못하고, 중간에 운영권을 구청에 반납하게 되었다. 개척자의 길이 결코 쉽고 평탄한 길이 아니라는 것을 보여주고 있다. 성북구는 센터를 다시 운영할 수 있는 주체를 공모하였다. 이 공모에 참여한 사회적기업 트립티[*]가 제2기의 센터 운영 주체

---

[*] 당시 구청장은 김영배 씨(현 더불어민주당 국회의원)로 서울시와 더불어 공정무역 운동에 매우 깊은 관심을 갖고 센터를 설립하였다.

[*] 당시 트립티는 공정무역이 한 단계 올라서야 한다는 생각으로 공정무역연구소를 설립하여 연구 활동을 펴는 등 적극적으로 활동하였고 필자가 센터장의 임무를 맡게 되었다. 1년 6개월이란 일차 사업기간(2019년 7월-2020년 12월)을 완수한 후 트립티는 2021년 1월-2023년 12월까지의 운영을 성북구로부터 다시 위탁받아 현재에 이르고 있다.

로 선정되었다.

내게 "힘드시겠어요"라고 말한 센터 맞은편에 사는 아주머니의 인사는 내게 상징적인 의미로 지금도 남아있다. 그 아주머니는 자기 집 맞은편에 있는 공정무역센터를 그냥 어떤 물건들을 파는 가게로만 알고 있었다. 그런데 물건을 팔다가 장사가 잘 안돼서 나가고, 다시 장사를 해보겠다고 새로 들어온 내가 안쓰럽게 보였던 것이다. 이것이 공정무역을 바라보는 보편적인 시선이라고 할 수는 없을 것이다. 그렇지만 "힘드시겠어요"라는 이 인사가 내포하는 여러 가지 의미가 있다.

2) "공정무역은 특별한 사람들의 이야기가 아니다"

그 첫 번째 의미는 공정무역이 우리 사회에서 아직은 낯설다는 것이다. 반가운 일은 갈수록 우리나라에서도 공정무역에 대한 관심이 증가하고 있지만 아직은 그 수준이 매우 미미하다. '공정무역'이라는 단어가 주는 어감은 이것이 특별한 사람들이 하는 것이라는 느낌을 준다는 것이다. 그것은 아마 '무역'이라는 단어 때문일 것이다. 하지만 무역은 이미 오늘을 사는 모든 사람의 일상이다. 우리가 먹고, 마시고, 입고, 사용하고 있는 모든 것들은 무역과 관계없는 것은 단 한 가지도 없다. 현대인들은 무역 속에서 살고 있는 것이다. 그럼에도 불구하고 보통 사람들은 무역을 자기와 별로 관계없는 것처럼 생각하고 있는 이 아이러니는 무엇인가? '무역'이라는 단어 때문에 '공정'이라는 가치조차 외면되는 것은 아닌가 하는 생각이 든다.

지역 주민과 함께하기 위해 성북구 공정무역 센터가 펼친 사랑의 연탄 나누기

센터는 이 낯선 공정무역을 조금이라도 가까이 사는 이웃들에게 알리고 싶었다. 그래서 '가까이에서 시작되는 공정'이라는 슬로건을 내걸고 센터가 속한 정릉 일대에 연탄을 사용하는 10집에 2,000장의 연탄을 전달하는 행사를 하였다. 어려운 시기임에도 43명의 활동가가 참여하였다. 그때의 경험을 이렇게 시로 썼다.

겨울 묵시록

어떤 이는 연탄재 함부로 차지 말라 하고
어떤 이는 눈길 어지러이 걷지 마라 한다.
한 줄 보탠다.
연탄은
비탈길 오르는 내 몸에서
벌써 뜨거워진다.

무엇이든지 기초가 중요하다. 지속 가능성은 이 기초가 탄탄할 때 나오는 것이다. 공정무역의 기초는 마을이다. 마을이 공정무역을 외면하면 공정무역의 지속 가능성도 불가능하다. 아직 한국에서 공정무역의 기초는 탄탄한 것은 아니라고 생각한다. 어떻게 이 기초를 탄탄하게 할 수 있는가를 고민해야 한다. 공정무역 10원칙 안에는 지금 우리 시대의 모든 중요한 콘텐츠가 다 들어있다. 이 보물들을 마을 주민이 경험할 수 있는 방법을 찾아내는 것이 매우 중요하다. 센터에서는 찾아가는 공정무역 교실을 만들어 기존의 주민자치조직과 연계하여 공정무역을 주민들이 체험할 수 있도록 하고 있다. 교육의 효과와 그 지속성은 체험만 한 것이 없다고 생각한다.

3) "우리가 한 것이 아닙니다"

성북구의회는 2012년에 공정무역에 대한 조례를 제정하고 공정무역센터가 세워질 수 있는 예산을 편성하여, 2016년 8월에 우리나라 기초지방자치단체로는 최초로 공정무역센터를 설립하였다. 2020년 10월 의회 의원들이 센터를 방문하여 간담회를 가졌다. 의원들과 대화하는 가운데 한 의원이 "센터는 우리가 하려고 해서 만든 것이 아닙니다"라는 말을 하였다. 우리나라 기초지방자치단체가 세운 최초의 공정무역센터의 속살이 무엇인지를 상징적으로 보여주고 있는 말이라고 생각한다. 지방의회 의원들의 공정무역에 대한 이해의 수준을 보여주는 말이다. 성북구는 물론이고 현재 공정무역 조례를 제정하는 구의회나 자치단체가 공정무역에 대한 깊은 공감과 그 가치에 어느 정도 동의를 하고 있는지는 확신

하지 못하고 있다.[*]

　구의회나 구청은 사업을 성과 중심적으로 판단하려는 경향이 있다. 이러한 현실 속에서 단시간 내에 성과를 내는 것이 쉽지 않은 공정무역이 어떻게 의회의 주목을 받을 수 있을까를 고민하게 된다. 공정무역은 삶의 태도와 습관을 바꾸는 일이다. 우리의 삶의 태도와 습관은 오랜 시간에 걸쳐 형성되는 것이기 때문에, 이것을 바꾼다는 것은 더 많은 시간이 필요할 수도 있다. 어떤 가치에 공감한다고 해서 곧바로 우리의 삶의 태도가 바뀌는 것도 아니기 때문이다. 현재 상황에서는 지방의회와 지방자치단체에서 공정무역 활성화를 위해서 해야 할 지원과 역할이 많다고 생각한다. 그런 역할이 잘 이루어지려면 먼저 의원들과 공무원들이 공정무역이 가지고 있는 가치를 체험을 통해서 공감하는 일이 필요하다. 우리는 공정무역 담당 공무원이나 구의회 관계자들이 공정무역을 몸으로 체험할 수 있도록 하기 위해 해외 공정무역 생산 현장을 함께 방문하려는 계획을 세웠지만, 예기치 못하게 코로나 상황이 장기화됨으로써 실행하지 못하였다. 의원들과 담당 공무원들이 공정무역을 단지 사업이 아니라, 나와 나의 후손의 삶의 문제로 공감할 수 있도록 하는 일이 필요하다. 공정무역의 가치에 대한 의원들의 공감이 추상적인 가치로 머물지 않고, 그 가치가 지금까지의 나의 삶의 태도를 변화시킬 수 있도록 해야 한다.

---

[*] 공정무역 실무를 담당하는 한 공무원은 예산을 확보하기 위해서는 의회를 설득해야 하는데, 어떻게 설득해야 할지 모르겠다고 토로하였다. 이것은 공정무역의 가치와 의미가 머리로는 이해하지만 몸이 체감하지 못하기 때문일 것이다.

4) "엄마 이거 사자"

몇 해 전 성동구에서 '공정여행'을 하는 사회적기업 여행프로그램에 참여한 적이 있다. 우리는 공정무역 상품을 판매하는 가게들을 탐방했다. 대다수 어른은 아이쇼핑을 할 뿐 물건을 사지 않고 안내자의 설명을 듣고 고개를 끄덕일 뿐이다. 그때 엄마의 손을 잡고 함께 온 한 초등학생이 "엄마 이거 사자"라고 말했다. 오늘을 사는 나를 포함한 대다수의 어른은 어떤 상품의 구매 결정에 가장 큰 영향을 미치는 것이 가격일 것이다. "상품에는 무엇이 들어있는가?" 한 상품에는 여러 가지 것들이 들어있다. 그 상품을 만든 사람, 상품 재료, 상품이 만들어진 곳, 상품이 만들어지는 과정 등 다양한 이야기들이 있다. 이렇게 하나의 상품에는 여러 가지 이야기들이 있지만, 대부분의 어른들은 그 이야기들에는 별 관심을 보이지 않는다. 단지 라벨에 기록된 가격에만 주목을 한다. 하지만 "엄마 이거 사자"라고 말한 아이는 가격은 보지 않고, 상품에 담겨진 이야기를 주목하였다.

2019년 12월경에 일본 구마모토시 공정무역 매장에서 일하는 한 여직원이 센터를 방문하였다. 일본은 우리나라보다 공정무역 역사가 앞서고, 활동과 규모도 훨씬 크다. 방문자에게 이런 질문을 하였다. "일본 청년들이 공정무역에 관심 있는 이유가 무엇일까요?" 꽤 어려운 질문일 것이라고 생각하였는데, 방문자는 아주 쉽게 대답하였다. "학창 시절에 교과과정에서 공정무역에 대해서 많이 들어봤기 때문일 것입니다" 우리의 삶의 태도와 습관은 쉽게 변하지 않는다. 성인들이 교육을 통해 공정무역 가치와 철학을 공감한다고 하더라도, 그 공감의 힘으로만 자신들의 삶의 태도와 습관까지를 바꾸기는 쉽지 않다. 오늘을 사는 대다수의 성인은 자본주의의 삶의 태도와 습관에 매우 익숙해져 있다. 돈이 가장 중요한 결정의 조건이 된다. 필자는 이 익숙함은 나이와 비례한다고 생각한다. 공정무역의 지속 가능성은 우리의 삶의 태도와 습관이 얼마나 변화될 수 있느냐의 문제이다. 다시 말해 우리가 공정무역의 주체로 깨어날 때에 공정무역은 지속 가능해질 수 있다.

이러한 관점에서 공정무역은 아직은 학생들이 소비의 주체가 아닐지라도, 저들을 소외시켜서는 안 된다. 오히려 학생들을 더욱 중요한 공정무역 대상으로 생각하고, 그들을 위한 좀 더 질 높은 교육 방법들을 찾고 실행해야 할 것이다. 자본이라는 가치에 포로되기 전에 공정무역을 통해 다양한 가치들을 경험하게 해야 한다. 성북구에 있는 '길원초등학교'가 2021년 2월 8일에 우리나라 초등학교로서는 최초로 공정무역학교가 되는 인증식을 하였다. 공정무역의 미래는 학교에 달려 있다고 해도 과언이 아니다. 센터는 길원초등학교 선생님들과 함께 공정무역 표준교안을 만들고 있다. 센터는 선생님들이 요구하는 자료들을 제공하고, 선생님들은 그 자료를 가지고, 학생들을 위한 교안을 만들고 있는 중이다. 이렇게 하는 이유는 학교를 단지 대상으로만 보지 않고, 주체로 세우기 위함이다. 학교가 공정무역의 주체가 될 때에 교육의 질과 효과는 상승할 것이다. 그리고 우리나라에서 공정무역이 확산되는 데도 큰 역할을 할 것이라고 믿는다.

5) '소문날 마켓'

현재 공정무역 운동의 중심축은 '공정무역 인증'에서 '공정무역 마을운동'으로 이동하고 있다. 공정무역마을운동(Fair Trade Town Movement)은 2000년에 영국의 작은 마을 가스탕에서 시작되어 전 세계 2,500여 개가 넘는 도시들이 참여하는 등 짧은 시간에 전 지구적 규모로 확산되고 있다. 공정무역이 인증 중심으로 가다보니 지나치게 비즈니스로 경도되고 대기업들이 공정무역 원료를 극소량 사용하면서도 기업이미지를 위해 공정무역이란 마크를 사용하고 있어서 공정무역이 기본적으로 추구하는 목적의식이 약화되고 있다. 공정무역마을운동은 공동체를 변화시켜 개인을 변화시키는 운동이다. 불공정한 경제 시스템을 바꾸는 세계적 차원의 변화는 자신이 속한 공동체에서 지역적이고 일상적 차원에서 실천하는 마을운동에서 가능하다. 공정무역마을운동은 세계시민의식을 함양하고 연대 의식을 강화하며, 잠재적 참여자와 활동가로 구성된 인적자원을 발굴하여 지역사회 내 리더십을 형성하는 운동이다. 이러한 공정무역마을 운동을 확산시키기 위해 전 세계적으로 공정무역 마을 인준 기준을 정해 놓았다*.

성북구는 이러한 조건을 어느 정도 충족하고 있다. 자치구 중

---

* 공정무역 마을 운동의 기준 다섯 가지는 다음과 같다. 영어를 사용해서 5C라고 칭한다. 1. 지방정부는 공정무역을 지지하고 공정무역 제품을 사용하는데 동의하는 조례를 제정한다(Council). 2. 공정무역제품은 지역매장과 카페, 식당에서 쉽게 구입할 수 있어야 한다. Commerce(retail and catering) 3. 지역 내 커뮤니티가 공정무역에 참여하도록 한다. Community 4. 미디어 홍보와 이벤트 등으로 대중의 지지를 끌어낸다. Common Consensus(media & events) 5. 공정무역위원회 구성 Captains(steering group, keep going)

에서 제일 먼저 조례를 제정하였고, 공정무역센터를 운영하는 등 공정무역에 열심히 노력하고 있다. 공정무역제품을 지역 내 매장과 카페에서 구입할 수 있지만, 조금 더 확장하고 지역 내 커뮤니티 참여도 확장할 필요는 있다. 아직은 대중의 지지는 부족하지만, 매년 공정무역 홍보를 위해 사회적기업들과 함께 홍보매장을 열고 있다.

성북구는 아직 공정무역 도시로 인증을 받지 않았다. 다른 모든 조건은 다 준비되었지만, 아직 마을위원회가 조직되어 있지 않기 때문이다. 마을위원회가 형식적인 조직이 되는 것은 공정무역을 위해서 바람직한 일이 아니다. 모든 조직이 그렇겠지만, 조직은 자전거와 같다. 페달을 밟지 않는 자전거는 전진할 수 없을 뿐 아니라, 페달을 밟지 않으면 쓰러진다. 공정무역이 성공적으로 마을을 살리고 활기차게 하기 위해서는 페달을 밟을 수 있는 조직이 필요하다. 페달을 밟는다는 것은 공정무역 상품 소비가 일어나야 한다는 것이다. 공정무역마을위원회가 해야 할 가장 중요한 일은 어떻게 공정무역상품 소비가 마을에서 일어나게 할 수 있을지를 찾는 일이라고 생각한다. 현재 성북구 내에 공정무역위원회가 있다. 여기에 민간단체 중심으로 공정무역마을위원회만 구성하면 공정무역마을로 인증될 수 있는 한 조건을 구비하게 된다. 금년에 조금 더 노력하여 공정무역 자치구로 인증받기를 기대하고 있다.

센터는 금년 3월 18일부터 매월 한 차례씩 정기적으로 마켓을 연다. 이 마켓은 공정무역의 가치를 담고 있는 제로 웨이스트(Zero Waste)*를 지향하는 마켓이다. 우리 센터가 위치해있는 동소문2동 주민자치회와 함께 이 일을 한다. 성북구에는 20개의 행정동이

성북구 공정무역 센터에서 구청 관계자들과 함께 와인 만들기

있고, 동마다 주민자치회가 조직되어 있다. 이렇게 '소문날 마켓'을 각 동마다 확장해감으로써 공정무역마을위원회를 조직하려고 한다. 공정무역마을위원회는 페달을 밟는 주체들이 참여하여 조직하는 것이 중요하다.

9. 살림의 마을을 꿈꾸며

코로나19는 21세기가 무엇을 의미하는지를 생각하게 한다. 우리가 그동안 실감하지 못했던 새로운 세기를 지금 깊이 그 서막을 체험하고 있다. 이 체험은 지난 20세기의 패러다임을 떠나야 한다는 징조이다. 21세기는 지난 세기와는 전혀 다른 패러다임이 될 것이다. 20세기를 규정할 수 있는 패러다임은 자본주의이다. 모든 것이 자본의 패러다임 속에서 진행되었고, 자본 앞에서 고개를 뺏

---

* 제로 웨이스트(Zero Waste) 운동은 가급적 비닐 등 환경에 악영향을 미치는 것들을 팔지 말자는 운동이다.

뼛이 세울 수 있는 것은 하나도 없었다. 새로운 세기의 징조는 지난 세기의 모든 권력을 단번에 무력화시켰고, 그렇게 하는 데 많은 시간이 필요하지도 않았다. 보이지도 않는 바이러스 앞에서 그렇게 막강한 자본도, 제국도 아무것도 할 수 없었다. 그것들이 할 수 있는 것이란 보호의 장벽을 더욱 튼튼하게 쌓는 것이었지만, 생각만큼 효과적인 것인지는 알 수가 없다.

우리는 이제 자본의 패러다임에서 탈출해야 한다. 자본의 패러다임에 갇혀서는 새로운 21세기를 맞이할 수가 없다. 자본주의 패러다임의 가장 치명적인 문제는 생명의 소외다. 천하와도 바꿀 수 없는 생명이 존중되지 못하고 수단화되어 버린 것이다. 새로운 세기에서는 소외된 생명이 존중되어야 할 것이며, 생명이 목적이 되는 패러다임이 되어야 할 것이다. 이 생명 존중의 패러다임은 우리가 지금까지 익숙했던 것들과의 이별로 시작될 것이다. 우리는 이 시점에서 지난 세기의 익숙함에 대해서 다시 한번 깊이 생각하고 성찰하고 물어야 할 것이다. 왜냐하면 문명의 전환은 언제나 가치의 전환을 동반하기 때문이다. 이제 새로운 시대에 맞는 새로운 가치를 찾아야 한다. 새 술을 새 부대에 담아야 하는 새 시대가 다가온 것이다.

공정무역은 지금까지 우리가 익숙했던 생산과 소비에 대해서 새로운 패러다임을 보여주고 있다. 공정무역은 기존의 익숙함 속에서는 낯설고, 불편한 것일 수도 있다. 지금까지 우리에게 익숙한 생산과 소비에서 무엇이 기준이 되었으며, 무엇이 주인이었는가? 그것은 두말할 필요도 없이 돈일 것이다. 많은 돈을 벌기 위해서 생산하였고, 소비 또한 대다수 사람에게는 돈이 기준이 된다. 생산과 소비의 최종적인 목표는 돈이었다. 사람이 돈을 쓰지만 실상은 돈이 주인 노릇을 한 것이 지난 세기였다고 말하는 것이 지나친 이야기일까? 돈이 기준이 되고, 목적이 되는 생산과 소비는, 우리가 사는 지구와 그리고 우리 자신에게 수많은 쓰레기와 문제들을 남겨놓았다. 그 대표적인 문제가 지구온난화와 생태 환경의 변형, 우리가 이전에 경험하지 못했던 새로운 질병들의 등장이라고 말할 수 있다. 이런 문제들은 지난 세기의 우리의 익숙함과 결코 무관하지 않은 것이며, 돈이 기준이 되어버린 생산과 소비에서 비롯된 결과이다.

새로운 소비를 촉진하기 위해 성북구 공정무역센터에서 벌이는 공정무역 캠페인

공정무역은 지금까지 우리가 익숙한 생산과 소비에 대해 새롭게 질문을 한다. "당신의 생산과 소비는 건강합니까?" 자본이 우리의 생산과 소비의 기준이 될 때 그 결과가 어떠할지는 자명하다. 인간이 자본의 마지막 희생양이 될 것이다. 자본은 기본적으로 야수의 속성을 가지고 있기 때문이다. 현재 자본주의는 자전거 자본주의다. 자전거는 페달을 밟아야만 한다. 페달을 밟지 않는 순간 자전거는 넘어지고 말 것이다. 지금 자본주의의 생산은 부족해서 생산하는 것이 아니라, 넘어지지 않기 위해서 생산한다. 필요에 의해서 생산을 하는 것이 아니라, 자신이 쓰러지지 않기 위해서 생산하는 것이다. 자본주의가 수단이 아니라, 목적이 되어버린 것이다. 자본이 이 세상의 주인이 되어버린 것이다. 자본주의의 잉여 생산은 잉여 소비를 부추기는 악순환의 고리를 만들어낸다. 생명을 위한 생산과 소비가 아니라, 자본주의를 위한 생산과 소비가 되는 것이다. 지금 우리는 자본주의의 덫에 걸려 있다. 생산자도 소비자도 이 자본주의의 덫에서 탈출해야만 한다. 공정무역은 자본주의 덫에서 탈출하는 운동이다. 자본이 주인이 아니라, 사람이 주인이라고 외치는 함성이고, 생명의 터전인 지구를 회복시키는 운동이다.

코로나바이러스는 겨울에 더 왕성하게 활동한다고 한다. 코로나바이러스와 함께한 지난 1년은 사시사철이 겨울이었다. 하지만 이 코로나의 겨울이 끝나면 다시 봄이 올 것이다. 자연은 네 계절이 순환한다. 인간은 계절의 순환에 어울려 살아가야 하지만, 인간의 욕망은 겨울을 없애버리고 항상 봄을 만들려고 한 것은 아니었을까? 인간이 없애버리려고 한겨울을 코로나가 다시 갖고 온 것은 아닐까? 코로나바이러스는 무한정한 인간 욕망의 위험성을 지적하며, 우리에게 총량의 법칙을 새삼 깨닫게 하는 것인지도 모른다. 이제 개인의 목숨을 넘어서 자연과 우주의 총체적인 관계에서 생명을 볼 수 있어야 한다. 새로 오는 봄은 침묵의 봄이 아니라, 새소리를 들을 수 있고, 생명의 약동을 느낄 수 있는, 그런 봄이 되었으면 좋겠다. 새 소리를 들을 수 없는 '침묵의 봄'*이 오기 전에, 이제 우리는 거대한 전환을 시작해야 한다.

---

* 『침묵의 봄』(Silent Spring)은 1962년 레이첼 카슨이 1차 세계대전 이후 미국에서 살포된 살충제나 제초제로 사용된 유독물질이 생태계에 미치는 영향을 분석하여 쓴 책으로, 서양에서 환경운동이 시작하게 되는 계기가 된 책이다. 이 책으로 인하여 1963년 미국의 케네디 대통령은 환경문제를 다룬 자문위원회를 구성하게 되었고, 1969년 미국의회는 DDT가 암을 유발할 수도 있다는 증거를 발표하였고, 1972년 미국 EPA(미 환경부)는 DDT의 사용을 금지하게 되었다.

공정무역, 환경 파괴
그리고 새로운 도전을 향하여

김영규

(성북구 공정무역센터 국장)

2020년 한 해는 전대미문의 해로 기억될 것이다. 산업혁명 이후 인류는 전쟁과 같은 스스로 만들어 낸 재앙을 제외하곤 항상 진보하는 듯 보였다. 기술 발전은 생각보다 빠르고 획기적으로 이루어졌다. 인구는 기하급수적으로 증가하나 식량은 그렇지 않기에 늘어나는 인구 때문에 재앙을 초래할 것이라 예측했던 그 당시 학자들은 기술 발전이 이렇듯 급속도로 이뤄지리라 예상하지 못했던 것이다. 하지만 2020년 코로나바이러스 팬데믹은 인간의 한계, 우리가 아무리 다른 생명체들과는 차원이 다른 고등 문명을 만들어냈다고 하더라도 생명체로서의 한계를 명확히 보여주는 사건이었다. 의학기술이 엄청나게 발전했다고 했지만 팬데믹 상황에서 우리 인간이 할 수 있는 일은 사람들 간 접촉을 줄이는 일 외엔 없었다.

1972년 로마클럽에서 발표된 '성장의 한계'를 발표한 이후 성장의 한계와 기후 변화에 관한 담론들을 꾸준히 있어왔지만 적어도 한국 사회에선 크게 주목받지 못했다. 불과 한 세대 만에 이루어 낸 비약적인 경제성장을 경험한 한국 사회에서의 '성장'이란 '빈곤으로 인한 죽음'의 경계에서 벗어날 수 있는 유일한 희망이었다. 하지만 코로나바이러스 팬데믹 이후 우리 사회도 점차 성장의 한계와 지속 가능한 세계에 대한 관심이 증가하는 듯하다. 소위 '밀레니얼 세대'라 불리는 지금 한국의 20, 30대는 특히 환경에 대한 관심이 많다. 이런 관심을 기반으로 서울 곳곳에는 플라스틱 사용 없이 생필품을 판매하는 제로웨이스트 매장들이 생겨나고 있고, 친환경을 기치로 내세우는 '파타고니아', '올버즈'와 같은 패션 브랜드들이 유행을 선도하기 시작했다.

지속 가능한 세계에 대한 시민들의 관심은 시장에 큰 변화를 주고 있다. 거의 모든 산업 영역에서 친환경 관련 이슈들이 부각되고 있다. 이는 공정무역 운동에도 새로운 활력을 불어넣을 수 있는 좋은 신호인 게 확실하다. 제국주의 시대, 자신들의 조상들이 제삼세계에 미친 피해와 그 국가들이 여전히 유럽 국가들에 경제적으로 종속되어 있는 새로운 형태의 식민 지배에 대한 자성으로 서구의 공정무역 운동은 큰 성공을 이뤘다. 그렇기 때문에 오히려 식민 지배를 받은 우리나라에서는 제삼세계에 대한 부채 의식을 강조하는 방식의 운동은 큰 호응을 얻지 못했다. 하지만 친환경 이슈는 다르다. 이 문제는 우리 모두의 문제이기 때문이다. 공정무역은 분명 환경을 가장 극적인 형태로 파괴시키는 농업 시스템이 가진 문제점을 드러낼 수 있는 운동이며, 그 대안을 제시할 수 있는 운동이다. 그린워싱(실제로는 친환경적이지 않지만 마치 친환경적인 것처럼 홍보하는 '위장환경주의'를 가리킨다)을 하는 식품 회사 행태를 지적할 수 있으며 환경을 생각하는 농업에 대한 진정성 있는 접근이 무엇인지 보여준다.

그렇다면 농업은 기후 변화에 어떤 영향을 끼치고 있는가? 공정무역과 기존 시스템은 어떻게 다른가? 공정무역이 보여주는 대안은 어떤 것이 가능한가? 경계해야 하는 것은 무엇이고 어떻게 회피할 것인가? 이와 같은 질문들이 생긴다. 짧은 시간 공정무역 업계에서 일을 하면서 고민했던 지점들을 공유하고자 한다.

1. 기후 위기와 농업

기후 위기 시대라고 한다. 2020년 여름, 50일을 넘게 이어진 장마는 기후 변화가 초래할 미래에 대한 예고편 같았다. 기후 학자들은 인류가 현재와 같은 산업 활동을 지속한다면, 2100년에는 지구 평균 온도가 3.7도, 바닷물 높이는 63㎝ 이상 상승하여 전 세계 주거 가능 면적의 5%가 침수될 수 있다고 경고한다. 이와 같은 변화는 생태계에 급격한 변화를 초래하여 2050년 즈음이면 지금은 100년에 1번꼴로 발생할만한 '극한 해수면 현상'(큰 파도, 슈퍼 태풍 등 바다에서 기인하는 자연현상)이 매년 발생하고 일부 산악 지역과 툰드라, 영구 동토층에서는 자연발화가 늘어나 불이 자주 날 것이라고 전망한다. 다시 말해 기후 위기로 인해 지구가 더 이상 인류가 살 수 없는 환경으로 변할 수 있다는 것이다.

이와 같은 기후 변화 원인은 단연 온실가스 배출로 인한 온난화이다. 산업 활동 등 인간 활동으로 인해 발생하는 이산화탄소, 메탄, 아산화질소와 같은 가스들이 마치 온실의 비닐이나 유리창처럼 태양으로부터 온 열을 우주 밖으로 빠져나가지 못하게 하는 것이다. 온실가스 배출에 관한 이미지를 떠올리면 자동차 배기가스나 공장 굴뚝을 연상하기 쉽다. 물론 이들은 매우 주요한 온실가스 배출원이지만 그만큼 중요한 온실가스 배출원이 바로 농업이다. 온난화란 주제에 농업을 이야기하면 의아해하는 사람들이 많다. 기후 문제에 조금 더 관심 있는 사람들은 소 방귀* 정도만 알고 있을 뿐이다. 전 세계 온실가스 배출량을 분석해보면 농식품 체계에서 발생하는 온실가스 양은 25% 수준이다. 1/4이 별로 크게 느껴지지 않을 수 있다. 이 수치에는 간과되는 지점이 있다. 바로 이산화탄소 저장탱크 역할을 하는 열대우림을 비롯한 미개척지역이 빠르게 농지로 변하고 있으며, 농지로 변한 열대우림과 미개척 지역은 온실가스 저장고에서 온실가스 배출원으로 변한다는 사실이다.

온실가스 중에서 이산화탄소 증가가 가장 심각한 문제이다. 인간이 한 해 배출하는 이산화탄소량은 지구가 한 해 내뿜는 이산화탄소의 5%가 채 되지 않는다고 한다. 이 인위적으로 만들어 낸 5%가 채 되지 않는 양의 이산화탄소가 산업화 이후 지난 100년간 쌓이고 쌓여 지금과 같은 기후 위기를 낳고 있다. 인간이 이산화탄소를 내뿜는 활동을 하기 전, 그러니까 이 나머지 95%의 이산화탄소는 이미 매해 자연적으로 발생했지만 지구는 이만큼을 흡수

---

* 소 방귀도 무시할 수 없는 온실가스 배출원이다.

하고 있어 균형 상태를 이룰 수 있었다. 이 나머지 95%의 이산화탄소는 바다와 숲 등에 다양한 형태로 저장되거나 새로운 형태로 바뀐다. 나무들은 광합성을 통해 이산화탄소를 흡수해서 산소를 만들어낸다. 광합성을 많이 하는 나무들이 과포화상태로 유지되고 있는 열대우림은 그렇기에 매우 중요한 이산화탄소 저장고이다. 하지만 인류가 한 해 인위적으로 만들어내는 이산화탄소보다 많은 약 500억 톤의 이산화탄소를 저장하던 열대우림이 이제 오히려 이산화탄소를 배출하는 배출원으로 변하고 있다. 변화 이유는 간단하다. 나무들이 베어지고 그곳에 플랜테이션 농장이 들어서고 있기 때문이다.

이는 우리와 전혀 상관없는 이야기가 아니다. 우리가 먹는 닭고기와 소고기의 사료에 관한 것이고, 온갖 과자, 아이스크림에 들어간 팜유에 관한 것이다. 지구의 허파라고 불리는 최대 열대우림 아마존이 있는 브라질에서 가축 사료 원료가 되는 옥수수와 대두 생산량은 꾸준히 증가하고 있다. 특히 자이르 보우소나루가 브라질 대통령이 되면서 아마존 개발은 더욱 빠른 속도로 진행되고 있고 우리나라의 브라질산 대두, 옥수수 수입량 역시 꾸준히 증가하고 있다.

21세기에 들어서면서 열대우림이 가장 많이 사라진 지역은 인도네시아, 말레이시아에 걸쳐 있는 남아시아 지역이다. 이 지역 열대우림은 팜유 농장이 되었다. 간혹 열대우림이나 팜유 농장이나 같은 나무가 아니냐고 묻는 사람들이 있다. 나무를 베고 나무를 심는 것처럼 보이지만 완전히 다르다. 열대우림은 수많은 동식물, 곤충들이 살고 있다. 이들은 그 자체로 견고한 생태계를 이루며 살고 있다. 하지만 팜유 농장은 그렇지 않다. 농장을 유지하기 위해선 엄청나게 많은 비료와 제초제가 필요하다. 광활하게 넓은 땅에 작물 하나만 빼곡히 심는 것은 자연적이지 않다. 이런 자연적이지 않은 땅은 빠르게 부식되고 더 많은 비료를 필요로 하게 된다. 비료와 제초제를 만들고 사용하는 모든 과정은 또한 부가적인 이산화탄소를 만들어 낸다. 팜유 나무도 나무이므로 성장하고 유지하면서 광합성을 하는 것이 사실이지만 열대우림 같은 면적과는 비교도 안 되는 적은 양의 이산화탄소를 흡수할 뿐이고 오히려 더 많은 이산화탄소를 사용하게 되는 것이다.

기후 위기는 플라스틱을 적게 쓰고 대중교통을 이용하는 것만으로는 해결할 수 없다. 위기 원인은 우리의 생활양식 곳곳에 스며들어 있기 때문이다. 공정무역이 이 모든 것을 해결할 수는 없을 것이다. 모든 사회문제를 일거에 해소해 버리는 '데우스 엑스 마키나*'는 존재하지 않는다. 하지만 적어도 공정무역 발상에는 지금 인류가 처한 위기에 대한 해결의 실마리 정도는 제공할 수 있다.

2. 기후 위기와 공정무역

얼마 전 기후와 관련된 강의를 들을 기회가 있었다. 나이 지긋한 선생님이 학교에서 하는 강의였다. 교육이 다 그렇듯 집중하는 아이가 있고 조는 친구들도 있기 마련이다. 이 선생님이 조는 친구

---

* Deus Ex Machina 매우 급작스럽고 간편하게 작중 모든 문제를 해결하고 이를 정당화하는 사기 캐릭터나 연출 요소 등을 일컫는 말이다.

들에게 하는 이야기가 인상적이었다.

> "기후 때문에 몇 십 년 후에는 해수면이 높아진다던데, 이제 저 친구들
> 은 큰일 났네요. 오늘 집중한 친구들은 이 이야기를 알기 때문에 지대
> 가 높은 곳에 집을 사겠지만, 모르는 친구들은 지대가 낮은 곳에 집을
> 그냥 살 거 아니에요?' 그러다가 집이 물에 잠길 수도 있겠죠."

아이들을 집중시키기 위한 우스갯소리겠지만, 전혀 우습지 않
은 이야기라는 생각이 들었다. 이 위기를 초래한 세대가 다음 세대
에게 전할 말이 고작 나 자신만 위기를 회피할 수 있는 방법을
알려주는 점에서 그러했다. 위기 원인이라 말할 수 있는 개인주의
적 행태의 재탕일 뿐이고 위기를 극복할 수 있는 공동체적 사고에
대한 언급은 없었다. 인류 공동체로서 공동체적으로 문제를 바라
보고 접근한다는 것은 어떤 것인가?

저개발 국가에 사는 모든 사람의 생활 수준이 우리나라만큼 발
전하려면, 적어도 지구 3개 반이 필요하다고 한다. 유럽 국가들을
비롯한 일본이나 한국, 중국과 같은 발전 방법으로 모든 저개발국
이 발전할 수는 없다. 지구가 가진 수용한계를 초과하기 때문이다.
그렇다고 선진국 국가가 저개발국가 개발을 막을 명분이 있는가?
현재 마주하고 있는 기후 위기는 전적으로 그간 발전해온 국가들
의 책임이다. 그 결과 생기는 재앙으로 파생되는 피해는 공평하기
는커녕 오히려 저개발국가에 더 가혹하다. 전 세계에서 부유한 사
람들 10%가 전체 온실가스의 절반을 배출하는 반면, 세계 인구
절반인 가난한 35억 명은 온실가스를 10%만 배출하고 있다. 하지

만 이런 현실에서 모순은 기후 변화로 인한 피해를 극복하는데 필요한 자원을 부유한 사람들이 독점하고 있다는 사실이다.

많은 사람이 공정무역을 저개발국에서 웃돈을 주고 초콜릿이나 커피, 설탕 같은 농산물을 사오는 것으로 알고 있다. 절반의 진실이다. 공정무역 정의는 다음과 같다.

공정무역은 대화와 투명성, 존중에 기초하여 국제사회에서 보다 공평하고 정의로운 관계를 추구하는 거래 기반의 파트너십이다. 공정무역은 특히 저개발국가에서 경제발전 혜택으로부터 소외된 생산자와 노동자들에게 더 낳은 거래 조건을 제공하고 그들의 권리를 보호함으로서 지속 가능한 발전에 기여한다.

여기서 중요한 키워드는 공정무역이 '거래기반의 파트너십'이라는 점이다. 파트너십은 상호의존성을 내포한다. 파트너십 관계에서는 어느 누가 우위에 있지 않다. 자선이나 동정에 기반을 두는 것이 아니다. 어느 한쪽의 위기는 곧 다른 한쪽의 위기를 의미한다. 농부에게 정당한 값을 쳐주는 것은 이 파트너십의 결과인 것이지 그 자체가 정의일 수는 없다. 다른 결과물도 있다. 공정무역은 "환경을 보호하고 농부들이 자기 지역에서 계속 살고, 지속 가능한 농업을 할 수 있도록 보장한다"는 것이다.

공정무역에서 관심을 두는 경제적으로 소외된 생산자란 저개발국의 소규모 수공예 장인과 소농이다. 소농은 2헥타르 미만의 경작지를 재배하는 농민을 말한다. 이 소농들은 전 세계 식량의 80%를 생산하고 있으며 고용의 60%를 책임지고 있다. 식량 위기와 고용 위기는 소농들이 붕괴하면서 온다고 해도 과언이 아니다. 소농이 어떻게 지역에서 정주하고 지속 가능한 농업을 할 수 있도록, 그것이 충분한 삶의 이유가 되고 자부심이 될 수 있는 방안을 찾는 것과 기후 위기를 막는 것 사이에는 그렇기에 인과관계가 생긴다. 이를 잘 보여주는 예가 있다.

아시아 초콜릿으로 세계 빈투바 초콜릿 시장을 선도하는 마루초콜릿

마루(Marou)는 두 프랑스인이 베트남에 세운 초콜릿 생산기업이다. 베트남이 프랑스 식민 지배를 받았던 시절, 프랑스 선교사들이 옮겨 심은 카카오나무에서 새로운 가능성을 발견한 두 사람은 스위스의 국제개발 단체 헬베타스(Helvetas) 프로젝트에 참여하며 2011년 마루를 만들었다. 지금 마루는 전 세계 20개가 넘는 나라에서 판매되고 세계에서 가장 권위 있는 초콜릿 어워드인 'Salon du chocolat'와 'Academy of chocolate Awards'를 수상하는 등 그 가치와 품질을 인정받고 있다. 이와 같은 마루 성장에는 마루만의 가치와 철학이 큰 영향을 미쳤다.

베트남에서 초콜릿 산업의 전망은 그리 밝지 않았다. 카카오 품질이 문제였다. 카카오 재배 역사도 짧은데다 카카오 원료 가격이 워낙 일정하지 않아 좋은 품질의 카카오를 재배하는 농민들이 드물었다. 카카오 가격이 낮아지면 농부들은 카카오나무를 베고 다른 작물을 길렀기 때문이다. 마루는 농민들과 직접 거래하고 높은 수준의 프리미엄을 지급하고 끊임없이 교육과 기술을 지원하면서 이 문제를 해결하고 있다. 재무적 측면만 고려한다면 원자재는 비용에 불과하다. 어떻게

든 줄여야 하는 것이다. 하지만 원자재 값이 싸지기만 한다면 과연 이 초콜릿 산업이 지속 가능할 수 있을까? 누가 또 카카오를 재배하려 할 것이며, 누가 온갖 수고를 마다하며 좋은 품질의 카카오를 자부심을 가지고 만들어낼 것인가?

마루는 생산부터 소비까지의 모든 가치사슬에 있는 사람들의 지속 가능성을 중요한 가치로 여긴다. 가치사슬 내의 사람들을 비용이 아니라 인간적으로 대한다. 일반 초콜릿 메이커들은 카카오 생산하는 농가를 1년에 한번 찾을까 하지만 마루는 마루 초콜릿에 사용되는 원료 카카오를 재배하는 모든 농가를 한 달에 한 번 이상 방문한다. 농가들을 매 달 방문하며 그해 만들어지는 카카오 품질을 확인할 뿐 아니라 농민들이 겪고 있는 문제들을 확인하고 도울 수 있는 것을 찾는다. 그리고 카카오 품질 향상을 위해 개선해야 할 점들을 꾸준히 알려준다. 마루의 극진한 관심이 농가에게 간섭이나 검열로 간주되지 않는 이유는 마루는 그들과 거래하는 카카오 농부들에게 베트남 평균 카카오 가격의 두 배 이상을 지급하기 때문이다. 자부심을 가지고 일하는 농부들이 농업을 지속 가능하도록 지원하는 것이다.

3. 공정무역이 마주하는 현실

공정무역은 분명 대안적인 세계를 위한 가능성을 가지고 있다. 공정무역을 통한 사업의 공급 사슬 내 다른 기업들을 비용이 아니라 '파트너'로 대우하고 그에 따른 원칙을 지킨다는 가치가 지닌 힘이다. 공정무역에는 위협 또한 존재한다. 공정무역 운동이 활성화된 유럽에서 그 위협이 현실화되고 있다.

1988년 네덜란드에서 막스 하벨라르가 성공적으로 시장에 안착한 이후 유럽 공정무역 시장은 급속도로 성장했다. 막스 하벨라르는 우리나라 소설 홍길동과 같은 이름이다. 홍길동이란 이름이 신분제 사회에서 핍박받는 계급을 대변한다면, 막스 하벨라르는 제국주의 사회에서 핍박받는 식민지 주민들을 대변하는 이름이다. 홍길동이 우리나라 고전 소설 주인공 이름인 것처럼, 막스 하벨라르도 네덜란드 식민지였던 인도네시아에서 독립운동을 하는 청년을 다룬 소설의 주인공이다. 이 이름을 사용한 커피가 출시 첫 해 네덜란드 전체 커피 시장에서 1% 이상을 차지할 만큼 인기를 끌었으니 유럽 사람들이 느끼고 있는 제국주의에 대한 자성이 어느 정도인지 가늠해볼 수 있다. 이 사건 이후 공정무역은 유럽에서 지속적으로 성장했다. 지금 유럽에서 공정무역 상품은 한 해 10조 원이 넘게 팔리고 있고, 상품 가격에 포함되어 소비자가 부담하는 공정무역 프리미엄*만 2,600억 원이 넘게 모일 정도이다. 실제 대형 식품 유통 회사들이 공정무역 인증을 받은 상품을 자체 개발 상품(PB)으로 판매하고 있고 앞서 말한 공정무역판매액 10조 원에서 대부분은 이렇듯 대형 식품 유통회사들의 지분이다.

이와 같은 주류화는 분명 생산지에 큰 도움을 주고 있다. 공정무역 프리미엄으로 생산지에 일어나는 변화에 주류화가 큰 몫을 차지하고 있다. 하지만 '공정무역'이라는 행위가 마케팅 도구에 그치게 되었을 때 문제는 다시 발생한다. 대형 식품 유통업체들은

---

* 공정무역 프리미엄은 생산지 현지 기반 개선을 위해 사용되며 보통 소비자가 사는 물건 가격에 1-2%의 프리미엄이 추가된다.

공정무역 라벨을 붙이고 공정무역인 상품과 그렇지 않은 상품을 동시에 취급할 수 있다. 공정무역 상품에서 기대할 수 있는 마진을 가지고 갈 수 없더라도, 상쇄 가능한 상품들이 있고 기업 자체의 홍보 일환으로 감내할 만하다. 모든 상품이 공정무역 상품인 회사들은 사정이 다르다. 애초에 공정무역 운동을 만들어왔던 이들은 공정무역이라고 하는 시장 내에서 대형 유통회사들과 경쟁해야 한다. 실제 공정무역을 주도했던 영국의 트레이드 크래프트와 같은 회사도 경영상 어려움을 호소하고 있는 상황이다. 문제는 여기서 그치지 않는다. 공정무역을 한다고 장시간 홍보했던 대형 식품 제조, 유통 회사들이 공정무역 인증을 버리고 자기 회사가 만든 새로운 인증을 사용하는 시도들이 진행되고 있다.

2020년 6월 세계에서 가장 많이 팔리는 초콜릿 브랜드 중 하나인 킷캣을 가지고 있는 네슬레는 영국과 아일랜드에서 팔리고 있는 킷캣 초콜릿에 공정무역 인증 설탕과 카카오를 더 이상 사용하지 않겠다고 선언했다. 네슬레는 공정무역 인증 대신 네슬레가 자체적으로 만든 지속 가능성 프로그램(COCO Plan)을 통해 농부들에게 카카오를 구입하겠다고 밝혔다. 공정무역을 제거한 브랜드는 네슬레만이 아니다. 몬델리즈도 캐드베리 초콜릿에서 공정무역 로고를 떼고 자체 인증 '코코아 라이프'로 바꾸었고, 그린앤블랙도 그렇게 했다. 이들은 새로운 자체 인증이 더 직접적으로 농민 역량 강화와 소득 증진에 도움이 될 것이라고 강조하지만, 제3자 인증 시스템이 확고하게 갖추어진 공정무역과는 분명한 차이가 있다. 공정무역 인증을 받으면서 생기는 비용을 줄이려는 시도이다. 초기에 공정무역 인증을 받아 기업의 이미지를 세탁(페어워싱)

하고, 이를 통해 시장이 확보된 이후에 자체 인증을 만드는 것이다. 공정무역에 대해 많은 관심을 기울이는 소비자만 이러한 대기업의 술수에 혼동하지 않고 그 변화를 감지할 수 있다.

유럽 공정무역 시장에 관한 쟁점은 한국과는 너무 다르다. 우리는 아직 공정무역이라는 시장 자체가 형성되어 있지 않다. 한국에서 한 해 공정무역 판매금액은 500억 원 내외로 추정된다. 그중 대부분은 생협과 같은 매장에서 판매되고 있고 일반 시장에서 판매되는 양은 아직은 미미한 수준이다. 한국에선 아직 대형 유통회사들이 공정무역 시장에 진입한 예는 극히 드물다. 공정무역 전문 회사들은 시장 내에서 살아남기 위한 각고의 노력을 하고 있지만, 스타트업, 중소기업이 보통 가지고 있는, 다양한 문제와 더불어 공정무역의 원칙을 지키기 위한 많은 위험요소 또한 감당하고 있다. 특히 생산지 기후 변화와 코로나19의 심각한 확산으로 인해 원료 공급이 원활하게 이뤄지지 않는 경우가 많아지고 있고 그에 따른 피해도 누적되고 있는 상황이다.

유럽과 한국이 공정무역 운동에서 겪는 위기는 그 외양은 너무나도 다르나 그 본질은 같다. 자본주의 시장 체제가 발생시키는 문제를 해결하기 위해 나온 공정무역이 다시 자본주의 시장 체제가 지닌 문제에서 자유롭지 못한 데서 오는 모순이 바로 그 본질이다. 공정무역 인증을 활용하여 공정무역에 참여하고 있는 기업들이 비용 절감을 위해 자체 인증을 도입하고 영세 기업들은 시장 내에서 살아남기 위한 각자도생을 하고 있다. 시장과 자본의 시스템에 공정무역이 여전히 종속되면서 겪는 어려움에서 공정무역이 어떻게 그 위험을 벗어날 수 있을까? 그 답은 앞에서 소개한 공정무역의 본질, 즉 연대(파트너십)에서 찾아야 할 것이다.

4. 연대를 조직하는 공정무역

농업은 환경과 아주 밀접하게 연결되어 있다. 소농을 지원하고 환경보호에 앞장서는 농업 방식을 지원하는 것은 인류의 생존과 전혀 무관하지 않다. 무분별한 개발에 앞장서는 기업을 규제하고 그와 관련된 투자를 제한하는 것 이상으로 환경을 보호하는 기업이 더 기업 활동을 하기 좋은 환경을 만드는 것이 중요하다. 다행히도 이와 같은 사고를 하는 사람들이 늘어나고 있다. 공정무역은 이와 같은 사람들을 어떻게 조직할 수 있는가? 흥미로운 예가 있다.

카카오 농부들이 소유하는 초콜릿 메이커, 디바인 초콜릿

1998년에 설립된 디바인 초콜릿은 현재 영국에 본사를 둔 초콜릿 생산기업이다. 이 기업에 놀라운 점은 초콜릿 농부 9만 명이 소유한 회사라는 점이다. 1990년대 초 카카오 유통과정을 독점하던 가나 코코아 위원회가 민영화되면서 몇몇 진취적인 카카오 농민들은 '쿠아파코쿠'라는 농민 협동조합을 결성했다. 그간 정부에서 일괄 수매해 주던 카카오를 갑작스레 시장에 내다 팔아야 하는 상황에서 필요한 것들을 스스로 조달하고 수익금으로 학교나 도로 같은 마을에 부족한 기반 개선을 하기 위함이었다. 그러던 중 조합이 카카오 생산자에 그치는 것이 아니라 완제품 초콜릿 바를 만들어 시장을 공략해보자는 대담한 상상을 하게 되고 영국 개발협력 비영리단체인 트윈트레이딩과 크리스천에이드, 한국에도 잘 알려진 자연주의 화장품 브랜드 바디샵 등의 도움으로 그러한 상상을 실현하게 되었다.

1990년대 후반은 유럽에서 공정무역이 막 유행하던 시기이기도 했고, 디바인의 독특한 지배구조가 윤리적 소비에 관심이 많은 유럽의 소비자들에게 충분히 매력적으로 다가왔기 때문에 디바인은 안정적으로 시장에 안착할 수 있었다. 하지만 그 후 이 회사가 꾸준히 시장에 영향력을 미치고 20년이 넘도록 까다로운 미국, 영국 소비자들에게 사랑을 받은 것은 지배구조 때문만은 아니었다. 생산지의 비참한 모습을 보이고 사람들의 동정심으로 판매나 기부를 유도하던 기존 비영리단체나 공정무역회사의 방식과는 달리 디바인은 생산지 농민들의 진취적인 모습을 담으려고 애썼고, 자신들의 전통과 문화를 세계에 알리고 싶어 했다. 동정심으로 사는 초콜릿은 한 번은 먹어볼 수 있지만 지속적인 구매는 어려울 것이라고 보고, 보다 제품에 집중했다. 이와 같은 회사 주요 의사결정을 농민들 스스로 했기에 가능했다. 농부들은 스스로 만든 초콜릿이 동정심에 기대어서 팔지 않아도 될 만큼 맛과 품질에 자신이 있었기 때문이다.

농부들이 초콜릿 회사의 주인이었기에 무게를 늘리기 위해 썩은 카카오를 자루에 섞을 필요도 없었고 덜 익은 카카오를 딸 필요도 없었다. 항상 엄선된 최고의 카카오를 따기 위해 노력했고, 품질개선을 위한 노력도 게을리하지 않았다. 추가 수익금이나 배당금으로 지역 기반 개선에 힘써 아이들의 교육 수준을 비롯한 생활 수준 전반이 향상될 수 있었다. 사업의 시작이 땅이었기에 단기 고수익을 위한 농약이나 자연을 파괴하는 농법은 최대한 지양되었다. 아이들을 농장에 보낼 필요가 없었다. 협동조합의 원칙은 여성 지위 향상에 도움이 되었다. 생산자들이 조합을 만드는 것을 지원하고 협동조합과의 거래하는 것이 공정무역의 중요한 원칙 중에 하나인 이유이다. 역량 강화는 일방적인 도움으로 만들어지는 것이 아니기 때문이다.

이와 같은 성공은 물론 가나 농부들의 힘만으로 이룬 것은 아니었다. 디바인 초콜릿이라는 초콜릿 생산 기업이 만들어지는 데는 영국 시민사회와 기업 역할이 지대했다. 농민 협동조합이 가진 초기 자금으로는 소비지 국가에 회사를 만들 수 있을 만큼 자금이 많지 않았다. 바디샵과 트윈트레이딩이 디바인 설립 당시 많은 금액을 투자했고, 그 투자금을 쿠아파코쿠가 소유할 수 있게 했다. 디바인의 성공은 소비자, 비영리단체, 기업의 사회적 책임(CSR), 생산지의 협동조합 등 다양한 이해관계자들이 다양한 방식으로 연대할 수 있는 가능성을 보여주었다.

아무도 살 수 없는 곳에선 백만금도 소용이 없다. 우리는 타인, 사회와 관계 맺으며 살아간다. 자유라는 권리를 누리는 만큼 우리는 공동체 일원으로서 공동체를 유지하고 우리 삶의 토대를 후대에 온전히 물려주어야 할 의무도 있다. 기업도 마찬가지다. 공동체 일원으로서의 의무를 소홀히 한 결과 우리는 우리와 후대의 삶을 위협하는 전 지구적 문제에 마주하고 있다. 공유가치창출(CSV), 환경·사회·지배구조(Environment, Social and Governance, ESG), 지속 가능한 경영, 이런 말들이 생겨나고 많은 사람들이 더 많은 관심을 갖기 시작하는 이유가 여기에 있다. "기업은 자신의 이윤만 추구하면 된다"는 발상이 만들어 낸 세계가 지속 가능하지 않음을 확인하고 있기 때문이다. 공동체 단위가 아니라 자신만의 최대 이윤을 추구한다는 것은 그만큼의 비용을 사회에 전가시키는 행위라는 것을 더 많은 사람들이 알아채고 있기 때문이다. 환경 파괴와 불평 등을 조장하면서 수익금의 일부를 기부하는 것은 기만이라는 것을 이제는 알아가고 있기 때문이다. 모든 무역, 모든 기업이 공정 무역으로 바뀌긴 어려울 것이고 그럴 수도 없다. 다만 기업과 관계 맺는, 소비자를 비롯한 가치사슬 내 모든 사람의 지속 가능성, 인류 공동체의 지속 가능성에 대해 고민해야 한다는 공정무역 철학은 어느 개인과 어느 기업도 실현 가능하다. 그리고 그것은 비단 공정무역 고유의 철학만은 아니라고 본다. 말과 형태가 조금씩 다를 뿐이지 공유가치를 주창하는 CSV, ESG도 같은 철학을 공유하고 있는 것이다. 지속 가능한 세계에 이바지하는 기업이 다가오는 위기의 시대, 우리에게 필요한 기업일 것이다. 이러한 기업들이 더 성공하고 더 많이 만들어질 수 있는 사회를 만드는 것에 우리와 우리 후대의 미래가 달려 있다.

"아이들이 바뀌면 세상이 바뀐다"

― 김희영 교장과 함께

김희영 교장(왼쪽)과 최정의팔 대표(오른쪽)

일　시: 2021년 3월 22일 / 23일

장　소: 성북구 공정무역센터 /

　　　　서울길원초등학교

진　행: 최정의팔(트립티 대표)

대　담: 김희영(길원초등학교 교장)

대담 정리: 최정의팔

최정의팔: 2020년은 공정무역 마을 운동이 시작한 지 20주년이 되는 뜻깊은 해입니다. 영국 작은 마을 '가스탕'(Garstang)에서 시작된 이 캠페인은 지역사회와 지방정부가 함께 공정무역에 실질적으로 기여하는 가장 효과적인 방법으로 통합니다. 공정무역 도시(마을)는 저개발국 노동자의 삶에 긍정적인 변화를 가져올 수 있도록 일상적으로 공정무역 제품을 사용하면서 공정무역 지원을 위한 실질적인 활동을 벌이는 것입니다. 영국 전역으로 확대된 공정무역 마을 운동은 그 뒤 이웃 나라로 퍼져 지금은 전 세계적으로 벌이는 공정무역 캠페인이 되었고, 세계 35개국에서 2,030개 공정무역 마을이 생겼습니다. 공정무역 마을은 현재 독일이 687개로 가장 많고, 영국(425개), 오스트리아(207개) 등이 뒤를 잇는 등 유럽에 95% 이상이 몰려 있습니다. 아시아에서는 일본에서 가장 먼저 시작했고, 한국에서도 인천, 부천, 서울, 경기도 등 여러 지자체에서 공정무역 도시를 선포했습니다. 공정무역 도시(마을)뿐만 아니라 공정무역 학교, 공정무역 교회, 공정무역 기업 등 다양한 조직이나 단체에서 공정무역 조직이나 단체로 인증을 받고 있습니다. 2021년 2월 8일 서울길원초등학교가 한국에서 초등학교로서는 최초로 공정무역 학교로 인증된 것을 축하드립니다. 먼저 교장선생님께서 공정무역 운동에 관심을 갖게 된 계기는 무엇인지요?

김희영: 공정무역 운동을 하는 트립티 분들이 제가 아주 오랫동안 친하게 지내던 분들입니다. 제가 초등 교사일 때 경기도 두밀리에서 자연학교를 운영하면서 청소년들에게 삶의 의미를 느끼도록 할 때부터 그리고 그 후 장애인과 함께하는 한벗조합을 함께 운영하면서

아주 친하게 교류하고 있었지요. 이분들이 운영하는 트립티 카페를 드나들면서 공정무역 운동 취지에 동감하고 또한 맛있는 커피를 마시면서 늘 관심을 갖게 되었습니다. 2018년 3월 서울길원초등학교에 교장으로 부임하면서 공정무역 운동을 소개하고 싶었습니다. 제가 공정무역 현판식 때 이야기한 것처럼 아이들에게 더 폭넓은 선택의 가치들이 있다는 것을 공정무역을 통해 가르쳐주고 싶었습니다. 가격이라는 하나의 기준만이 작동되는 경제는 인간을 자본의 노예로 만든다고 봅니다. 아이들이 공정무역을 통해 가격 외에도 다른 많은 가치가 있다는 것을 발견하고, 자신들의 삶을 더욱 풍부하게 만드는 계기가 마련되기를 소망하고 있습니다.

저는 아이들이 바뀌면 세상이 바뀐다고 봅니다. 우리가 어려서 교육받을 때 주로 그린 포스터는 "백억 불 수출로 잘살아보세", "둘만 낳아 잘 기르자"는 내용들이었습니다. 그때 우리가 교육받은 대로 지금 한국이 바뀌지 않았습니까? 어른들에게 "도로를 무단횡단하지 말라"고 교육을 해도 어른들은 그대로 무단으로 도로를 횡단하지만, 아이들은 그렇지 않습니다. 심지어 그런 교육을 받은 어린아이들과 부모들이 함께 가면 아이들 때문에 어른들도 무단으로 도로를 횡단하여 건너가지 않습니다. 먹는 것도 마찬가지입니다. 어렸을 때 올바른 먹거리를 습관 들이면 커서도 그 입맛은 변하지 않습니다. 물건 선택도 마찬가지고요, 어렸을 때 공정무역 교육으로 물건 구매할 때 윤리적 선택을 하게 되면 커서도 무조건 명품을 구매하지는 않을 것이라고 봅니다.

최정의팔: 저는 이번에 초등학교 6학년 사회 교과서와 도덕 교과서를 보고 많이 놀랐습니다. 저희가 배울 때와 비교해보니 너무나 충

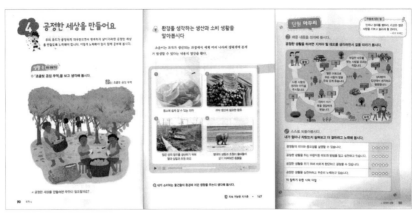

초등학교 6학년 교과서. 왼쪽부터 〈도덕 6. 공정〉과 〈사회 6-2. 환경 1〉 그리고 〈도덕 6. 공정 1〉

실하게 교과 내용이 바뀌었더군요. 저는 공정무역에 관해서도 이미 교과서에 많이 다루고 있다는 점에서 특히 기뻤습니다.

6학년 도덕 교과서 4장 '공정한 세상을 만들어요'에서는 "초콜릿 공정무역을 생각해봅시다"라고 구체적으로 공정무역이란 단어가 나오고요. 또한 전체적인 내용도 공정무역 정신을 그대로 표현하고 있었습니다. 공정한 세상을 만드는데 필요한 우리의 마음은 "어떤 사람이든 소중히 여기고 존중하는 마음을 지니는 것" 그리고 공정한 세상을 만드는 행동은 "어떠한 사람이든 차별하지 않고 공정하게 대하는 것" 등 공정무역 운동에 꼭 필요한 마음과 행동이지요. 단지 여기서 아쉬운 것은 공정무역 운동에 대해 소개가 없고, 그러한 공정한 정신을 발휘해야 하는 범위가 지구촌으로 넘어가지 못하고 개인이나 우리 사회에만 머물러 있다는 점입니다.

사회교과서 6-2에서는 공정무역이 주요 의제로 다루는 환경 문제를 잘 다루고 있습니다. '지속 가능한 지구촌'이란 제목이 붙은 3장에서 지속 가능한 미래를 위해 환경 문제의 심각성을 심도 깊게 다루고 있습니다. 아마존 열대우림 파괴, 사라지는 산호초, 지속되는 사막화 등 심각해지는 지구온난화를 잘 묘사하고 있습니다. 이를 해결하기 위해서 다양한 방안들이 제시되고 있지만, 지극히 개인적인 것들만 언급하고 있어서 답답했습니다. 열대우림과 초원을 파괴하는 단일작 농업의 피해, 다국적 기업들의 횡포에 대해서는 전혀 언급이 없습니다. 이런 문제를 근본적으로 해결하려고 노력하는 공정무역에 대해서도 한 마디도…. 물론 초등학교 교과서가 갖는 한계를 이해는 하지만, 적어도 그런 시각은 갖도록 해야 하지 않을까 합니다. 세계시민으로서 우리가 할 수 있는 구체적인 예로 공정무역 물품 소비를 이야기했으면 참 좋을 것 같은데요.

국제연합에서 전 인류가 힘을 모아 지구촌 문제를 해결하고 지속 가능한 미래를 만들 수 있도록 함께 실천할 목표 열 입곱 개를 정했다고 소개하고 있는데, 그중에서 빈곤 퇴치, 기아 종식, 양질의 교육, 성평등, 깨끗한 물과 위생, 양질의 일자리, 불평등 감소, 지속 가능한 생산과 소비, 기후 변화와 대응, 지구촌 협력 등 열 가지 이상이 공정무역 운동이 취하는 정신입니다. 이러한 목표를 어떻게 달성할 것인가에 대한 물음으로 공정무역 운동을 교육하면 아이들이 이해하고 실천하기 쉬울 텐데, 일선 교육 현장에서 보기에 제 주장이 너무 일방적인가요?

김희영: 지구촌 문제를 해결하는 방식에는 여러 가지 경로가 있다고 봅니다. 그러한 경로를 이용하는 교통편은 여럿 있는데, 그중 하나가 공정무역이라고 할 수 있지요. 공정무역 입장에서 본 인권, 공정무역 입장에서 본 시민, 공정무역 입장에서 본 환경, 공정무역 입장에서 본 지구촌 등 다양한 문제들을 공정무역 입장에서 보고 해결책을 제시할 수 있을 것입니다.

세상을 바라보는 시각, 세상에 대한 관점을 바꾸어 주는 것이 제일 중요합니다.

저도 처음 공정무역을 학교에 소개할 때 이런 생각 때문에 많이 망설였습니다. 내가 지금 하는 것이 친하게 아는 사람의 물건을 팔아 주려는 행동이 아닌가? 저뿐만 아니라 많은 분이 공정무역이란 단어를 들으면 공정무역 운동이 그렇게 물건을 파는 것으로 생각하게 됩니다. 그것은 무역이란 용어가 주는 느낌 때문에 그렇게 생각하게 된 것입니다. 그러다가 저는 공정무역을 하는 분들에게서 세상을 바꾸려는 열정과 헌신을 보면서 공정무역 운동은 물건을 파는 것이 아니라 공정한 세상을 만드는 것이라는 생각이 들면서부터 저부터 시각이 많이 바뀌었지요. 이런 면에서 학교도 공정무역 학교라는 현판보다는 '공정학교', '공정한 학교'로, 공정무역 기업도 '공정 판매업체'라고 부르면 어떨까 하는 생각도 했어요.

물론 공정무역 운동에서 소비는 중요하지요. 소비는 단순히 물건을 구매하는 것이 아니라 공정무역을 확대하고 세상을 바꾸는 실천 방법이지요. 공정무역을 어느 정도 아는 분들은 공정무역을 직거래 장터와 비슷하게 생각하는 분들도 있어요. 대기업이 부리는 횡포를 막고 복잡한 무역 단계를 거치지 않고 직접 생산자로부터 물건을 수입해서 소비자들이 좋은 물건을 싸게 구입하는 것으로 생각하는 분들 말입니다. 그러나 공정무역은 좋은 물건을 싸게 구입하는 것이 아니라 좋은 물건을 바르게 산다고 인식을 해야 할 것 같아요. 제삼세계 사람들이 인간답게 살 수 있도록 정당한 대가를 주고 산다는 것, 그것이 공정이란 의미라고 봅니다.

최정의팔: 공정무역 마을에는 5가지 원칙이 있습니다. 국제공정

무역마을위원회가 제시하는 다섯 가지 목표를 달성하면 심사를 거쳐 공정무역 마을로 전 세계 공정무역 마을운동에 등재됩니다. 다섯 가지 목표는 △지방정부 및 의회의 지지 △지역 내 공정무역 제품 판매처 확보 △다양한 공동체에서 공정무역 제품 사용 △미디어를 통한 홍보와 대중의 지지 △공정무역위원회 구성 등입니다. 이러한 원칙을 학교에 적용하면, 학교장 및 교사회의에서 공정무역 지지 결의, 학교 내에서 공정무역 제품 사용, 공정무역 동아리 활동, 공정무역 교육 및 홍보, 공정무역 캠페인 참여 등이 인증 조건이라고 할 수 있지요.

선생님께서 공정무역 운동에 계속 관심을 갖고 2018년에 서울길원초등학교 교장으로 부임하였지만, 공정무역 학교로 인증되기까지는 3년이란 세월이 흘렀지요. 대부분 초등학교에서 공정무역 운동을 엄두도 내지 못하고 있어서 한국에서 최초로 서울길원초등학교가 공정무역 초등학교로 인증되었는데, 여기에는 동료 교사, 학부모, 학생 등 관계자들의 동의가 있어야 가능했겠지요. 지난번 인증 현판식 때 학부모 대표도 함께하셨는데, 어떻게 관계된 분들의 동의를 얻게 되었는지 궁금합니다. 특히 다른 초등학교에서도 공정무역 학교로 인증되기 위해서 어떤 절차를 밟아야 하는지 도움이 되도록 자세히 소개해주었으면 합니다.

김희영: 교장으로 부임하여 처음에는 제가 좋아하는 공정무역 원두를 개인적으로 구입해서 교장실에서 커피메이커로 내려 교사들과 함께 마시기 시작했지요. 커피 맛이 좋아서 교사들의 반응이 좋았어요. 그래서 후에는 교무실에 커피 자동 머신기를 설치하여 함께 마시기 시작했습니다.

우리는 공평하고 지속적인 거래를 통해 세계 무역에서 불평등 문제를 해결하는 공정무역 운동이 더 아름답고 평화로운 세상을 만들 수 있다는 신념으로, 한국 사회 내 공정무역 가치 확산과 활성화를 위해 기여하고자 다음을 선언한다.

하나, 서울길원초등학교는 공정무역 생산자인 저개발국 소농과 아동 노동에 시달리는 수많은 어린이들을 위해 관심을 가지고 인권회복을 위한 실천으로써 학교에서 자발적인 공정무역 운동이 일어날 수 있도록 노력한다.

하나, 서울길원초등학교는 학교에서 공정무역 필요성을 알리고, 학교가 공정무역에 친근하게 접근할 수 있도록 교육, 홍보하며 소비할 수 있도록 기회를 제공한다.

하나, 주식회사 트립티는 서울길원초등학교가 선도적으로 공정무역 운동에 동참할 수 있도록 적극 권장하는 캠페인 활동을 후원한다.

하나, 주식회사 트립티는 서울길원초등학교와 공정무역 운동을 함께 수행하며, 공정무역제품사용을 적극 지원한다.

공정무역 운동 추진 협약식. 오른쪽이 김희영 교장, 가운데가 최정의팔 대표, 왼쪽이 네팔 홀리차일드스쿨의 샤히(K. B. Shahi) 교장

2018년 12월에 트립티와 양해각서를 체결하게 되었습니다. 양해각서를 체결한 후 제 생각이 많이 달라졌지요. 교장실에 그 양해각서를 진열해놓고 방문하는 사람들, 특히 학부모들 대상으로 세계시민교육을 할 때 공정무역에 대해 많이 설명하게 되었습니다.

최정의팔: 협약식 맺을 때 커피 산지에서 중요한 사람이 한 분 오셨지요. 샤히(K. B. Shahi)라고 네팔 바글룽에 소재한 홀리차일드스쿨의 설립자이며 교장이신 분이지요. 이분은 한때 한국에서 이주노동을 하였고, 그렇게 모은 돈으로 학사를 지은 분이지요. 한국에서 겨우 2년 동안 체류했지만, 네팔해서 한국어학당을 운영해서 계속 한국말을 사용하고 연구해서 한국어를 아주 잘하지요. 이분이 젊었을 때 건설한 학교가 낡고 땅주인이 땅을 되돌려달라고 해서 학교 교사를 신축해야 했어요. 지진이 심하게 난 네팔에서 학교 건물을 지을 돈이 없어서 한국에 모금하려고 왔지요. 이분은 사립학교를 세웠지만, 많은 학생이 무료로 공부할 수 있도록 트립티 후원으로 커피 묘

생산자 대표 샤히 교장 환영

목을 심었던 분이지요. 버쿤데라고 산중턱에 위치한 곳에 '네팔 컨선'(Nepal Concern)이란 협동조합을 만들어 커피 교육은 물론 커피 재배에 필요한 모든 것을 진행하고 있지요. 길원초등학교에 와서 시설물들을 보고는 많이 부러워했지요. 다행히 한국에서 많이 호응해서 1억 원을 모금해서 학교 교사를 지을 수 있었어요.

김희영: 샤히 교장은 분명히 네팔 버쿤데 커피 산지 대표인데, 저는 공정무역에 대해서 이야기를 나눈 기억이 거의 없어요. 아마 같은 교장이란 직책으로 인해 주로 학교 운영에 대해 이야기를 나누었던 것 같습니다. 홀리차일드스쿨과 우리 학교 간에 서로 교제하기로 약속했는데, 그것이 그렇게 쉽지 않았어요. 학생 간에 상호 편지 교류, 자매결연 등 다양한 이야기를 나누었고, 네팔 현지를 교사들이 방문하기로 하였는데, 코로나 사태로 모든 것이 진척되지 못해 아쉬웠습니다. 공정무역에서는 현지 경험이 중요하다고 들었는데, 코로나 사태가 진정되어 네팔 현지를 돌아보고 싶습니다.

2019년 9월 학교 도서관을 대대적으로 수리해서 재개관할 때 손

학교운동회 때 운영된 공정무역 부스

님들에게 공정무역 설탕 세트를 선물로 주었는데, 반응이 아주 좋았어요. 또 10월 학교 운동회 때 성북구 공정무역센터에서 학교에 와서 부스를 열고 학생들에게는 공정무역 과자를, 학부모들에게는 공정무역 핸드드립 커피를 대접했는데 인기가 많았어요. 성북구 공정무역센터는 전국에서 유일하기 때문에 이 점도 성북구에 소재한 우리 학교가 공정무역에 참여하는 데 많은 도움이 되었지요. 이렇게 분위기가 무르익어서 이해 12월에 본격적으로 교사들을 대상으로 공정무역 교육과 커피 교육을 했지요.

최정의팔: 그때 제가 와서 공정무역에 대해 강의했는데, 선생님들 분위기가 아주 열띠었습니다. 교사연구실에서 강의했는데, 자리가 부족할 정도로 강의실을 꽉 메웠지요. 저는 그때 "교사들은 모두 바쁘고 개성이 강해서 이런 교육을 억압적으로 실시할 수 없는 것인데, 이렇게 교실 가득하게 선생님을 모일 수 있게 하다니 김 교장선생님 리더십이 대단하다"고 생각했습니다. 그 후 참석자들이 2시간씩 6번 커피 교육에도 열심히 참가한 걸로 알고 있습니다. 김헌래 목사님이 워낙 커피 교육을 잘하니까 좋은 반응을 얻었지요.

김희영: 처음부터 의도한 것은 아닌데, 지금 우리 학교 교사들이 많이 바뀌었습니다. 교사연구실을 카페로 사용하고 있는데, 여기에 필요한 에스프레소 머신을 교사들이 자발적으로 펀딩을 했어요. 저는 이렇게 초등학교 교사들이 자발적 펀딩을 한 경우가 처음이라고 봅니다. 30명이 펀딩을 해서 2백만 원을 모았고, 그 돈으로 중고 에스프레소 머신을 구입해서 아주 유용하게 사용하고 있습니다. 커피 교실에서 배운 실력으로 라테를 만들어 마시는데 정말 수준급에

요. 우리 학교 교감 선생님 한 분은 스타벅스 최고급 골드회원이었는데, 지금은 스타벅스에 가지 않고 우리 커피만 드시고 계셔요. 덕분에 저는 행복한 고민을 하지요. 공정무역 커피 구입에 너무 많은 비용이 들어서…. 그나마 다행히 트립티에서 업소용 도매가격으로 원두를 제공해서 견디고 있지요.

입맛은 내려가지 않는다고 합니다. 이렇게 공정무역 커피에 맛들인 교사들은 집에서도 공정무역 커피를 주문해서 드시지요. 저는 학교를 방문하는 손님들에게 무조건 공정무역 설탕을 선물로 드려요. 가격도 저렴해서 저에게 별로 큰 부담이 되지 않고, 유기농 설탕은 가정에서 요긴하게 사용하니 모두가 좋아합니다. 이렇게 선물로 주면서 공정무역에 대하여 언급하니 공정무역에 대한 파급력은 많을 것입니다.

최정의팔: 오늘 카페를 총괄하는 선생님께서 라테를 만들어주셨는데 정말 수준급으로 맛있었습니다. 웬만한 고급 커피 전문 카페에서 판매해도 충분히 커피 맛을 인정받을 수 있을 정도입니다. 카페라테에 만들어진 라테 아트도 뛰어났고요. 앞으로 퇴직하고 카페를 운영하셔도 좋을 것 같네요.

김희영: 그렇지 않아도 그분은 카페를 운영하고 저는 카페에서 김치부침을 부치고, 또 한 분은 도자기 제작 교육을 하고…. 우리는 이미 은퇴 후에 함께 살 준비가 다 되어 있지요, 하하하.

최정의팔: 2020년 사회 현안 프로젝트 학습 사례집에 게재되어 있는 서울길원초등학교 프로젝트 보고서를 보고 많은 감동을 받았

습니다. '차별과 혐오에 맞서는 공정한 사회 만들기 프로젝트'란 이름으로 보고된 내용은 주제 및 사회 현안 선정 이유, 프로젝트 과정 나누기, 마음 나누기 등으로 목차가 되어 있는데, 자세히 보면 볼수록 저에게는 공정무역 교재 같다는 생각이 듭니다. 프로젝트 과정을 1) 프로젝트 세부 실천계획, 2) 학년별 프로젝트 주제 및 주요활동, 3) 프로젝트 준비하기로 되어 있는데, 일선 교사들이 이 보고서를 보면 즉각 교사 지도로 활용할 수 있도록 자세히 되어 있어요. 즉 프로젝트 준비를 하는 데 있어서 1) 원격 수업 플랫폼 환경 구축하기, 2) 디지털 시민 역량 기르기, 3) 프로그램 수업 도구 활용법 익히기, 4) 프로젝트 단계별 수업 방법, 5) 프로젝트 단계별 학습자료 개발 등 아주 자세히 소개되어 있어요.

제가 가장 놀란 것은 교사들의 준비뿐만 아니라 원격수업을 한 학생들의 반응입니다.

"앞으로 공정기업물품들을 사야겠다. 그리고 노동금지와 환경보호가 되도록 노력하겠다"(3학년 소감문).

공정무역과 커피 교육을 받는 모습

"경제적 교류에서 공정한 교류가 되어야 한다는 것을 알게 되었다. 또 공정무역 동영상을 보고 서울형 토론으로 친구들과 토의하여 우리가 좋아하는 초콜릿도 공정무역 제품을 사먹기로 모둠 친구들과 약속하고 실천했다"(4학년 소감문).

"기후 위기 시대 상생의 생태시민 프로젝트를 진행하면서 '공정무역'에 대해 알게 되었는데, 공정무역이 환경오염을 막을 수 있다는 것을 처음 알게 되었다. 다른 친구들에게도 이 사실을 알려서 환경오염을 막기 위한 공정무역을 계속해야 하겠다"(5학년 소감문).

"세계 여러 아이들 중에 학교에 가지 못하고 일만 하는 아이들이 있다는 것을 알게 되었다. 나는 앞으로 그 아이들을 위해 기부를 할 생각이다"(6학년 소감문).

어떻게 이런 프로젝트를 하게 되었는지요?

김희영: 사실 이 프로젝트는 초등학교 교사들이 공정무역에 관해 지도할 수 있도록 공정무역 교재를 만들기 위해 시작되었지요.

제가 이 학교에 부임한 일 년 후인 2019년에 저희 학교가 서울형 혁신학교로 지정되었어요. 그 결과 저희 학교는 혁신적인 민주시민교육을 위한 교육공동체의 필요성 인식 및 교육활동 전반에 걸쳐 혁신적 교육과정 운영을 위한 기반이 조성되었지요. 사회 현안에 대해 관심을 가지고 교원 역량 강화를 위해 교원 학습공동체 연구 및 교사 연수를 했지요. 혁신형 학교로 지정된 첫해에 '우리가 꿈꾸는 교실'의 시민 감성 프로젝트를 구성하여 민주시민교육 실천을 위해 노력했습니다. 그리고 2020년도에는 3-6학년 '우리가 꿈꾸는 교실'에서 교육력 제고팀(5명), 공정무역 교육 교원학습공동체(15명), 민주시민교육 교원학습공동체(15명)를 각각 구성하여 활발한 연구 문화 분위기를 조성했고요. 특히 국제무역제도 폐해에 대한 교내 공감대를 형성했습니다. 즉 다국적 기업이 부리는 횡포와 심각한 부의 편중 그리고 무분별한 개발로 인한 환경 오염과 저임금 기반의 아동 착취에 대한 관심과 이러한 불공정한 세상을 바꾸기 위한 노력이 필요하다는 점을 공유하게 되었지요.

이렇게 공감대가 조성되는 데는 공정무역 기업 트립티와 협력하여 여러 프로그램을 진행한 것이 중요한 역할을 했다고 봅니다. 2019년에 트립티가 위탁 운영하는 성북구 공정무역센터를 찾아가는 공정무역 교실을 총 16학급 32차를 실시했고요. 2019년 혁신학교 여는 날에 공정무역 부스를 운영하였지요. 그리고 2020년 교원학습공동체 공정무역 연수 실시 및 공정무역 교육 방법 공동연구를 추진하게 되었습니다.

최정의팔: 저는 초등학교와는 오랫동안 관계가 없어서 잘 몰랐는데, 인터넷에 보니 매우 재미있게 소개되어 있더군요. "서울형 혁신학교는 평등교육과 전인교육을 지향하며, 창의적인 민주시민을 육성하는 배움과 돌봄의 행복한 교육공동체입니다." 이를 위해 교육 패러다임 변화를 시도하는데, 입시 중심 경쟁교육, 줄세우기식 평가, 관료적 국가 통제, 교육 양극화 심화 등에서 변화되어 학생 중심 협력 교육, 성장 지원 평가, 자율 자치 교육, 평등 교육, 교육 공공성 실현 등이 중요 목적이더군요. 이러한 변화를 유도하기 위해 서울시교육청에서는 지정학교에 예산 지원, 인사 지원, 성장 지원, 법적 지원 등을 하고 있어서 서울형 혁신학교 제도가 참 좋은 제도이구나 하는 생각이 들었습니다.

실제로 길원초등학교에 와서 보니 참 많이 변화되었다는 느낌을 받았어요. 우선 개방식 도서관이 눈에 들어오고요. 아이들이 마음껏 재주를 펼 수 있는 시설이 좋게 보입니다. 교장과 교사 간에 관계도 권위적이 아니라 민주적이라는 느낌을 받았고요.

김희영: 우리 학교 자랑을 좀 하고 싶어요. 저는 어렸을 때부터 흙을 만지기를 좋아했고, 만들기를 좋아했어요. 저뿐만 아니라 저희 아버님도 그렇고, 형제자매도 그런 분위기에서 자랐어요. 제가 어렸을 때 그 당시에는 매우 비싼 컴퓨터를 집에 들여왔는데, 제 동생이 보름 만에 컴퓨터를 전부 분해했지요. 그런데 다시 조립을 못해서…. 저는 이렇게 흙을 접촉하고 손으로 만들어보는 것이 아이들 성장에 중요하다고 보고 있습니다. 제 개인적 취향이지는 몰라도…. 여하간 우리 학교에는 아이들이 흙으로 만들고 구울 수 있도록 도자기 교실을 운영하고 있는데, 도자기를 구울 수 있는 가마도 있어요. 그리고 목공예교실도 있는데, 거기에는 손만 닿으면 자동으로 멈추게 되는 전기톱도 있어요. 초등학교에 이렇게 도자기 가마나 전기 자동톱을 갖춘 목공예실이 있는 학교는 그렇게 흔하지 않을 겁니다.

최정의팔: 저는 시골에서 초등학교를 다녔지요. 길원초등학교가 아파트로 둘러싸여 있고, 학교 운동장도 학생수에 비해 너무 좁아서 답답하게 느껴지지만 시설이나 선생님들은 최고인 것 같습니다. 공정무역 교재 만들기는 성북구 공정무역센터에서도 관심이 많아 적극적으로 협력했고 센터에서 그 내용을 성북구청에 보고한 것으로 알고 있는데, 어떻게 진행되었나요?

김희영: 공정무역 교재를 만들려면 돈이 있어야 하지 않아요? 그

래서 서울시 교육청에 "차별과 혐오를 넘어" 프로젝트를 제출한 것이지요. 다행히 이 프로젝트가 서울시 교육청에서 선정되어 프로그램을 진행하게 되었습니다. '공정무역'이란 말을 쓰지 않고 '차별과 혐오에 맞서는 공정한 사회 만들기'라는 프로젝트 제목으로요. 저와 3-6학년 담임교사 5명이 동아리를 만들어 8개월 동안 잘 진행하고 결과 보고서를 만들었지요. 3-4월에는 교육과정을 분석하고, 4-5월에는 코로나로 인해 원격으로 수업을 운영하고, 6-12월에는 원격수업과 병행한 프로젝트 학습을 실행했습니다. 그리고 9-12월에는 모둠반과 같은 학년에서 다른 학급과 연구 결과를 공유했고, 학교홈페이지 교사 인터넷 사이트에 자료를 미비하지만 그 결과물을 탑재했습니다. 그러나 아쉽게도 코로나 사태로 인해 아직 교사나 학부모를 대상으로 공개수업을 하지 못해서 교재 제작까지는 이어지지 못했습니다. 이렇게 현장에서 교사나 학부모 대상 수업까지 마쳐서 교재로 제작되는 날이 하루빨리 왔으면….

최정의팔: 보고서에 프로젝트 진행에 대해서 자세히 나와 있어서 교사들이라면 그것을 보고 누구나 시행할 수 있을 것 같아요. 특히 각 학년별로 프로젝트를 소주제로 나누어 학년에 맞게 수업하고 발표한 것이 눈에 들어옵니다. 3학년은 '성북구 공정무역센터와 함께하는 우리 동네 보물찾기'란 주제로 수업을 하고, 수업을 마친 후 '공정무역 안내판 제작 및 공정무역 캠페인하기'로 발표를 대신했고요. 4학년은 '성북 문화 알림 관광 상품 만들기'란 주제로 수업을 하고, 발표로 '문화관광상품 홍보 및 공정무역 실천 선서하기'를 했습니다. 5학년은 '기후 위기 시대 상생의 생태 시민'이란 주제로 수업하고, 온라인 생태 시민 전시회를 열었더군요. 그리고 6학년은 '평화와 공존

의 새내기 세계시민 탄생기'란 주제로 수업을 하고, 평화와 공존의 세계시민 홍보영상 공유 및 다짐을 하였습니다.

이런 보고서를 보고 있으면서 제 눈에 확 들어오는 것은 교육활동 피드백에서 제안한 내용입니다. 3학년 피드백에서 제안으로 "공정무역 제도가 다른 지역에도 있었으면…", "공정무역 물품을 체험할 수 있었으면…", "동영상, 안내 자료가 많았으면…", "원격학습 프로그램이 있었으면…", 5학년 피드백에서 "각 교과별 공정무역과 연계한 수업 개발", "고학년 대상 안내 자료 등이 있었으면…". "생태와 공정무역 관련 특화된 프로그램 개발" 그리고 6학년 피드백에서 "학생들이 직접 체험할 수 있도록 공정무역 체험관 별도 운영" 등은 공정무역 운동을 하는 저희들이 귀담아들어야 하는 제안이라고 봅니다.

김희영: 저는 저희 아이들이 대단하다고 봅니다. 전에는 교사들이 가르쳤지만, 지금은 아이들이 스스로 하도록 하는 것이 더 효과적인 것 같아요. 아이들이 얼마나 자료를 잘 찾고 결과물을 얼마나 잘 만드는지 모르겠어요. 인터넷 세대는 확실히 달라요. 이번 수업에서도 아이들이 패들렛 활동자료도 매우 잘 만들었고, 아이들이 만든 동영상도 훌륭해요. 저 같으면 그런 동영상을 제작하는데 한 달은 족히 고생해야 하는데, 아이들은 단 몇 시간 만에 그 모든 것을 할 수 있어요. 언택트 수업에도 잘 적응해서 언택트로 정보 교환이나 토론도 아주 잘해요. 모둠별로 의견 수렴도 잘하고요. 이 모든 자료들이 서울교육 2021-31로 서울시 교육청에 등록되어 있으니 자세한 내용들은 참고하면 될 것입니다.

최정의팔: 이번에 공정무역 학교 현판식을 하였는데, 그 후 변화

교내 카페에서 카페라테를 만드는 선생님

된 것은 없는지요? 코로나 사태로 인해 학생이나 교사들이 많이 참
여하지 못한 채 현판식을 해서 조금 섭섭하더라고요. 국제공정무역
기구(Fairtrade International)에서 서울길원초등학교가 공정무역 학교
로 인증받아 전 세계공정무역 마을 명단 기록에 등재되어 자부심도
갖게 되었지만, 이러한 현판식을 통해 학교와 학생들이 변화되고 성
장하는 것이 더 중요하다고 봅니다. 학교 건물에 공정무역 학교란 현
판이 눈에 들어오니 좋기는 하지만….

　김희영: 저는 현판에 있는 '공정무역 학교'란 표현이 마음에 내키
지 않아요. 무역이란 장사를 뜻하기 때문이지요. "공정을 가르치는
학교"라는 표현이 훨씬 더 좋을 것 같아요. 그리고 전 세계적인 흐름
때문에 꼭 '공정무역 학교'라는 말을 내세워야 한다면, 부제라도 "올
바름 선택 학교", 혹은 "공정을 추구하는 학교"라고 덧붙였으면, 뜻이
더 명확하게 드러나지 않을까 해요. 학교는 무역을 하는 곳이 아니라
교육을 하는 곳이라 그래요.
　현판식을 한 후 달라진 모습이 보이지요. 어떤 교사는 현판 앞에서

아이들을 서게 한 후 공정무역에 대해 설명하는 모습이 보였어요. 교사들이나 학생 그리고 학부모들이 학교에 드나들면서 현판을 볼 때마다 무엇인가 느끼겠지요. 교육이란 콩나물에 물주기 식으로 겉으로 쉽게 드러나지는 않지만 물을 계속 주다 보면 아이들이 그런 방향으로 성장하겠지요.

최정의팔: 이번 공정무역 인증에는 교장 선생과 몇 분의 교사들이 무척 중요한 역할을 하였다고 봅니다. 그런데 공립학교는 교장선생님이 임기제이고, 교사들도 학교를 몇 년마다 이동하게 되어 있어서 이러한 공정무역 운동이 계속 이어나갈 수 있을지 염려가 됩니다. 학교 분위기는 교장이나 교사들의 관심 분야에 따라 달라질 수 있기 때문이지요.

김희영: 저는 그런 면에서 공정무역센터의 역할이 중요하다고 봅니다. 마을과 학교가 함께 이러한 일을 한다면, 비록 열심이던 교장이나 교사가 이동하더라도 그러한 운동이 지속될 수 있어요. 일례로 성북구 공정무역센터에서 공정무역 서포터즈를 양성하고 있는 것으로 알고 있는데, 이들이 학교에서 초청할 때를 기다리지 말고 학교를 찾아가도록 해야 해요. 창의적 민주시민을 양성하는 '혁신미래교육'이나 '더불어 교실'에 프로젝트를 내서 학교를 찾아가야 합니다. 또한 교사들이 공정무역에 관심을 갖도록 교사연수 때에 그 과정에 공정무역 교육을 넣도록 역할을 하면 좋겠습니다. 교사들은 대부분 자기들이 배우고 경험한 것을 교육하거든요. 그러니 세계시민교육 연수 프로그램 16시간에 한 시간을 공정무역 교육을 넣든지, 아니면 연수기관과 협력해서 공정무역으로 16시간짜리 연수교육 프로그램

을 만들어도 좋지요. 지금 대표님처럼 공정무역이란 시선으로 모든 것을 볼 수 있도록 말입니다.

그리고 교사들이 수업하는데 도움이 되도록 하면 좋겠어요. 우리가 식사할 때 매일 똑같으면 식상하잖아요. 교사들이 공정무역을 새로운 반찬이라는 생각이 들도록 해주면 교사들은 새로운 반찬을 먹습니다. 공정무역 관점에서 본 인권, 공정무역 관점에서 본 환경 등 교사들이 활용할 수 있는 도구를 개발해주시면 교사들은 기꺼이 이것을 사용합니다.

한마디 더. '공정무역 10대 원칙'이라 것이 있는데 너무 어른스럽고 딱딱해요. 아이들이 이러한 원칙을 만들어 아이들 표현으로 했으면 좋겠습니다.

최정의팔: 저희들이 학교와 지역사회에서 함께 하도록 계획하고 추진하겠습니다. 성북구 공정무역센터에서 이미 더불어교실에 저희 프로그램을 소개하고 있습니다. 5월에 공고가 날 터인데, 여기에 신청하시면 저희가 학교로 찾아갈 수 있습니다. 저희가 운영하는 서포터즈가 학교로 찾아갈 수 있도록 지원해주시기 바랍니다. 공정무역 학교로서 앞으로 계획은 어떤 것을 생각하는지요?

김희영: 학교 운영이 그렇게 계획한다고 해서 쉽게 뜻대로 진행되는 것이 아니지요. 여하간 공정무역 교재를 만들고 싶고요. 교재가 만들어지면 우리 학교에서는 물론이고 다른 학교 교사들도 이것을 교재로 수업할 수 있기를 바랍니다. 저희부터 공정무역에 대한 인식을 고양하기 위해 네팔 현지를 교사들과 함께 공정여행으로 다녀와서 현지 체험을 하고 싶어요. 이미 약속했지만 실천하지 못하고 있

는, 네팔 홀리차일드스쿨을 방문해서 상호 협의하여 현지 아이들과 우리 아이들 간에 최소한 동아리 차원이라도 교류를 하고 싶고요.

최정의팔: 서울길원초등학교가 최초로 공정무역 학교로 인증되었지만, 이것을 계기로 전국에서 많은 초등학교가 공정무역 학교로 인증되었으면 좋겠습니다. 국제공정무역기구에서는 한번 공정무역 학교로 인증되었다고 끝나는 것이 아니라 매년 학교에서 진행된 공정무역 운동을 검증하고 공정무역 학교 인증을 연장합니다. 앞으로도 계속 인증될 수 있도록 노력하시기 바랍니다. 아이들이 공정무역 정신을 습득하면 세상은 아이들의 변화를 통해 공정하게 바뀔 것입니다. 공정무역 미래를 밝게 봅니다. 수고하셨습니다.

부 록

세계공정무역기구Fairtrade International **화상 총회**

세계공정무역기구Fairtrade International **화상 총회**[*]

일시: 2020년 6월 30일, 화상 회의

안건: 2019 세계공정무역기구 연간보고서 승인

세계공정무역기구는 공정무역기업들의 공동체이며 인증기관입니다. 76개국에 분포되어 있는 회원들은 공정무역을 온전히 실천하는 사회적기업입니다.

Roopa Mehta 회장 메시지

세계공정무역기구 회장 Roopa Mehta

나는 2019년 세계공정무역기구가 거대한 변화를 겪은 한 해라고 생각한다. 우리는 리마에서 개최된 국제 공정무역 정상회담에서

---

* 번역: 최한솜

우리 단체의 30주년을 축하했다. 그때 우리는 기후 변화 대응과 지구 보호를 위해 헌신하도록 공정무역 원칙들을 새롭게 보완했다. 우리 운동에서 큰 역할을 했던 전 회장 Rudi Dalvai과 Bob Chase 이사, Geoff White 이사, Johny Joseph 이사 등이 은퇴하였다. 그들 모두는 여전히 우리와 긴밀하게 연결되어 있지만, 새 시대가 시작되었고, 새로운 이사진 그리고 나는 회장이라는 중책을 맡게 되었다. 나는 앞으로 맞이할 중차대한 과제들에 대해 깊이 인식하면서 커다란 자부심을 갖고 이 영예로운 직책을 맡았다.

한 해를 마감하면서, 우리의 운동과 세계공정무역기구가 겪은 과정에 대해 숙고해보았다. 1989년 우리는 공정무역에 완전히 헌신하는 개척자들의 공동체로 탄생했다. 상당 기간, 세계공정무역기구(그 당시에는 IFAT) 회원들은 주류 무역과 사업에 대한 윤리적 대안들로 윤리적인 생산과 무역을 이끄는 지도자들이었다. 윤리적이거나 공정한 제품들을 구입하고 싶은 소비자들에게 세계공정무역기구 회원들의 제품들은 이들이 선택할 수 있는 몇 가지 선택지 중 하나였다. 지난 10년 동안 이러한 상황이 급격하게 바뀌었다. 이제는 수없이 늘어나고 있는 브랜드, 인증기관, 발의기관(어떤 것들은 믿을만하고, 어떤 것들은 믿을 수 없지만)로부터 폭넓은 윤리적 요청을 받는 시장에 직면하고 있다. 윤리적 주장이 강화되는 시장은 변화하였고, 우리는 그것과 함께 변화할 필요가 있다.

공정무역 가게들의 판매에 의존하는, 세계공정무역기구 수입자들에게만 세계공정무역기구 생산자들이 오로지 의존할 수 있는 시절은 지나갔다. 근래 상징적이었던 공정무역 수입자들의 하락 혹은 폐점(Oxfarm Australia의 슬픈 폐점과 Traidcraft PLC의 2019년의 눈에 띄는 변화들)은 상업적인 변화가 불가피하다는 것을 의미한다. 많은 선구자적이고 개척적인 공정무역 조직들처럼, 그 둘은 많은 생산자 조직에게 시장을 성장시키고 지원하면서 역량을 강화해왔다. 우리 몇몇 세계공정무역기구 수입자는 생산자의 사업을 성장시키고 더 큰 시장에 진출시키기 위해 여전히 그들의 전략을 검토하고 있다.

우리 회원들은 새로운 시장 채널들과 새로운 기회를 발견하는데 투자하면서, 상업적인 구매자들에게 더 홍보될 수 있도록 집중해달라고 우리에게 요청하고 있다. 더 많은 세계공정무역기구 회원들이 이제는 전시회, 웹 상점, 소셜 미디어에 자신들의 제품들과 브랜드를 소개하고 있다. 더 많은 소비자가 윤리적인 제품들에 관심을 갖지만, 그들은 더 넓은 범주의 소매상인들에게 가고 있다. 이것이 세계공정무역기구가 더 많은 시장에서 더 홍보되고 새로운 상업적 구매자들에게 인지도를 높이는 데 초점을 맞춰 온 이유다. 2019년 한 해 동안, 이것이 초점이었고 앞으로도 여전히 그러하다.

2019년 세계공정무역기구는 패션, 음식, 가정용품들의 주요 네트워크들과의 새로운 동반 관계에 들어갔다. 우리는 세계공정무역기구가 보증한 공정무역 제품이 가장 광범위하고 믿을 수 있으며 포괄적인 것이라고 믿는다. 우리 회원들이 만든 제도가 보다 더 잘 이해되고, 그 라벨(상징표지)이 더 잘 알려지면서, 우리는 이 지위를 성취한, 특별한 사회적기업들에게 더 강력해진 경쟁력이 주어진다고 믿는다. 우리 업무의 대부분이 세계공정무역기구 회원들을 위해 이 잠재력을 실현하는 데 초점이 맞춰져 있다.

2020년이 시작되면서, 우리는 전염병과 그에 영향 받은 경제적 위기에 직면하고 있다. 이러한 위기와 그에 대한 우리의 대응이 내년 연간보고서의 주제가 될 것이지만, 모든 사업(공정무역 기업들을 포함한) 앞에 놓인 거대한 도전을 강조할 수밖에 없다. 위기를 겪으면서 우리는 세계공정무역기구 회원 기업들의 노동자, 농부, 수공업자가 수행한 뜨거운 헌신을 볼 수 있었다. 전 세계에서 우리는 이미 이들이 해온 혁신, 단결, 끈기를 볼 수 있다. 커다란 고통이 있지만, 우리의 공정무역 비전에 대한 희망과 헌신은 계속 살아있다.

사무총장 Erinch Sahan 메시지

세계공정무역기구 사무총장 Erinch Sahan

임기 두 번째 해인 2019년에 세계공정무역기구를 위해 일한 것은 특별한 은총이었다. 모든 지역을 방문했고, 많은 세계공정무역기구 회원들을 만나보았다. 사회적기업에 의해서 노동자, 농민, 수공업자들에게 맡겨지는 특별한 위임과 책무, 기업가 정신과 회복력 등의 독특한 결합을 보며 영감을 얻었다. 나는 세계공정무역기구 많은 회원이 환경 친화적 실천, 예를 들어 재활용, 천연섬유 사용, 저탄소 생산 등을 새로 시작하는 것을 보며 기운을 얻었다. 이건 진정으로 사람과 지구의 콤비네이션이다.

세계공정무역기구는 사회적인 그리고 환경적인 목표를 진정으로 우선하는 사업 모델을 개척하는 공동체다. 공정무역 기업들은 진정 미션 지향적이면서도 상업적으로 유지될 수 있다. 이건 대단한 아이디어다. 세계공정무역기구는 이러한 사업 모델 중 가장 지구적이며 깊이 뿌리내린 본보기로서, 사람과 지구 행성을 진실로 우선으로 놓는다. 우리는 세계적인 경제를 변화시키고자 하는 역사적 순간에 있다. 이것의 중심은 새로운 사업이 모델이며 공정무역기업들은 더 나은 기업 모델이라는 개념의 준거를 제공하고 있다. 우리는 더 많은 소비자, 구매자, 정책입안자, 캠페인 진행자가 받아들이도록 바로 이런 기업들을 촉진하고 소개하며 지원하는데 한 해를 거의 보냈다.

2019년 한 해 동안 계속해서 우리의 우선점은 새로운 청취자들에 도달하고, 새로운 동반 관계를 만들며, 새로운 네트워크에 연결하는 것이었다. 우리는 환경을 중시하는 비영리단체와 사회적기업들과 협력하여 새로운 지지자들과 협력자에게 연결하고자 했다. 그리고 우리는 지속 가능한 생산에 흥미를 갖는 새로운 구매자들을 끌어당길 수 있도록 도울 수 있는 산업 조직들과 연계했다. 우리는 세계공정무역기구 회원들을 전시회와 컨퍼런스에 연결하였으며, 경제 플랫폼들과 패션, 음식, 가정 용품의 구매자들의 네트워크에 노출시켰다. 우리는 다른 사회 운동들과도 연계하였다. 즉, Common Objective, Social Enterprise World Forum, Wellbeing Economy Alliance 그리고 새로운 경제와 녹색 운동 범주의 캠페인들과 소통하고 서로 연대하기 시작했다. 이들이 세계공정무역기구가 독특한 사업의 하나라는 것을 인식하면서 우리는 새로운 힘을 얻고 있다. 우리의 핵심에는 세계공정무역기구 보증제도가 있다. 공정무역과 사회적기업 승인을 병합한 것이다. 이 보증제도는 2019년에 더 개선되어서, 온라인을 통해 더 쉽게 접속 가능하면서도 신뢰할 수 있고, 투명하며, 저렴해졌다.

지난 10년간 공정무역 사업 모델은 진화했다. 다양한 제품을 수입하는 규모가 큰 공정무역 수입자들은 감소했다. 많은 새로운 공정무역 구매자들이 작은 규모의 제품들에 초점을 맞췄는데, 이들이 세계공정무역기구에 가입했다. 2019년에 우리는 Oxfam Australia가 안타깝게도 폐업한다는 소식을 접했다. 우리는 이 공정무역 선구자의 직원들과 지지자들에게 감사하다. 이들은 10년이 넘도록 수천 명의 생산자가 품위 있는 생계를 꾸리도록 도왔다. 다른 주목할 만한 공정무역 수입자들도 최근에 음식이 아닌, 제품들에 대한 주문을 줄였다. 우리는 많은 세계공정무역기구 회원들이 이러한 변화로부터 심각한 충격을 받았다는 것을 알고 있으며, 그래서 공정무역 생산자들과 도매업자들로부터 공정무역 제품을 사는 것에 가치를 느끼는 새로운 구매자에게 우리 운동 영역 밖에서 연계할 수 있도록 열심히 일했다. 이 상업적 변화는 많은 이에게 고통스럽지만 피할 수 없는 것이다.

Covid-19 전염병과 그로 인한 경제적 쇼크라는 수십 년 안에 가장 큰 위기가 찾아왔다. 이것은 많은 이들에게 세상을 거꾸로 뒤집어 놓았고 거래와 생산을 중지하고 캠페인과 마케팅 계획을 변경해야 했다. 우리는 연대와 활력을 통해 우리 공동체가 이 위기를 돌파할 것이라고 확신하고 있다. 우리의 비전은 변함없지만, 도전은 더 커졌다.

공정무역기업 지구적 공동체

인증된 공정무역 기업들

세계공정무역기구는 공정무역 기업들의 홈이며, 그들을 지원하는 조직이다. 76개국에 펼쳐져 있으며, 대다수 회원은 공정무역을 실행하는 사회적기업(공정무역 기업)으로 승인되어 있다. 2019년 말에는 361개의 공정무역 기업이 세계공정무역기구에 회원으로 가입하였고, 공정무역을 지지하는 55개의 네트워크와 조직들이 있다(총 416개의 회원십). 361개의 공정무역 기업 중 240개가 완전 보증 지위를 성취하였고, 나머지 기업들은 보증제도 사이클(자가 진단 리포트, 동료 방문, 모니터링 감사 혹은 감사 이후 단계)에서 다양한 단계에 있다.

세계공정무역기구 = 사회적기업 + 공정무역

세계공정무역기구의 회원이 되고 계속 그 자격을 유지하려면, 기업이나 조직은 그들이 하는 모든 활동에서 사람들과 이 지구 행성을 가장 우선으로 놓는다는 것을 증명해야 한다. 세계공정무역기구 보증제도는 공정무역기업들이 진실로 사회적기업이며 공정무역 10원칙을 온전히 실현하고 있다는 것을 검증한다. 그것은 그들이 미션 중심의 기업들로서 자신의 노동자들, 농부들, 수공업자들이 그들의 사업 중에 우선 사항임을 증명한다는 뜻이다. 이것은 또한 환경을 존중하는 것을 보여주고 있다. 세계공정무역기구 회원들은 공정무역 10원칙에 대해 그들의 동료들이나 독립 감사관이 방문하여 확인한다. 이 기준은 세계공정무역기구 공정 거래 표준에 포함되며 여기에는 기업 구조 및 비즈니스 모델, 운영 및 공급망에 대한 평가가 포함된다. 검증된 사업체는 생산자와 지역사회의 이익을 최우선으로 생각하는 공정무역 기업으로 간주될 수 있다. 그런 다음 모든 공정무역 제품에 '보증된 공정무역 제품'이란 라벨을 사용할 수 있다.

세계공정무역기구의 공정 거래제도 — 보증제도

세계공정무역기구 회원이 공정 거래 10대 원칙을 준수하고 있는지에 대해 동료 및 독립 감사관이 방문하고 확인한다. 그들이 평가하는 기준은 세계공정무역기구 공정 거래 표준에 명시되어 있다. 상품 인증과는 달리 세계공정무역기구 보증제도는 특정 제품, 성분 또는 공급망이 아닌, 영업활동 전체를 평가한다. 여기에는 기업의 구조 및 영업 모델, 운영 및 공급망에 대한 평가도 포함된다. 보증된 사업체는 생산자와 지역사회의 이익을 최우선으로 하는 공정무역 기업으로 간주될 수 있다.

세계공정무역기구 상징 표지(라벨)는 공정무역 기업 소유

세계공정무역기구 회원은 '보증된 공정무역' 라벨을 소유하고 일단 완전히 검증되면 모든 공정무역 제품에 사용할 수 있다. 보증된 공정무역 라벨은 모든 업무에서 공정무역에 전적으로 헌신하는 사명 중심의 비즈니스에서 독점적으로 사용한다. 이것은 공정무역 기업의 상징이다.

세계공정무역기구 거버넌스 및 사무소

세계공정무역기구는 구성원이 1인 1표를 행사하며 민주적으로 운영한다. 이사회와 회장은 회원이 선출한다. 전략 및 예산은 공정 거래의 10대 원칙에 대한 업데이트와 같은 조직의 주요 변경 사항과 마찬가지로 회원들이 투표해서 결정한다. 세계공정무역기구 본부 외에도 세계공정무역기구 지역 지부 및 국가 플랫폼이 있으며, 각 조직체는 모든 법적 및 실제적 목적을 위한 자치단체이다. 세계공정무역기구 지역에는 세계공정무역기구 아프리카 및 중동, 세계공정무역기구 아시아, 세계공정무역기구 유럽 및 세계공정무역기구 라틴아메리카가 포함된다. 이 지역에는 자체 이사회와 거버넌스 계약이 있으며, 별도의 법인으로 등록되어 있다. 세계공정무역기구 지역의 모든 구성원은 세계공정무역기구 본부의 구성원이며, 모든 세계공정무역기구 구성원은 해당 지역 세계공정무역기구 네트워크의 구성원이어야 한다(존재하는 경우). 2019년 세계공정무역기구 에콰도르와 세계공정무역기구 페루는 2017년 11월 델리에서 열린 세계공정무역기구 총회에 이어서 이 범주가 공개된 후 최초의 공식 세계공정무역기구 국가 플랫폼이 되었다.

2019년 세계공정무역기구 프로젝트

EC DEAR: 공정 거래, 공정 살이

이 프로젝트는 지속 가능한 소비 행동으로 유럽인들의 인식을 높이기 위한 것이다. 2017년에 시작하여 2020년에 종료될 프로젝트의 핵심은 공급망의 작동 방식에 대한 시민의 보다 나은 이해를 통해서만 지속 가능한 개발 목표를 달성하기 위해 필요한 변화를 촉진할 수 있다는 개념이다.

유럽 전역의 공정 거래 및 윤리적 패션 운동은 유럽위원회의 개발 교육 및 인식 제고 프로그램(DEAR)의 지원을 받는 이 야심 찬 프로젝트에 참여했다. "공정 거래, 공정 살이"는 유럽 시민들이 소비하는 많은 제품을 생산하는 생산자와 노동자를 위해 보다 풍성한 생계를 고양하는 것을 목표로 한다. 이 프로젝트를 통해 세계 공정무역기구는 성별에 대한 심도 있는 연구를 수행하고 소셜 미디어를 통해 수천 명의 사람에게 전달되는 다양한 소통 자료를 만들 수 있었다.

우리의 연구에 따르면 공급망을 공정하게 만드는 조치가 실현되지 않으면, 세계는 2030년에 UN 지속 가능한 개발 목표들을 달성하지 못하게 될 것이다. 이 프로젝트를 통해 우리는 빈곤, 성평등, 양질의 노동 및 지속 가능한 소비를 해결하기 위한 목표와 중간 목표들을 달성하는데 공정무역 운동이 어떻게 중요한 역할을 하는지 윤곽을 그리게 되었다. 그 결과 세계공정무역기구 캠페인에 대한 지원이 증가하고 여러 옹호 영역에서의 진전이 이루어졌으며, 이는 공정무역옹호사무소와의 세계공정무역기구 협력에 관한 분과에서 잘 설명되어 있다.

MADE 51

MADE 51−난민 수공업자를 위한 시장 접근, 설계 및 권한 부여−난민 수공업자를 시장과 연결하기 위해 설계된 글로벌 협업 이니셔티브이다. UNHCR은 전통 기술 현대화, 비즈니스 통찰력 구축, 사회적기업과의 동반 관계, 소매 브랜드 및 구매자와의 연계를 통해 세계공정무역기구 및 기타 이해 관계자와 동반 관계를 맺고 난민 수공업자가 제작한 제품을 국제 시장과 연결했다. 예를 들어, 이 프로젝트를 통해 두바이에 있는 Virgin Media 매장과 WeWork 구내에 상점을 개설하여 사회적기업의 제품을 홍보했다. 또한 Ambiente

Frankfurt와 Interior Lifestyle Tokyo를 포함하여 제품과 콘셉트를 홍보하는 전시회가 있었다. 이 협력은 2017년에 시작되어 2019년까지 계속되었다.

난민 수공업자를 위한 공정무역 프로젝트는 난민 수공업자가 공정거래 표준(공정 임금 지급, 적절한 노동 조건, 환경 문제 등)에 따라 일하게 함으로 또한 그들을 지원하는 지역사회 기업은 수출 준비가 되어있고, 난민 제작 공예품을 수요가 있는 시장과 연결할 수 있는 능력을 갖춤으로써 UNHCR의 수공업자를 위한 새로운 세계적 프로젝트인 MADE51의 개발을 지원하고자 한다. 세계공정무역기구는 윤리 준수 평가의 공동 개발, 기술 지원 임무 및 원격 지원을 통해 이를 지원한다.

2019년 MADE51은 세계공정무역기구와 UNHCR 모두에게 국제 가치 사슬에 공정무역 및 난민 포함을 촉진하기 위해 새로운 청중이 참여할 수 있는－민간 부문, 개인 및 지방 자치 단체와의 참여를 포함하여－ 방법을 제공했다.

프로젝트 2019에 참여한 세계공정무역기구 회원들은 다음과 같다: BaSE(Bangladesh Hosto Shilpo Ekota Sheba Songshta), WEAVE (Women's education for advancement and empowerment), Bawa Hope, WomenCraft Social Enterprise, Yadawee, Artisan Links(former Zardozi-Markets for Afghan Artisans(ZE)), Conserve India, Earth Heir.

세계를 위한 빵

2019년 세계공정무역기구는 '세계를 위한 빵'(Bread for the World,

BftW)와 새로운 공동 프로젝트를 시작했다. BftW 프로젝트는 대부분의 세계공정무역기구 회원들이 역량 강화 및 정보 공유 지원을 통해 보증제도의 요구사항을 보다 잘 이행할 수 있도록 도와준다. 한 걸음 더 나아가 제도가 갖고 있는 폐쇄성을 개선하여 세계공정무역기구 회원이 보증된 상태를 최대한 활용할 수 있도록 지원하는 것이다. 세계공정무역기구 표준은 회원 및 구매자의 요구에 따라 계속 발전하고 있다. 개선된 것 중 하나는 공급망의 모든 수준에서 공정한 지불을 보장하기 위해 공정한 지불에 대한 새로운 기준을 만든 것이다. 이 프로젝트는 세계공정무역기구 보증제도에서 보증제도 강화에 중점을 두고 있다. 세계공정무역기구 회원 및 감사가 공정 지불에 특별한 관심으로 세계공정무역기구 보증제도를 추가로 구현하여 공정 거래 원칙을 준수하도록 지원한다.

프로젝트의 첫해에 세계공정무역기구는 192명의 세계공정무역기구 회원들이 참여한 다양한 웨비나 및 워크숍을 제공할 수 있었다. 프로젝트는 또한 회원들에게 공정한 지불에 대한 맞춤형 지원을 제공했다. 프로젝트를 통해 세계공정무역기구 보증제도팀은 보증제도 자격 준수 여부를 감사받는 시기에 놓인 구성원을 지원하기 위해 양식, 제도 및 절차를 개선했다.

시장 접근을 지원하는 세계공정무역기구

회원들에게 새로운 협업을 구축하고, 그 가능성을 보여주고, 시장 접근을 지원하는 것은 세계공정무역기구 업무의 핵심이다. 이것이 2019년 세계공정무역기구의 우선순위였다. 패션 업계의 지도자를 연결하는 글로벌 네트워크인 Common Objective를 통해 새로운 협업이 이루어졌다. 이를 통해 세계공정무역기구는 1만 명의 구매자에게 도달한 기사를 작성했다. 전자 상거래에서 세계공정무역기구는 Avocado Store.de와 같은 플랫폼에서 더욱 눈에 띄게 되었으며, 더 많은 소비자와 구매자가 세계공정무역기구 회원을 알수 있게 되었다. 세계공정무역기구는 또한 웹샵 만들기, 전자상거래 물류 탐색을 아우르는 회원 전용 교재를 발간하였다. 세계공정무역기구 직원은 2019년 전 세계 구매자가 관심 갖는 전시회에 참여했다. the Berlin fair fashion show (Neonyt), 미국의 Fair Trade Federation conference, New York City Fair Trade Coalition, BAFTS Fair Trade Network UK, Toronto Buy Good Feel Good EXPO, Cologne ANUGA trade show, Social Enterprise World Forum 그리고 the Meaning Conference in the UK 등이다. 전시회에 참가하는 것은 세계공정무역기구의 주 초점 분야로, 특히 Ambiente와 New York Now가 그렇다.

Ambiente

세계에서 가장 중요한 소비재 무역 박람회인 Ambiente에서 세계공정무역기구 회원들은 모든 최신 트렌드와 제품을 직접 경험할수 있었다. 2019년에는 167개국의 136,000명 이상의 무역 방문객과 더불어 92개국 4,460개 전시 업체가 Ambiente를 방문했다. 세계공정무역기구는 박람회에 참가한 회원들에게 폭넓은 시야를 제공하기 위해 참여했다. 여기에는 공정 거래 기업이 개척하고 있는 생태 혁신을 강조하기 위한 기자 회견이 포함되었다. 세계공정무역기구는 또한 박람회에 참가한 회원들의 제품을 전시하는 단체 구역을 설정하고 공정무역에 대한 정보를 제공했다. 세계공정무역기구는 회원을 더 잘 대표할 수 있는 새로운 모습으로 2019년에 새로운 구역을 꾸몄다. Ambiente에는 약 50명의 회원이 참석했으며, 그 중 30명은 부스에서 제품을 선보였다.

NY NOW

세계공정무역기구는 공정무역연맹(Fair Traid Federation)과 함께 NY NOW Summer 2019 박람회에 참가했다. 이 쇼는 입구 근처 눈에 잘띄는 장소를 세계공정무역기구에 제공했는데, 16개의 세계 공정무역기구 회원들이 참석하고 제품을 선보였다. 또한 구매자 및 기타 쇼 참석자들에게 공정 거래의 중요성에 대해 교육할 수 있는 기회도 가졌다. NY NOW는 미국에서 가장 큰 소매 박람회이다.

리마에서 열린 제15회 국제 공정무역 정상회담

2019년 세계공정무역기구는 30주년을 맞아 제15회 국제공정거 래 정상회담을 열었다. 정상회담은 2019년 9월 16일부터 19일까지 페루 리마에서 개최되었다. 세계공정무역기구 페루(새로 인정된 세계 공정무역기구 국가 플랫폼)는 주최국으로서 참가자들에게 잊기 어려 운 경험을 제공하였다.

이번 회의에는 생활 임금, 멋진 농기구, 공공 조달, 유기 농업, 영향력 많은 투자, 기후 변화 및 순환 경제와 같은 주제를 다루는 29개의 분과 회의가 열렸다. 글로벌 경제를 변화시키기 위해 상호 도전하여 상업적으로 한 단계 진전시키고, 320명 이상의 참가자들

Lima Summit 사진 https://www. World Fair Trade Organization (WFTO)

이 새로운 협력관계를 구축하였다.

연사에는 사회적기업가 및 공정무역 지도자부터 활동가, 학계 및 고위급 유엔 직원 및 정부 공무원까지 있었다. 사회 연대 경제 운동, ILO, 콥 운동 및 UNHCR을 포함하여 파트너와 연맹체들이 많은 분과회의를 조직했다. 다른 것들은 GEPA, Shared Interest, Shared Earth, Zotter, Allpa, Maggie's Organics와 같은 세계공정무역기구 회원들이 이끌었다. Avocado Store와 Transform Finance와 같은 신경제(new economy)에서 온 지도자들은 온라인 시장과 사회적 금융에 대한 새로운 관점을 제시했다.

이 모임은 공정무역 생산에서 발전된 모습을 널리 알렸다. Mohammed Islam Design Award을 수상한 제품이 무대에 전시되었다. 또한 기업과 수공업자들이 가방과 바구니, 차와 의류를 장터에서 선보였다. 사회적기업가는 구매자들을 만나고 새로운 교역 관계를 맺었다. 공정무역 커피와 초콜릿도 샘플링하여 비교되었다.

9월 19일 세계공정무역기구 총회가 열렸으며, 세계공정무역기구 회원국들은 기후 위기와 지구 보호에 대한 헌신을 높이기 위해 새로운 결의안을 통과시켰다. 이것은 공정무역 10대 원칙에 대한 중요한 업데이트가 될 것이다. 총회에서 새 회장과 새 이사도 선출되었다. 루디 달바이(Rodi Dalvai) 회장은 두 번째 임기가 끝났으며, 루파 메타(Roopa Mehta)가 새 회장으로 선출되었다. 회원들은 또한 새로 선출된 독립 이사회 회원으로 Indro Dasgupta와 Giorgio Dal Fiume를 선출했다. 회원들은 또한 세계공정무역기구 이사회에서 새로운 이사로 Chris Solt를 태평양 대표로, Sunil Chitrakar를 아시아 대표로 확정했다. 이들 외에 이사회에 합류한 지역 대표는 Sophie Tack(유럽 대표), Pieter Swart(아프리카 및 중동), Luis Heller(남아메리카) 및 Ileana Cordon(독립) 등이다.

커뮤니케이션, 캠페인 및 옹호

세계공정무역기구는 2019년 내내 공정무역기업에 대한 윤곽을 그리고 홍보하는 데 중점을 두었다. 특히 공정무역을 온전히 실천하는 사회적기업 사람들의 지구 행성에 대한 혁신과 독창적인 노력에 초점을 맞췄다. 이 비즈니스들은 사회적 환경적 미션을 추구하도록 고안되었는데, 더 나은 세상을 만들 수 있게 혁신하고 새로운 관행들을 만들도록 하고 있다. 세계공정무역기구 캠페인은 세계공정무역기구 회원들 사이에 공동체 의식을 불러일으키고 세계공정무역기구 네트워크를 통해서 나온 이야기와 영감으로 새로운 청중에게 다가가는 것을 목표로 했다. 세계공정무역기구 팟캐스트인 FairRadio는 2019년 내내 이들 기업을 새로운 고객에게 소개하는 데 중점을 두었다. 연중 내내 세계공정무역기구 대표 임원은 공정무역 기업들을 전 세계에서 열린 컨퍼런스들을 통해 소개해왔는데, Addis Ababa, Austin, Bonn, Brighton, Brussels, Cardiff, Cambridge, Colombo, Barcelona, Edinburgh, Geneva, Istanbul, London, Manchester, New York, Paris and Reading 등이다. 이 대화를 통해 10,000명 이상의 캠페이너, 학계, 구매자 및 사회적기업가들이 세계공정무역기구 회원들의 감동적인 비즈니스 모델에 대해 직접 들었다.

2019년 세계공정무역기구는 브랜딩 및 웹 사이트를 새로 고쳐 회원을 새로운 구매자 및 지지자에게 소개하는 데 중점을 두었다. 이 웹 사이트는 구매자가 공정무역 기업을 쉽게 찾고 연결할 수 있도록 하며, 제품 검색이 포함되어 있다. 또한 기능을 향상시키고 학습 및 연결을 촉진하기 위해 회원 영역을 업데이트하기 시작했다. 웹 사이트는 새로운 브랜딩, 소통 및 회원이 새로운 고객과 상업적 파트너에게 연결되고 협업을 촉진할 수 있도록 지원하는 광범위한 전략의 한 부분이다.

2019년 내내 세계공정무역기구는 공정무역옹호본부(FTAO)와 긴밀히 협력하여 사회 및 경제정의 운동의 정책결정자, 여론 선도자 및 협력자가 공정무역 기업의 선구자적 작업을 인식하도록 했다. FTAO와 함께 국제 노동기구, 유엔무역개발회의(UNCTAD), 국제협동조합연합, 사회적 경제 유럽 및 RIPESS와 같은 중요한 기관과의 협력이 심화되었다. FTAO, 시민사회 운동가들과 함께 유기적 사회적 연대와 같은 캠페인을 이끌어서, 유럽연합 의회에 지속 가능한 소비 및 생산 의제의 핵심에 공정함(Fair Times Campaign)을 추가했다. 이것은 세계공정무역기구의 멤버십에 아주 중요한 것이다. FTAO는 유럽연합이 비유럽연합 생산자를 보호하는 식품 공급망의 불공정 거래 관행에 관한 규칙을 채택하도록 주도했다. FTAO 또한 유기농 농업 및 경쟁법과 같은 중요한 주제와 옹호를 위해 구성된 워크숍과 웨비나(웹으로 진행되는 세미나)를 통해 세계공정무역기구 회원의 역량 강화 및 공정무역 운동에 기여했다.

올해는 세계공정무역기구가 참여하는 조직의 범주를 넓히는 데 주력했다. 세계공정무역기구는 Green Economy Coalition, Social Enterprise World Forum, Social Enterprise UK, Wellbeing Economy Alliance, WWF, Exeter University of York, University of Cambridge 및 Cambridge University를 포함하는 보다 광범위한 경제 변화를 수행하는 조직과 새로운 관계를 맺었다. 이러한 협력은 공정무역 기업을 새롭고 지속 가능한 경제의 비즈니스 모델로 이해하고 심화시키는 데 도움이 되는 다양한 연구, 소통 및 옹호 활동에 중점을 두었다.

국제 여성의 날

기업이 사람을 우선으로 놓으면 더 많은 여성이 최고경영자, 이

사회 구성원, 관리자 및 전문가가 될 가능성이 높게 된다. 이것은 국제 여성의 날(2019년 3월 8일)에 발표한 두 개의 보고서 중에서 강조된 것 중 하나이다. 함께 제공되는 애니메이션 비디오는 온라인에서 34,000명 이상의 사람들이 시청했으며 공정무역기업이 성평등을 촉진하는 중요한 이유를 보여준다.

유럽위원회에서 지원하는 공정무역기업의 성평등 연구는 2개의 리포트를 만들었다. 직장에서의 성평등과 여성의 권리, 여성에게 권한을 주는 비즈니스 모델이다. 이 보고서는 여성의 사업 참여를 장려하는 기업의 관행을 문서화하였다.

수십 년 동안 공정무역기업은 남녀 평등을 추진해 왔다. 공정무역 기업은 여성의 역량 강화가 현재의 지구적 과제를 해결하는 데 중요한 역할을 한다는 점을 인식하고 남녀 평등과 여성의 리더십 측면에서 기존 영업활동보다 우수한 성과를 내고 있다. 세계공정무역기구와 공정무역 커뮤니티는 두 가지 메시징 해시태그 #Women-Leaders와 #BalanceForBetter를 통해 사업장과 폭넓은 경제 영역에서 성평등을 선도하고 있는 미션 주도 기업들의 전 세계에 걸친 커뮤니티의 이야기를 진열하고, 여성 리더십을 증진시키고 있다.

패션 혁명 주간

패션 혁명 주간(2019년 4월 22-28일)에 세계공정무역기구와 회원들에 의해 보다 공정한 패션 미래의 필요성이 널리 강조되었다. 그 목표는 공정무역기업이 어떻게 착취적인 속성 패션의 대안이 되는지 보여주는 것이었다. 회원들은 두 개의 해시태그(#IMadeYourClothes 및 #FairTradeInnovates)를 사용 또한 소셜 미디어를 통해 스토리, 사진 및 플래카드를 홍보했다. 세계공정무역기구는 패션에 종사하는 세계공정무역기구 회원들의 혁신을 강조하는 데 역점을 두었고, 또한 패션 혁명 주간에 Fair Fashion Catalogue를 시작하여 구매자들과 소비자들이 Fair Trade 패션 브랜드와 생산자를 검색할 수 있게 했다.

세계공정무역의 날

세계공정무역기구와 그 구성원들은 2019년 5월 11일에 사회 및 환경 문제를 해결하는 혁신을 강조함으로써 세계공정무역의 날을 널리 알렸다. 여기에는 쓰레기를 보물로 변형시켜서 플라스틱이나 다른 쓰레기 오염물을 줄인 공정무역기업이 생태를 창조하는, 저탄소 배출 공법 제품들, 천연 그리고 지속 가능한 자재를 사용해 만든 수공예품 등에 대한 스토리, 팟캐스트, 비디오, 워크숍, 대담, 게시물 등이 포함된다. 또한 난민 제품을 지원하고 여성의 리더십을 향상시키기 위한 노력을 널리 알렸다.

세계공정무역의 날은 새로운 비즈니스 모델, 생태적인 생산 방법, 지역사회 및 생산자에 대한 장기적인 약속을 통해, 환경을 보존하는 새로운 방법을 개척하고 있는 공정 거래 기업을 소개하는 기회를 마련했다. 이러한 요소를 결합하여 사회 및 환경 문제를 해결하는 고무적인 혁신을 만들었고, 이 혁신을 소개한 세계공정무역기구 비디오는 온라인에서 7,000명 이상 사람이 볼 수 있었다.

회원들이 이끄는 세계공정무역기구는 오세아니아에서 아시아, 유럽, 아프리카, 중동 및 아메리카를 통해 전 세계에 걸친 홍보 행사를 만들었다. 공정무역 운동은 공정무역을 완전히 실천하는 사회적

기업을 통해 가능한 혁신을 보여줌으로써 공정무역을 널리 알렸다. 세계공정무역기구 회원들은 지역사회, 파트너 및 소비자에게 문을 열고 그들의 활동 중에 일어난 이야기들을 들려주었다. 전 세계에서 100개가 넘는 오프라인 활동이 진행되었다. 온라인, 소셜 미디어는 혁신에 관한 이야기, 사진 및 비디오로 가득 차 있었다. 이 이야기들은 #FairTradeInnovates 해시태그를 통해 확인할 수 있다. Union Metrics의 보고서에 따르면, 이 캠페인 기간에 세계공정무역기구 소셜 미디어 게시물은 Instagram 및 Facebook에서만 150,800명에게 도달했다. 세계공정무역기구 회원들이 사용하는 해시 태그 #FairTradeInnovates는 트위터만으로도 잠재적으로 2백 8십만 명에게 도달할 수 있었다.

공정 거래 헌장 채택 일주년 기념일

2019년 9월 25일 세계공정무역기구와 회원국들은 국제공정무역사무소(Fairtrade International) 및 공정무역옹호본부(the Fair Trade Advo-cacy Office)와 협력하여 국제공정무역헌장(International Fair Trade Charter) 채택 1주년을 기념했다. 2019년 12월 31일 현재 509개 조직은 공정무역 운동의 가치를 강조하고 지속 가능한 개발 목표를 달성하기 위해 현재의 사회 및 환경 문제에 대응하는 공정무역의 역할을 인정하는 헌장에 대한 지지를 표명했다. 국제 공정무역 헌장에 대한 자세한 내용은 www.fair-trade.website를 방문.

공정무역 마라톤

공정무역옹호본부(FTAO)는 브뤼셀에서 매년 공정무역 운동에 관한 모임을 개최하여 미래의 협업을 충족, 교환, 조정 및 계획할 공간을 제공하고 FTAO 전략 검토를 위한 정보를 제공하며 네트워크 및 운동으로 가장 잘 작동하는 방법을 논의했다.

2019년 10월 브뤼셀에서 추진된 공정무역옹호 마라톤에는 공정무역 운동을 강화하고 정책 입안자들에게 영향을 미치고 민간 부문 대표들과 교류할 수 있는 파트너의 역량을 구축하기 위한 일련의 활동이 포함되었다. 기후 문제, 인권 실사, 공공 조달 등과 같은 지속 가능성 문제에 대한 운동의 입장 토론과 조정이 논의되었다. 2019년 세계공정무역기구 세계본부는 지역 대표들과 합류하여 해당 지역의 관점을 공유하고 유럽연합 대표단과의 관계에 대한 교육에 참여했다.

빈곤 퇴치 주간

빈곤 퇴치 주간(10월 13-19일)에 세계공정무역기구는 불평등과 싸우고 경제적으로 소외된 사람들을 위한 생계 지원 기회를 창출하는 공정무역 기업의 혁신을 널리 알렸다. 소셜 미디어 플랫폼의 스토리, 사진 및 비디오를 통해 캠페인은 불평등과 빈곤 퇴치에 있어 공정무역 기업의 모범 사례를 소개했다. 세계공정무역기구는 해시태그 #FairTradeBeatsPoverty를 사용하여 공정 거래 기업의 기여를 강조했다.

세계공정무역기구 지역에서 중요 활동

세계공정무역기구 아프리카와 중동 사무소

세계공정무역기구 아프리카와 중동 사무소는 2019년까지 이 지역의 19개국에서 3명의 정규직, 3명의 시간제근무 직원 및 5명의 이사회 회원십을 유지했다. 회원 증강 및 생산자와 시장—국제 및 지역의— 연결은 네트워크의 핵심 초점이다.

2019년 세계공정무역기구 아프리카와 중동 사무소는 케냐와 남아프리카에서 Bread for the World의 지원을 받아 시범적으로 시행되고 있는 국내간 공정무역을 실사하였다. 지역 실사에 필요한 정보를 얻기 위해 이 프로젝트로 양국에서 실시된 소비자 설문 조사에 따르면, 공정무역에 대한 인식과 지식수준이 낮다는 것이 확인되었다. 설문 조사 결과를 바탕으로 학교와 대학을 대상으로 하는 여러 캠페인이 시작되었다. 예로 케냐에서는 나이로비의 스트라스 모어 대학교에서 캠페인을 시작했다. 남아공에서는 Rustenburg Girls High School에서 유사한 캠페인이 시작되었다. 케냐의 경우 주력 제품, 커피 및 바구니 홍보, 남아프리카의 경우 유기농 차 및 화장품이 캠페인의 중요한 부분이었다. 네트워크는 이러한 초기 캠페인들을 기반으로 계속 앞으로 나아갈 것이다.

Misereor가 지원하는 공정무역 생산자 지원 프로젝트는 2020년 Ambiente Trade Fair에서 이 지역의 11명의 세계공정무역기구 회원들이 공동으로 참여하여 생산자를 위한 매출과 수입을 늘리는데 도움이 되는 주요 국제 시장 연결 노력을 구현했다.

서아프리카는, Equite 프로그램 단계 1의 프레임워크 내에서, 세계공정무역기구 아프리카와 중동 사무소는 Burkina Faso, Ghana, Mali, Togo의 생산 조직이 세계공정무역기구 공정무역 제도에 민감해지도록 연결할 기회를 가졌다. 이러한 노력으로 인해 주로 프랑스어를 사용하는 지역의 세계공정무역기구 회원국에 대한 관심이 높아졌다. 부르키나 파소와 가나의 회원이 증가했으며 승인된 Equite Program의 2단계에서 이 지역에 대한 참여가 확대될 것이다.

세계공정무역기구 아시아

2019년은 다양한 측면에서 세계공정무역기구 아시아 사무소가 활기찬 활동을 펼친 해였다. 회원들은 세계공정무역의 날을 맞아 지역 전체에서 캠페인 홍보 활동을 가졌다. 태국에서는 세계공정무역기구 아시아 사무소와 회원들이 Solidarity Walk를 조직하고 어린이들에게 공정무역에 대한 교육 게임을 제공했다. 패션 혁명 주간 동안 세계공정무역기구 아시아 사무소는 윤리적 패션에 대한 패널 토론에 참여했으며 치앙마이의 사무국이 세계공정무역기구 회원들과 함께 지역 파업에 참여해서 비즈니스가 사람들과 지구 행성을 이롭게 하기 위해 변해야 한다는 긴급 메시지를 발표했다. 세계공정무역기구 아시아 사무소는 공정무역이 난민 수공업자들에게 미치는 영향을 강조한 Made 51의 인터넷 세미나를 통해 난민 중심의 활동을 지지했다. 일 년 내내 세계공정무역기구 아시아는 Y-Development의 제품 설계 교육, Village Works Cambodia의 교환 방문 및 Trade Aid의 방문을 포함하여 비즈니스 지식 교환을 강조하는 네트워킹 기회를 가졌다.

부탄 무역 공무원 및 수공예 제작자 방문 워크숍, 국제 공정무역 헌장 및 세계공정무역기구 ISEA 회원을 위한 인터넷 세미나 시리즈 등을 통해 세계공정무역기구 회원 역량이 증진되었다.

정책 옹호 측면에서, 시장 접근에 초점을 맞춘 스리랑카 정부, FTAO, 세계공정무역기구 아시아 및 지역 공정 거래 네트워크와의 협력이 진행되고 있다. 이는 아시아의 다른 국가에서 이러한 협력을 위한 모델을 제시하기 위한 것이었다. 2019년 세계공정무역기구 아시아는 Jerome Montemayor가 전무이사로 새로 부임했다.

세계공정무역기구 유럽

2019년까지 세계공정무역기구 유럽 사무소는 공정무역 운동을 강화하고 공정무역의 중요성에 대한 대중의 인식을 높이는 데 중점을 두었다. 세계공정무역기구 유럽 사무소는 전 세계 무역 박람회의 날과 국제 여성의 날을 위한 비디오, 블로그 및 다양한 소셜 미디어 콘텐츠를 통해 전 지역의 회원들이 주요 캠페인에 참여하고 혜택을 얻도록 보장했다. 다른 주요 사건으로는 Connect and Act 회원 모임이 열려, 공정무역 운동과 관련된 분야에서 80명 이상이 참여해서 토론과 워크숍을 가졌다. 80명 이상이 토론과 워크숍에 참여하였다. 흥미로운 토론과 워크숍이 포함된 것이다. 벨기에 공정무역 주간 동안 세계공정무역기구 유럽 사무소는 공정무역기업의 고유한 특징을 이론가 및 운동가에게 소개하는 공정 및 지속 가능한 비즈니스 모델에 관한 이벤트를 개최했다.

2019년 세계공정무역기구 유럽 사무소는 브루셀 공정무역 마라톤과 FTAO와의 견고한 협동 그리고 다양한 캠페인 옹호 단체들을 통해서 중점 과제들을 정리하였다. 세계공정무역기구 유럽 사무소의 주요 쟁점 중 하나는 공정하고 지속 가능한 직물 생산을 위해 60개 이상의 시민사회 조직과 더불어 그림자 전략(shadow strategy)을 사용하는 것이었다. 세계공정무역기구 유럽 사무소는 또한 기후 및 삼림 벌채에 관한 제안을 포함, 유럽위원회가 제안한 다양한 법률에 대해 공정 거래 관점에서 의견을 제공했다.

2019년 내내 세계공정무역기구 유럽은 공정 거래 원칙과 지속 가능한 개발 목표 간의 관계에 대한 인식을 강화하기 위해 노력했다. 여기에는 10명의 세계공정무역기구 유럽 사무소 회원의 특색을 다룬 평론이 포함되었는데, 그들의 모범 사례는 공정무역의 지속 가능하고 책임 있는 생산과 소비 패턴을 보여주고 있다.

세계공정무역기구 라틴아메리카 사무소

2019년 세계공정무역기구 에콰도르와 페루가 국가플랫폼으로 선정되었다. 이는 세계공정무역기구 라틴아메리카 사무소에게 매우 중요한 일이었다. 페루 리마에서 2019년 세계 공정무역기구 2년 주기 회의가 열렸다.

리마 서밋은 9월에 개최되었으며 세계공정무역기구 총회와 동시에 회의가 열렸다. 이 행사는 Allpa, Raymisa, Manos Amigas 및 Peruland가 공동으로 열린 세계공정무역기구 페루의 플랫폼에 의해 공동 주최되었으며, 이벤트에 물류 및 재정 지원을 제공하는 기관인 Promperu의 지원을 받아 여러 수입 회사의 대표들과 큰 관심을 얻은 주제에 관해 우수한 연사가 발표자로 참여하였다.

리마 정상회담 기간 동안 세계공정무역기구 라틴아메리카 사무소는 35명의 회원이 참여하여 지역 회의를 개최했다. 이 회의는 회원들에게 더 나은 혜택을 제공하는 조치를 찾는데 도움이 되었다.

2019년 공정무역을 위한 남아메리카 도시와 타운의 지역 캠페인이 큰 진전을 이루었다. 또 하나의 도시 Tibasosa(콜롬비아)가 2019년 8월 공정무역 도시로 인준되었다. 남아메리카 모든 공정무역 도시의 지역위원회는 매우 활발하게 활동했으며 캠페인을 전개하였다. 2019년 10월 세계공정무역기구, 세계공정무역기구 페루 플랫폼, CLAC, 세계공정무역기구 남아메리카 사무소 및 카디프 지방 자치 단체의 지원으로 이 도시들의 대표자들은 웨일스 카디프에서 개최된 국제공정무역도시 국제회의에 참석할 수 있었다.

글쓴이 알림 (가나다순)

김선관

폭력 피해 여성 등 힘들게 지내는 여성들에게 뜨거운 애정을 갖고 살고 있다. 전남여성인권지원센터를 만들었고 현재 여수여성자활지원센터 센터장을 맡고 있다. 이들의 자립을 위해 북카페 여수트립티를 만들어 10여 년 동안 공정무역운동을 함께 하고 있다. 전라남도 및 여수시에서 공정무역조례를 만들도록 견인하였다.

김영규

아시아공정무역네트워크, 한국공정무역협의회에서 일했고 현재는 성북구 공정무역센터에서 근무하고 있다. 공정무역운동이 국제사회의 만연한 불평등을 드러내고 해결의 실마리를 제공한다고 생각하고 있다. 지역사회에 공정무역의 가치와 철학이 뿌리내리는 데 도움이 되고자 매진하고 있으며 한양대학교에서 사회적 경제를 공부하고 있다.

김영철

성균관대학교 정치외교학과와 장로회신학대학교 신대원을 나와 인천에서 민중교회를 개척하여 10년간 목회(고백교회)하였다. 토론토대학 낙스칼리지에서 기독교사회윤리학으로 박사학위 취득 후 새민족교회 목회와 장신대 등에서 강의했다. 이후 작은교회운동과 마을교육운동에 참여하며 기독교사회운동 지평을 넓히고자 하고 있다. 전 트립티 공정무역연구소장, 경기도교육청 시민감사관 대표, 하하골마을학교 대표

김헌래

기독교대한감리회 목사로 등불교회 담임 목회를 하면서, 공정무역 카페외할머니 대표를 맡고 있다. 한·일 까페목회자협의회에서 한국 측 발제를 하는 등 카페목회와 공정무역 활성화를 위해 노력하고 있으며 제주 서귀포복지관, 이주 노동자, 청소년 등 다양한 사람에게 바리스타 교육을 열심히 하고 있다.

김현수

강원도 태기산 자락에서 태어나 산속에서 자랐다. 중, 고등학교를 검정고시로 마치고 1975년 한국신학대학에 입학하였다. '고난선언사건'으로 수감되기도 하면서 신학을 공부하였다. 1986년 안산노동교회를 창립하고 노동선교 활동을 하던 중 1994년 거리의 청소년들을 만나 (사)들꽃청소년세상을 만들어 지금까지 함께하고 있다.

박미성

목사 사모로 10여 년간 남편 김헌래 목사의 목회를 열심히 뒷받침하고 세 자녀를 정성을 다해 기르다가 한벗조합을 계기로 적극적으로 사회활동을 시작하였다. 한벗조합 상임이사일 때 트립티를 최정의팔과 함께 만들어 현재 상임이사직을 맡고 있다. 항상 주위에 유쾌하고 긍정적인 분위기를 만드는 '분위기메이커'.

신명직

구마모토 가쿠엔대학교 교수로 NPO법인 동아시아공생문화센터를 만들어, 동아시아공생영화제, 한국어/케이팝 대회, '동아시아 공생 교역 커피 활동, 대학 내 학생 페어트레이드 카페 지도 등을 10년 이상 계속해오고 있다. 저서로는

『모던뽀이 경성을 거닐다』, 『거멀라마자이-네팔의 어린 노동자들을 찾아 떠난 여행』 등이 있다.

정현석

"대한민국은 커피 생산국이다." 온난화 대응 농업 일번지 고양 커피 농장을 운영하며 열대작물 재배를 통해 집 밖의 청소년들, 소외된 이웃들과 내일의 희망을 만들어가는 사회적 농장을 운영하고 있는 만년 초보 열대 농부이다. 사회적 농업으로 쉼터에 머무는 청소년, 이주민, 귀농 희망자 등을 위한 프로그램을 진행 중이다.

조여호

한국기독교청년회전국연맹에서 청소년팀장으로 복무할 때 청소년 권리사업, 소외 청소년 지원 사업 등에 참여하였다. 2007년 동티모르 로뚜뚜 마을을 방문했다가, 커피나무를 처음 보고 원두커피와 공정무역의 매력에 빠져 헤어나오지 못하고 있는 사회적기업 카페티모르의 으뜸 일꾼이다.

지동훈

대학원에서 경영학을 전공한 후 주한유럽연합상공회의소에서 17년을 일했다. 2001년 설립된 한국공정무역재단 이사장을 현재까지 맡고 있으며 2011년부터는 국제공정무역기구(Fairtrade International) 한국 대표로서 공정무역인증 기업육성과 상품 저변 확대를 통해 사람·지구·공정무역이라는 가치를 위해 열정적으로 일하고 있다. 전라북도, 부천시 등 공정무역위원회에 자문위원으로 봉사하며 공정무역운동 확산에 힘쓰고 있다.

최정의팔

서울외국인노동자센터를 창설하여 이주노동자 권익을 위해 일하다가 장애인이
된 이주 노동자의 행복한 귀환을 위해 공정무역사업단 트립티를 만들었다.
트립티는 공정무역기업 트립티로 법인 등록을 하였고 현재 대표를 맡고 있다.
저서로는 『행복한 귀환』(도서출판 건교), 『다르게 평등하게』(한국염과 공저,
동연) 등이 있다.

최헌규

하늘품교회 목사로 성북구 공정무역센터 센터장을 맡고 있다. 농부 아들로
태어나 아버지로부터 "너는 땅 파먹지 말라고 공부 시킨다"라는 말을 귀에
못이 박히도록 들었다. 그 말씀이 어떤 의미인지는 알지만, 위기의 지구를
생각하며 농부가 되는 꿈을 꾼다. 農者天下之大本이 지구를 구하는 살림의
철학으로 뿌리 내리는 소망을 갖고 있다.

한국염

목사이며 여성운동가로서 50년 동안 성평등사회를 만드는 일에 헌신하였다.
한국이주여성인권센터를 설립하고, 이주여성 인권운동을 벌였다. 25년 동안
일본군 성노예제 문제 해결을 위해 활동하였다. 저서로는 『다르게 평등하게』(최
정의팔과 공저, 동연), 이주여성인권운동사 『우리 모두는 이방인이다』(한울),
기장여교역자회 50년사 『평등/평화/생명의 길』(동연), 『기독여성운동 30년
사』(이문숙, 정해선 공저)가 있다.